2023 年度河北省哲学社会科学学术著作出版资助

河北省中国特色社会主义理论体系廊坊师范学院研究基地资金资助

廊坊师范学院中央高校基本科研业务费专项资金项目（XBQ202058）

"先秦儒家与早期基督教生命伦理比较研究"资金资助

孟子与保罗
生死伦理比较研究

王治军·著

上海三联书店

序言（一）
在中西经典互释中建构现代生死哲学

靳凤林

生死观无疑是世界各国文明观的重要组成部分，乃至是人类古今文明观全部内容的核心和枢纽所在。伴随全球化浪潮的澎湃激荡，人类在现代文明发展中遇到的生死问题不断超越民族和国别限制，在各个层面日渐一体化，并呈现出前所未有的休戚与共特征，其间又伴生出诸多复杂性的紊乱与冲突现象。在人类的生死存亡和终极命运紧密相连的今天，对不同文明中的生死观进行交流互鉴，实现彼此之间的包容共存，无疑对繁荣世界文明百花园具有不可替代的重要作用。因为人类文明正是由于多样而交流，因交流而互鉴，因互鉴而发展。特别是中华民族文明观，本身就孕育着"万物并育而不相害，道并行而不相悖"的优秀文化基因，这就使得展开中西生死观的比较与互鉴，不仅具有极端重要的理论探究价值，而且还具有切近生活的实践关怀意义。而要圆满完成这一任务，就必须进入中西生死文化的历史深处与内部腹地，在对各自经典文本进行精细解读和比照互释的基础上，全面了解东西方生死观的优势与不足，从而建构起符合现代人类共同价值追求的生死哲学。之所以强调对经典文本的精细解读和比照互释，是因为古今中外各种经典文本所瞩目的焦点问题通常是事物的内在本质，是对于客观世界深层内涵的揭橥，它能够烛照人性背后的晦明，经过剥茧抽丝之后触及生命存在的坚硬内核。尽管我们的日常生活千姿百态和纷繁多变，但总有构成我们日常生活的最基本的基座与框架，而古今中外各种经典文本关注的恰恰就是这些最具根本特征和普遍意义的东西。但是

在对经典文本进行精细解读和比照互释的过程中,尤其需要特别重视以下三个问题:

一是跨文化经典文本诠释的可能性与合法性。任何一种经典文本都是在某种特定社会背景下形成的独特文化结晶,要了解某一文化传统的经典文本,就必须深入到这一经典文本的细节之中,深入追溯围绕该文本生成的诠释传统,因为人们可以从经典文本的只言片语看到不同传统被衍生出的丰富内涵,从中对经典文本形成一以贯之的历史文脉。与此同时,还要不断突破原有文本的思路框架,将其带入或嫁接到另一种经典文本体系之内,以便照亮原有文本的盲点,或者将原有经典文本缺失的文化基因嫁接过来,超越人们传统思维的框架,生发出意想不到的崭新思想果实。因为只有从彼此差异中深入理解对方,才能加深对自身丰富内涵的把握,从而有效防止抑或消解一切自我封闭、自我诠释和自我独断现象的发生。特别是通过不同经典文本之间的多元对话,在对他者深入理解的基础上,充分吸收异质经典的合理要素,经过创造性转化和创新性发展,最终形成人类具有更高生存智慧的现代性价值寻求。从这种意义上讲,任何一种经典文本都无法拒绝多元诠释的可能性与合法性问题,即使是某种"过度诠释"也同样可以成为发现文本新要素的重要机制。

二是经典文本的理解、解释与应用问题。在西方诠释学历史上德国神学家施莱尔马赫和德国思想家伽达默尔是两个极端重要的转折性人物,前者实现了诠释学由《圣经》的特殊诠释学到普遍诠释学的转向,后者实现了从普遍诠释学到哲学诠释学的转变。施莱尔马赫认为,包括《圣经》在内的各种经典文本都有重新诠释的可能性,因为解释者可以通过某种方法使自己的思想和作者的思想置身于同一位置,并根据自己的切身体悟进行创造性的重新表述或重新建构,否则,如果作者和解释者的思想是绝对同一的,那就失去了解释的必要。伽达默尔则认为,站在历史主义的立场看,任何一种历史文本的真正意义并不存在于历史文本本身,而是存在于对它的不断再现和解释之中。因为任何历史文本在每一个新的时代都面临新的问题从而产生新的意义,解释者的任务不是机械地复制文本,而是把文本的视域和我们当下的视域相互联系起来,通过"视域融合"获得文本的现实价值,正是借助"视域融合"的方法,主体和客体、过去和现在、自然和必然构成一个无限发展的统一整体,实现了理解、解释和应用的有机结合。通过对施莱尔马赫和伽达默尔诠释学的比较,我们不难看到,前者注重对历史文本的静态性、阶段性、客观性解读,后者注重对历史文本的动态性、整体性、历史性解读,如果我们将二者有机地结合起来,无疑有助于我们形成一种更具深刻性、全面性和远见性的诠释学理论,而当代中国学者成中英创立的"本体诠释学"和傅伟勋创立的"创造性诠释学",其目的就是要通过对西方诠释学的吸收与改造,实现对中国诠释传统的创造性转化和创新性发展。

三是跨文化经典文本的求同存异问题。我们承认在不同文化背景中生成的经典文本具有自身的特殊价值和理想追求,但这并不是要夸大各种文明类型的个别性、差异性和斗争性,进而得出文化特殊主义和文明地域主义结论。恰恰相反,而是要在不同文化历史文本的比较之中,寻找到一种普遍性和共同性的文化价值判断标准。西方著名思想家孔汉思提出了文明相互兼容理论,哈贝马斯提出了不同文明之间的普遍理性主义理论,罗尔斯则主张各种文明在保持自身核心价值观的同时,在公共领域形成具有"重叠共识"性质的普遍价值标准。而中国传统文化本身就蕴含着"和而不同"的深刻思想内涵,中国历史上的各种思想流派从来都是儒道互补、儒法结合、儒佛相融、佛道互渗、儒佛道相通,故有"红花白藕青荷叶,三教原本是一家"之说,"中国"二字的深层文化喻指就是强调善用"中和"思想做人行事的中华之国。综合当代西方诠释学和古代中国诠释传统的特质,就要求我们在当今多元文化相互激荡的全球化状态下,必须以全球公民的公共理性为基础,建构跨文化的最低限度和最起码标准的切实可行的共同价值目标,这一价值目标对人们日常行为普遍正当性的考虑优先于对特殊行为善性与否的考虑，它必须具有普遍性道义约束力。而要完成这一任务，就需要每一种特殊文明能够以最为简化的方式清晰叙述自身文化脉络中最为核心的价值主张，在此基础上达成全球最低化且又最大化的价值标准和道德规范，从而在求同存异中达至费孝通提出的"各美其美，美人之美，美美与共，天下大同"的理想境界，实现《中庸》所追求的"致中和，天地位焉，万物育焉"的欣欣向荣的生命状态。

搞清了对经典文本进行精细解读和比照互释过程中应当注意的核心问题之后，就需要我们善于从中外历史悠久、支脉众多、纷繁复杂的精神图谱中精细筛选能够代表中西生死文化思想特质的经典文本。在中国先秦时期百家争鸣的各大思想流派中，儒家的思孟学派无疑是当之无愧的显学之一。尤其是孟子不仅对儒家创始人孔子的思想加以灵活运用和充分张扬，而且还提出了众多具有原创性特质的理论观点，从而使得儒家学派由《论语》的断言式思想表述演变为系统完整的思想体系。例如：孟子的人性善论、人禽之别、义利之辨、王霸之分等理论命题，不仅奠定了后世儒家学派的思想根基，而且对汉代经学、隋唐佛学、宋明理学的历史流变产生了至深至远的影响，以至于唐代韩愈称孟子是自尧、舜、禹、文、武、周公至孔子之道统的真正传人，宋代大儒朱熹《四书章句集注》序言中载韩愈所言："今之学者尚知宗孔氏，崇仁义，贵王贱霸"，"向无孟氏，则皆服左衽而言侏离矣。故愈尝推尊孟氏，以为功不在禹下者，为此也。"朱熹自己也说："自孔子没，独孟轲氏之传得其宗。求观圣人之道者，必自孟子始。"由此可见，研究儒学亚圣孟子的生死伦理思想无疑具有极端重要的历史与现实价值。

与之密不可分的是，在基督教历史传统中，保罗是继创教者耶稣之后最伟大的思想家，后世基督徒普遍认为，正是由于保罗向犹太人之外的外邦人的传教工作，特别是他的教牧书信成为基督教发展的奠基石。保罗超越地中海周边存在的地域、文化、种族的隔阂，将耶稣源自上帝的福音成功地传给世人，从而将耶稣基督的信仰从犹太教的母体中逐步分离出来，使之成为具有普世意义的世界性宗教，乃至有人认为保罗才是基督教的真正创立者。就基督教的经典著作《圣经》而言,保罗书信的形成在文字上要早于耶稣的《四福音书》,为后人保留了原始基督教最初形成时的真实状况。其中在《圣经》新约的 21 卷使徒书信中,保罗书信有 13 卷,占新约总卷数的四分之三,特别是保罗提出的因信称义论、基督复活论、末日审判论等思想,深刻影响了后世一大批基督教思想家的理论研究趋向,诸如:奥古斯丁的三位一体论、马丁·路德的因信称义论、托马斯·阿奎那的神学体系论等,这就充分证明选择保罗书信来研究早期基督教生死伦理的无比重要性。

通过上述对孟子和保罗在儒家与基督教历史传承谱系中特殊地位的分析,我们不难看出,二人存在众多相似之处,乃至于有不少中外学人指出,基督教有保罗,正像孔子之后有孟子、苏格拉底之后有柏拉图一样,他们共同照亮了人类古代思想世界的灿烂星空。由此,我们不难看出,王治军博士选择孟子与保罗的生死伦理予以比较研究自有其历史与现实的客观根由。当然,选对了中西经典文本来作博士论文的写作,只是展开中西生死伦理比较研究的起点,要真正写出高质量的博士论文,还需要对生死现象所关涉的各种重大理论问题进行深入透彻的辨析,才能对论文的价值取向、逻辑框架、论证方式作出精细而恰当的科学安排。我在自己的《死而后生:死亡现象学视域中的生存伦理》(人民出版社,2005 年版)一书中认为,正是永生的渴望与终死的必然,才激荡出人类命运的交响曲,倾最大心智与死亡全力拼搏,乃是人类注定的终极宿命。人类正是因为意识到自己的死亡必然性之后,为了能够战胜和超越肉体之死,克服由此引发的虚无感和恐惧感,才建构起各种真、善、美、圣的生存信念,并将这些生存信念外化为不同形式的文化创造活动,从而使有限的生命彰显出无限的价值和意义。

王治军考取中央党校伦理学专业博士研究生后,就立志从事中西生死问题的伦理学比较研究,同时受到我前述生死学理论的影响,最终将儒家传人孟子和基督教使徒保罗的生死伦理作为研究对象,毕业后到河北廊坊师范学院任副教授,又进一步拓展了自己博士论文中的生死伦理思想。我认为他在本书中对孟子和保罗生死伦理的研究具有以下突出特点：一是对孟子和保罗所处历史时代面临的重大问题以及二者所遭遇的生存困惑进行了历史探源。强调孟子处于战乱频仍的先秦战国时代，为了救民于水火提出了用孔子圣学推行仁政，进而养民富民和教化人心的主张。保罗生活在古罗马帝国统治下的犹太教传统中，针对民族承受灾难和生命遭受蹂躏的现实，促成了他以神圣教会为载体并用福音拯救万民的普世关怀思想。二是孟子和保罗深刻洞察了人性的本质特征，以此为基础提出了自己的人性论主张。孟子认为人性本善，由于受到外在环境影响，丧失了善良本性，只有通过反身而诚和存养扩充，才能发展出仁义礼智的德性。保罗则主张人性本恶，因人类始祖亚当和夏娃违背神的诫命而犯下了原罪，只有信靠耶稣基督才能摆脱罪性，走上被神拯救的道路。三是为了实现生命在尘世的价值与意义，孟子主张通过修身进德成就独立人格，在齐家治国平天下中，将天道的实然转化为人道的应然，完成上天赋予自己的神圣使命。保罗则认为，既然生命因神而获拯救，就应当通过日常生活中的感恩神、效仿神、荣耀神而活出生命的价值。四是为了让有限的生命超越死亡而走向不朽，孟子主张以个体之心为主宰，通过存心养性来达到成就圣贤的品格和功业。保罗则是通过与神同工，借助普世博爱来转化世俗生命，达到与神同在的超越境界。尽管孟子与保罗的人生经历各异、对人性的认知态度不同、实现生命超越的路径有别，但他们又共同承认人性的软弱与可变，强调生命所应承担的责任与使命，力图让生命从有限走向无限，从局部走向整体，从短暂走向永恒。这些思想无论对于当代个体人格的养成，还是对于国家社会的发展，无疑均具有极端重要的历史与现实意义，值得我们永远去探究、去思考。

与同类著作相比，王治军博士的研究成果无论是在对先秦儒家和早期基督教经典文本的精细诠释层面，还是在研究视角的独特性和理论体系的完整性层面，都有着十分显著的创新价值。特别是作者对孟子和保罗生死观的叙述语言洗练、娓娓动人，在平静如水的文字中蕴藏着一种洗尽铅华、慰藉人心的深沉张力。伴随生死问题日益成为现代人类面临的重大生活难题,迫切需要人们从哲学伦理学层面提供更有价值的生死智慧抑或生命指南,我坚信王治军博士在这一研究道路上会走得更远!同时也会收获更多!

2023 年 4 月 2 日于北京颐北精舍

[作者系中央党校(国家行政学院)哲学部教授、博士生导师,中国伦理学会副会长]

序言(二)
儒耶对话的新拓展

赵法生

中西文化比较是目前学术界所关注的重点问题之一,对于推动文明对话和互鉴具有重要意义。牟宗三等现代新儒家所提出的内在超越说,就是在中西文化比较中形成的现代儒家思想建构,在当今学术界产生了广泛影响。本书主题是比较孟子和保罗的生死伦理观,亦属于中西文化比较的范围,这一比较具有重要的思想史意义和现实意义。

孟子被尊称儒家的"亚圣",宋儒表彰"四书",《孟子》作为"四书"之一,由子学而跻身于儒经的行列。孟子的天人观与心性论,成为宋儒本体论和心性论建构的重要思想资源,经由宋儒表彰,性善论遂成为儒家人性论之正统。孟子的性善论和工夫论,也对于儒家人生观产生了重要影响,儒家重视人格与气节,固然由孔子开其端绪,却由孟子发扬光大。孟子的心性论,通过尽心知性以知天,将良知提升到天命的高度,在本心的基础上重建了儒家的天人合一。本书对于孟子心性论的内涵进行了深入分析,指出了其中所蕴含的终极关怀意义。在这样一种心、性、天的视域下,所谓生,应当是人之本有善性的自我实现;而所谓死,则通过祭丧之礼得以安顿,孟子所谓养生送死而无憾。这并不意味着孟子不重视丧礼,孟子认为"养生者不足以当大事,惟送死可以当大事",说明他对于死亡的意义有深刻的领悟,甚至将送死之礼看得比养生之礼更重要。但是,正如作者所指出的,在孟子那里,生与死的意义,最终都通过道德价值来体现,所以,在经验的世界里实现超验的道德价值,就成为孟子生死伦理观的重要特色,这也是孟子大丈夫人格的精神来源。

　　与孟子相比，保罗对于人性的看法要悲观得多。他基于犹太—基督宗教的原罪说，对于人性之恶进行了深刻批判，将人性置于无所逃遁之地。正如雅斯贝尔斯在比较中西文化思想时指出的，老子和孔子的思想都没有基督教的绝望意识，孟子自然也是如此。这并不意味着中国轴心哲学家没有批判意识，他们的批判意识是十分强烈的，而这种批判在孟子那里达到了一个新的高度，因为人性善与仁政思想，为他观察和批判现实确立一个绝对和普遍的道德标准。但是，孟子的批判明显不同于保罗的批判，孟子并没有像保罗那样，将终极的超越希望寄托于彼岸，而是此岸，儒家是要在此岸世界建立自己的理想国，而这种理想与现实形成了巨大的张力，凸显了孟子的道德理想主义色彩。本书对于孟子与保罗生死观的异同之处进行了全面和深刻解析，既指出了其显著不同，又比较了二者在人生境界方面的相似之处，显示了作者对此问题的研究深度和出色的分析能力。

　　西方文明作为近代的强势文明，对于所有文明都构成了强烈冲击。中华文化作为人类最为古老的文明之一，也不可能置身于这种冲击之外。在这种背景下，我们的出路在于通过文明对话来加深对于异域文化的理解，以便知彼知己，为我所用，在返本开新的同时促成自身的现代转型，以重续古老中华文化的当代慧命。因此，本书的出版，对于中西文化的交流对话是一件有益的事情，也期望本书能促进有关中西文化更为深入的研究与思考。

　　（作者系山东大学哲学系教授，中国社会科学院世界宗教所研究员）

目　　录

第一章　导言

一、选题的背景与意义

（一）当前生死矛盾的凸显要求加大生死学研究力度

生命与死亡就像一条线段的两个端点，又像一个硬币的两面，本属于一体而截然不可分。对于任何一个人而言，死亡都是无法抗拒的，也是无法逃避的。但是也恰恰由于死亡的存在，生命才有了限度，才使人的生命充满了紧张感，充满了压力，迫使我们去思考如何最大限度地去实现人生无悔无憾，如何在有限的生命中活出更大的意义与价值。若是人能永远地不死，也就没有人生的意义问题了。俄国近代哲学家别尔嘉耶夫（Nicolas Berdyaev）说：“死亡是生活中最深刻和最显著的事实，这个事实能使凡人中的最卑贱的人超越生活的日常性和庸俗，只有死亡的事实才能深刻地提出生命的意义问题。这个世界上的生命之所以有意义，只是因为有死亡，假如在我们的世界里没有死亡，那么生命就会丧失意义”，“人在其一生中的道德体验的意义就在于使人达到理解死亡的高度，使人正确地对待死亡”。① 换言之，正因为有死亡的存在，因为生命是有限的，人们才会珍惜生命，才会努力争取让每一天都过得更充实。

但是在当代社会，人们对死亡充满了忌讳，对死亡的研究不仅少得可怜，而且很难登上学术的大雅之堂。但是我们无可否认，死亡问题是无法回避的。德国哲学家海德格尔（Martin Heidegger）指出“死

---

① 〔俄〕尼古拉·别尔嘉耶夫：《论人的使命　神与人的生存辩证法》，张百春译，上海：上海人民出版社，2007 年版，第 253—254 页。

亡是此在本身向来不得不承担下来的存在可能性"①,"只要此在生存着,它就实际上死着"②。任何人一生下来,就是一个面向死亡的存在,生命中的每一时刻都是走向死亡的时刻,但是每个人什么时候会死,却是无法预期的,具有极大的偶然性与不可确定性。同时,每个人的死又都是自己的,是自己必须要承担的,是旁人无可替代的。死亡的这种必然性、不可预期性和无可逃避性,决定了死亡研究的必要性与重要性。

在传统社会,除了暴力死亡或凶死等意外死亡,正常的死亡都是发生在家里的,亲朋好友"随侍在侧,亲视含殓"。这样的死亡被称为寿终正寝,被称为善终优逝;这样的死亡不仅是临终者的最好归宿,也具有对生者进行生死教育的功能。在这样的传统习俗之下,人们对死亡并不陌生与恐惧,反倒是形成了自然而然的死亡态度,而且把善终(《尚书》中谓"考终命,"也就是好死)当作人生的"五福"之一。③ 在科学技术高度发达的今天,不仅自然死亡的比例越来越少,生死之间的和谐也遭到了破坏,死亡方式、死亡年龄、死亡地点都发生了根本性的变化。地震、火山爆发、泥石流、海啸等自然灾难频繁发生,交通事故、地区性的武装冲突、恐怖主义杀戮等社会灾难也不少,各种流行性的传染病和癌症也越发普遍化,这一切都表明当代的死亡问题越来越具有突发性、偶然性、不可预测性和不可抗拒性。

更为值得关注的是,现代社会的死亡过程也被遮蔽与隔离了,而且充满机械化与非人性化。正如美国著名精神医学与死亡学专家伊丽莎白·库布勒·罗斯(Elisabeth Kübler Ross)所描述的:"一个重要的事实是,现如今,死亡的过程在很多方面都变得令人嫌恶,即变得更加的孤

---

① 〔德〕马丁·海德格尔:《存在与时间》,陈嘉映、王庆节合译,北京:生活·读书·新知三联书店,2006 年版,第 288 页。

② 同上,第 289 页。

③ 参见《尚书·洪范》篇,人生五福是"富、寿、康宁、攸好德、考终命"。把能够实现善终,能够实现好的死作为五福中的最后一福,可见其在人生中的重要程度。由此我们也可以体悟到,这一福,比之于前面的四种福,更为难以企及、难以达到。

独,更加的机械化,更加的缺乏人性,有时候甚至在技术上也更加难以确认真正的死亡时间。由于病人常常会被迫离开他熟悉的环境、急匆匆送进急救室,死亡的过程变得孤独而没有人情味。"①医疗机构对于死亡的遮蔽与隔离,对于死亡的这种机械化与非人性化处理办法,不仅将死亡逐出了人们的视野之外,而且加剧了人们的死亡恐怖感,同时消解了传统的死亡处理方式具有的生死教育的功能。反过来,死亡的神秘感又进一步加剧了人们对死亡未知与恐惧。

当前这种生死矛盾凸显的状况,迫切要求学术界加强生死学研究,尤其是在哲学和宗教层面,提供人们克服与超越死亡的生命智慧,为民众提供一种健康的心态去面对人生遭遇的种种不测,坦然地面对和接受这些发生在自己身边的死亡现象,并从中积累生命智慧、坚定生存信念。在 20 世纪 90 年代,具有十多年从事死亡教学经验的华人生死教育先驱傅伟勋教授提出:"死亡学与死亡教育(或扩充之为生死学与生死教育)的重视与否,是考量一个国家和社会是否进入'已发达'阶段的一大因素。对于中国未来的精神文化(即高层次的社会文化)创新来说,对此一课题的研究探索乃是刻不容缓的事。"②

(二)进行中西生死比较研究的必要性与重要性

宗教与哲学思想当中饱含着超越生死的智慧,饱含着提升人生命精神的资源。苏格拉底把哲学定义为死亡的练习;叔本华说死亡是给予哲学灵感的守护神;费尔巴哈则提出:人世间若是没有死亡这回事,也就没有宗教。既然死是人生的必然结局,对人生图景和生命意义的总体解释,在很大程度上便取决于对这个结局的意义的破解。③ 叔本华更为清晰地看到,人们对死亡的认识所带来的反省致使人类可以获

---

① 〔美〕库布勒·罗斯:《论死亡和濒临死亡》,邱谨译,广州:广东经济出版社,2005 年版,第 6 页。

② 傅伟勋:《死亡的尊严与生命的尊严》,北京:北京大学出版社,2006 年版,第 165 页。

③ 靳凤林:《死,而后生:死亡现象学视域中的生存伦理》,北京:人民出版社,2005 年版,第 3 页。

得形而上的见解,并由此得到一种慰藉。所有的宗教和哲学体系,主要是为针对这种目的而产生,以帮助人们培养反省的理性,作为对死亡观念的解毒剂。①

牟宗三先生曾经说,中国哲学是以生命为中心的学问。实际上,儒道两家思想给予人的是生活与生命智慧,尤其是儒家教给人在人伦日用之间安顿生命,在生活实践中如何提升生命境界成就圣贤品格。对待死亡,儒家也秉持一种达观的态度,"未知生,焉知死","尽人事,听天命",不论生前死后,不讲地狱天堂,不讲轮回报应,直接强调人生的责任与使命,如孟子说"修身以俟命"。儒家主张在现实人生中积极进取,以消解生命短暂与死亡的虚无感,一直是中国人超越生死的一种精神信仰,对于现代社会安顿精神生命,提升生命的意义与价值仍是不可或缺的思想资源。

宗教从人们内心深处的死亡恐惧、焦虑出发,以对人生死之谜的解答为其支柱,或宣扬人死后灵魂永存,或宣扬轮回再生,更通过天堂地狱来达到提升人生命境界的作用,发挥劝善止恶的社会教化功能。正如当代著名存在主义神学家蒂利希(Paul Tillich)在《文化神学》中给宗教下的定义:"宗教,就该词最广泛、最基本的意义而论,就是终极的关切。"②费尔巴哈说"神学之秘密是人本学"③。宗教发挥作用的机制,正如梁漱溟先生所指出的"都是以超绝于知识的事物,谋情志方面之安慰勖勉的",无论高低级宗教,都在于都是通过礼拜供奉等各种仪式来达到使人内心安宁舒坦,"使人的生活得以维持下去而不致溃裂横绝"④,这是一切宗教相同之点。

基督教是世界三大宗教之一,也是在全世界范围拥有最多信徒的

---

① 〔德〕叔本华:《叔本华的人生哲学》,刘烨编译,北京:中国戏剧出版社,2008年版,第204页。
② 转引自段德智:《宗教学》,北京:人民出版社,2010年版,第234页。
③ 〔德〕费尔巴哈:《基督教的本质》,荣震华译,北京:商务印书馆,1984年版,第5页。
④ 梁漱溟:《中西文化及其哲学》,北京:商务印书馆,2012年版,第105—107页。

宗教,对整个世界历史和人类文明产生了深远的影响。不理解基督宗教,我们就无法理解欧美人特有的思维方式和心灵结构,就无法理解他们的原罪意识、救赎观念和契约精神,更无法理解在这一信仰基础之上所衍生出来的西方现代文明观念。更为重要的是,近代以来,基督教对中国历史和文化进程的影响更是有目共睹,尤为值得关注的是,目前国内基督教信徒数量的剧增,会对中国的文化与经济社会产生深入而持久的影响。我们只有深入理解形塑本民族的传统儒释道文化的前提下,深入了解基督宗教信仰的核心要义,并进行开诚布公的对话,坚持拿来主义的原则,以海纳百川的宽阔胸襟借鉴吸收人类一切文明成果,才能解决时代的难题,才能安顿国人的生死,才能更好地推动现代化中国的文化建设。因而本书的研究方向就指向了中国传统儒家和西方最大宗教——基督教的比较,并力求融会贯通其中生命的学问与超越生死的智慧。

(三)为什么选择孟子与圣保罗

孔子死后,孔子的门徒们分裂成了八个学派,只有思孟学派将圣学传承下去,可见孟子功劳之大。他不仅对孔子的思想加以灵活运用和发挥,而且提出了许多独有创见的观点,使儒家思想形成了完整的哲学体系。比如他提出的性善论、人禽之辨、义利之辨、王霸之辨,不仅奠定了儒家理论的基础,而且对后世思想家也产生了深远的影响。韩愈高标孟子的功劳,称孟子是始自尧、舜、禹、文、武、周公至孔子之道统的传人,并认为全赖孟子的言论,"今之学者尚知宗孔氏,崇仁义,贵王贱霸","向无孟氏,则皆服左衽而言侏离矣。故愈尝推尊孟氏,以为功不在禹下者,为此也"。[①] 宋儒朱熹也说"自孔子没,独孟轲氏之传得其宗。故求观圣人之道者,必自孟子始"[②],故而研究孟子的思想最为具有典型性。

使徒保罗是基督教最伟大的神学家,被后世基督徒尊为圣保罗

---

①② 朱熹:《四书章句集注》,北京:中华书局,2012 年版,第 198 页。

（Saint Paul）。他向外邦人的宣教工作和教牧书信成为基督教发展的奠基石。他超越地域、文化、种族的隔阂，将耶稣的福音成功地传到外邦人中，将基督信仰从犹太教母体当中分离出来，成为具有普世意义的世界性宗教。因此，甚至有人认为他是基督教的实际创立者。就基督教经典而言，保罗的书信是《新约》中最早成文的文字，为我们保存了原始基督教最真实的状况，留下了这个宗教产生时的真实记录。《新约》使徒书信共 21 卷，占《新约》总卷数（27 卷）的四分之三，其中保罗书信 13 卷。保罗"因信称义"的信仰论、解释耶稣死而复活永恒价值的基督论、最后审判的末日论和道德论是整个基督教理论的重要组成部分。这些思想深刻影响了奥古斯丁（Saint Augustine）、马丁·路德（Martin Luther）、卡尔·巴特（Karl Barth）这些基督教思想大家，马丁·路德的宗教改革理论就是直接继承其"因信称义"的信仰论。

简言之，孟子是传承孔子圣学的继承人，被后世尊为"亚圣"。保罗受耶稣圣灵的呼召，将耶稣的福音传播到希腊罗马世界，成为具有普世性的基督教，被后世尊为圣徒。二人相似之处正如一位基督教作家所言："主耶稣基督之有保罗，正像仲尼之有孟轲，苏格拉底之有柏拉图。"①康有为在其《孟子微》自序中盛赞孟子对于孔学的巨大功劳，并与佛教和基督教做对比，称："若佛教之有龙树，基督教之有保罗是也"，"孟子乎真孔门之龙树、保罗乎！"②基于孟子与保罗地位与思想的特殊性，本书选定比较研究两人之生死伦理思想，以期能够管中窥豹，透视儒家与基督教生死伦理的全貌，达到中西生死智慧的融通。

二、国内外研究现状及趋势

（一）孟子生死伦理研究

对于孟子生死伦理思想的研究，散见于两个方面：一是专门对于儒

---

① 赵恩赐：《基督的使徒》，香港：香港协基出版社，1961 年版，第 64 页。
② 康有为：《孟子微 礼运注 中庸注》，北京：中华书局，1987 年版，第 1、3 页。

家和孟子进行研究的大量专著与论文中,涉及了孟子的生死思想;二是对于传统生死文化的研究中,均包含孟子的生死思想。

1. 孟子研究视域下的生死伦理思想

对孟子的研究从来都是一门显学,历代思想大家无不阐发孟子思想,或攻击驳斥或做注解阐释义理。比孟子稍晚的荀子就在其《非十二子》一文中猛烈驳斥子思孟子一派的五行说,尤其对于孟子阐发的具有道德意义的"心"进行了批判。汉代赵岐作《孟章句》,侧重于文字训诂。唐代韩愈高度赞扬孟子,说他是孔子之后儒家道统的继承人,功劳堪比大禹。宋代朱熹极为推崇孟子,作《孟子集注》阐发孟子的义理,并收入《四书章句集注》,形成了一套四书学体系,成为后世的官方哲学,影响非常深远。大儒王阳明、黄宗羲对于孟子的心学也有发挥,戴震的《孟子字义疏证》,将文字训诂与义理阐释相结合。焦循的《孟子正义》考据与义理相结合,集前人注解之大成。近代康有为作《孟子微》,从汇通和调和中西思想的立场出发,阐发孟子思想中的民主自由平等思想,发掘孟子的社会进化与境界发展思想,来为其维新变法思想做理论铺垫。当代新儒家唐君毅、徐复观、牟宗三等,对于孟子的心性论、政治论做出现代诠释,形成了中西方文化会通的一种局面,奠定了现当代孟子研究的理论基调。

中国台湾学者黄俊杰从思想史的角度研究孟子,著有《孟学思想史论》两卷,不仅资料非常详实,观点也极其具有新意,是孟子研究的必备书籍。第一卷共七章,分别分析了孟子思维方式的特征、孟子思想中的生命观、孟子后学对身心关系的看法、孟子思想中的群己关系、义利之辨在思想史上的地位和王道政治论。黄俊杰综合研究了孟子的人性论、政治思想、天命观之后提出:孟子思想所表现的是一个"既内在而又超越"的人性世界,而这种超越性又是落实在现实生命之中,使生命不流入空寂与虚无。① 黄俊杰的这种研究方法及其结论,对孟子生死思

---

① 黄俊杰:《孟学思想史论》卷一,台北:东大图书,1991年版,自序。

想研究可提供颇多借鉴。他的《孟学思想史论》第二卷共十一章（大陆版名为《中国孟学诠释史论》），全书在回顾孟子学研究的基础上讨论了孟学诠释史的一般方法论，然后按照历史次序分别研究了从荀子一直到当代新儒家对孟子学的解释与发展。附录有孟学诠释史文献选编注释，汇编了从汉代赵岐一直到当代新儒家关于孟子研究的文献资料。他所罗列的参考书目包括了中、日、英三种语言的孟子研究的主要成果，是进一步深入研究孟子思想所不可多得的资料。他的《孟子思想的历史发展》①，也是研究孟子思想发展的重要资料。黄俊杰还主编了一套"儒学与东亚文明研究丛书"，从中日韩三国儒家诠释的发展这样一个宏观维度进行比较研究，可以为我们研究孟子思想在整个东亚的流变与影响提供详实的资料。

黄俊杰在大陆出版的《孟子》一书共十章，以通俗的笔调介绍了孟子的时代、生平、人格特质等，其透过孟子游说诸侯的历程对孟子生命情调与现实挫折的刻画，对孟子生命观、政治思想和教育思想等的阐发极具启发意义。他认为孟子全副精神生命的开展中，个人与社会的共生共感，道德心与生理活动的交互涵摄，自然与人文的联系不断，正是靠着在这方寸之际的当下觉醒，予以充扩完成，并使之构成一种具有存在意味的连续体。② 他在考察了古代中国"气"这一思想发展的历史后指出，中国古代关于"气"的四种传统都认为"气"是自然生理血气意义上的，但是孟子在继承古代中国人对于"六气"的认识基础上，进一步结合自春秋以来中国人对人的地位独立自主的自觉性要求，以及孔子对伦理道德优先的创见，开展出了"气"的道德性意义，使"气"不再是属于中性的角色扮演，进而由此肯定了人的道德主体，这不仅是儒学人性论

---

① 台湾"中央研究院"文哲学研究所在1994—1995年出版了《孟子学研究丛刊》，共三本，分别是李明辉著《康德伦理学与孟子道德思考之重建》、李明辉主编的《孟子思想的哲学探讨》和黄俊杰主编的《孟子思想的历史发展》，代表了当代中国台湾地区研究孟子思想的最高水平。

② 黄俊杰：《孟子》，北京：生活·读书·新知三联书店，2013年版，第33—34页。

的一大发展,也是中国历史上对人性价值体会的深刻发展。① 黄俊杰指出,在孟子的学术思想中,蕴含着一个极其重要的主题就是"原始生命的理性化",即通过对原始生命情调的转化,开拓出人的理性精神,使其接事应物。这一思想集中反映在《公孙丑上》第2章,即"知言养气章"。黄俊杰认为,孟子"浩然之气"的提出,打破了以往思想家的局限,建立了一套以人性为基础的道德哲学,值得我们深入思考。②

中国台湾新儒家学者袁保新著《孟子三辨之学的历史省察与现代诠释》,全面梳理了孟子三辨——人禽之辨、义利之辨和王霸之辨的内涵。其人禽之辨分析了孟子人性论、心性与天的关系,王霸之辨分析了孟子政治哲学理想性与现实性之间的内在关联,义利之辨则讨论了义内与义外、义命之分与义命之合等问题。最后讨论了孟子三辨之学的现代意义,这是当代研究孟子思想最为深刻的著作之一,也是学习者极为难得的一部参考文献。

李明辉的《康德伦理学与孟子道德思考之重建》,对比了康德伦理学与孟子的道德哲学。作者介绍了道德思考中的隐默面向、西方传统哲学中的隐默之知和康德的道德思考,进而分析了先秦儒学和孟子道德思考的隐默之知,并以此视角对孟子的道德思考进行了重建,对孟子的性善说进行了新的解读。李明辉主编的《孟子思想的哲学探讨》是一本研究孟子思想的论文集,全书分通论、心性论和文化观三个部分,收录了中国台湾、中国香港和国外研究孟子的学者袁保新、李明辉、杨儒宾和杜维明、刘述先、信广来等人的研究文章,为我们呈现了研究孟子思想的不同视角与诠释维度。其中刘述先的文章《孟子心性论的再反思》考察了西方葛瑞瀚、安乐哲、卜爱莲等学者的研究,综述了后者对前两者关于孟子性善的论述,同时考察了傅佩荣的向善论与美国实用主义杜威之人性论的内在关联。刘述先提出人之所以能向善,正是因为

---

① 黄俊杰:《孟子》,北京:生活·读书·新知三联书店,2013年版,第53页。
② 同上,第51页。

他在性分禀赋中有超越的根源,只有在这个超越的层面才可以说性善,现实上的人欲横流、善恶混杂并不足以驳倒性善论的理据。刘述先认为,在此儒家伦理与康德的实践理性有相通处。[①] 论文集中袁保新的文章《尽心与立命——从海德格基本存有论重塑孟子心性论的一项试探》,则从海德格尔的存在论维度,对孟子的心性论进行诠释与比较,打开了研究孟子的一个崭新视域。此外,中国台湾学者陈大齐的《孟子待解录》《孟子名理思想及其辨说实况》《孟子性善说与荀子性恶说的比较研究》等从心理学的角度对孟子思想进行研究,颇具参考价值。

傅佩荣著有《解读孟子》《人性向善:傅佩荣谈孟子》《孟子的智慧》和《儒家与现代人生》等多部研究孟子的书籍。傅佩荣认为,在政治混乱动荡的战国时代,孟子亟须解决的问题就是人性问题,即个人行善避恶的力量从哪里来? 傅佩荣认为可能有三个来源:遵守社会规范、基于宗教信仰或者是个人良心的要求。傅佩荣认为,《孟子》通篇强调的都是行善的动力来自良心的要求,是内在的真诚力量所驱使,行善事会带来无比的快乐。故而人生的快乐在内不在外,在己不在人。[②] 这对于我们理解孟子生死思想产生的时代背景极有帮助。傅佩荣主张,孟子是肯定天命存在的,并且他认为人心有理解与符合天命的能力,只要人真诚的反省就可以觉悟到心的"四端",由此努力行善避恶就可以修养成为圣人。人生的目的就是要领悟天命,明白自己活着应该做什么事情,最终实现天命,成就君子圣贤人格。[③] 这一思想有助于我们理解孟子生死超越思想的理论基础。尤为值得重视的是,傅佩荣对孟子性善论提出了新看法——向善论,他认为孟子的性善论不是后世思想家所解释的"性本善",而是"性向善",人能够行善也应该行善。向善就是说

① 刘述先:《孟子心性论的再反思》,载李明辉主编《孟子思想的哲学探讨》,台北:台湾"中研院"文哲所,1995 年版,第 80—81、84 页。
② 傅佩荣:《人性向善:傅佩荣谈孟子》,北京:东方出版社,2012 年版,绪论第 9—12 页。
③ 同上,绪论第 11 页。

人行善的力量由内而发,人如果不行善就无法向这个力量交代。[①] 这种把人性理解为动态趋向性的观点,在他《孟子的智慧》等著作中都有同样的表达。傅佩荣《孟子的智慧》一书以通俗易懂的语言,用十讲分别介绍了孟子的出身、教育、孝顺、修养、仁政、辩论、性善和人生快乐等方面表现出来的生命智慧,有助于我们深入理解孟子的生命世界,理解孟子对百姓生命和现实生活之疾苦的关注。具体细节不再赘述。

杨泽波研究孟子多年,其创见性的提法就是把性善理解为"伦理心境"。在《孟子性善论研究》中,他利用"三分方法"研究得出结论[②]:牟宗三借鉴康德研究孟子,以道德自律点化性善论是错误的。康德意义的道德自律并不完全适合性善论,因为康德的道德自律是排斥道德情感的,而孟子的性善论充满了情感,所以康德哲学与孟子哲学是两个根本不同的路子。孟子道性善实际上是道本心,心善所以性善,这个心并不是康德道德哲学的理性原则,而是社会生活在个人内心结晶而成的"伦理心境"。[③] 杨泽波进一步提出,孟子建构性善论不是像西方那样通过形式逻辑,而是通过生命体验体悟自己先在的伦理心境。杨泽波的《孟子评传》讨论了孟子的王霸之辨、义利之辨、经权之变和人性之辨等问题。其《孟子与中国文化》一书,则以通俗的形式从国家应该如何治理、人们应该如何生活、道德应该如何成就三个方面进行了讨论。

杨国荣 1994 年出版《孟子评传》(台湾繁体版名《孟子新论》,华东师大版名《孟子的哲学思想》)从主体的自由与外在天命的对峙来理解孟子的天命观,从自我的完善与群体的认同、义利之辨等方面比较了孟子与墨子思想,对于孟子的权变思想、崇古思想、人格境界与成人之道也进行了探讨。美国的江文思(James Behuniak Jr.)、安乐哲(Roger T.

[①] 傅佩荣:《人性向善:傅佩荣谈孟子》,北京:东方出版社,2012 年版,绪论第 13 页。
[②] 杨泽波:《孟子性善论研究》,北京:中国社会科学出版社,1995 年版,前言第 14 页。
[③] 同上,前言第 12 页。

Ames)编写的《孟子的心性之学》(*Mencius'Learning of Mental-Nature*)汇集了英语世界对孟子人性论研究的最新成果,给我们提供了解读孟子思想的新维度。另外,钱穆先生的《中国思想史》、台大哲学系主编的《中国人性论》、何晓明著《亚圣思辨录——〈孟子〉与中国文化》、翟廷晋著《孟子思想评析与探源》、贺荣一著《孟子之王道主义》、万光军著《孟子仁义思想研究》等都从不同的方面对孟子进行了深入研究。中国台湾方面,还有罗联络的《孔孟学说之启示》、张明凯的《孟子思想与中国文化》等。

刘锦贤著《孟子的生命哲学》,对孟子的生命智慧做了详尽论述。第一章心性内涵讲孟子的本体论,第二章是修德要领,讲工夫论,以后各章依次是价值评断、政治观点、处世态度、人生理想。前三章就成就自己而言,四、五章就成就他人而说,最后一章是孟子的终极关怀。尤其值得一提的是,各章下面的标题都是直接采用孟子的原话,有助于我们更贴切地把握孟子的思想。黄祥勇的博士论文《孟子中道思想研究》、戴兆国的博士论文《孟子德性伦理思想研究》等都部分地涉及了孟子的生命智慧与生死态度,涉及了孟子的生命境界与层次提升理论,为本书的研究提供了有益的参考。

2. 传统生死文化研究视域下的孟子生死伦理

许多关于传统生命哲学与死亡思想的研究,都涉及了儒家和孟子的生死观,为我们深入研究孟子的生死伦理提供了参考与借鉴。段德智的《死亡哲学》和《西方死亡哲学》梳理了西方死亡哲学的历史发展,探讨了死亡的必然性与偶然性、死亡的终极性与非终极性、人生的有限性与无限性、死亡和永生的个体性与群体性、生死的排拒与融汇等有关死亡的形而上学的问题。[①] 毕治国的《死亡哲学》按照历史的顺序,分别梳理了西方哲学和中国哲学的死亡思想。靳凤林的《窥视生死线:中国死亡文化大观》在阐述了研究生死的文化意义的基础上,详尽考察了

[①] 段德智:《西方死亡哲学》,北京:北京大学出版社,2006年版,第292页。

儒家、道家、道教、佛教死亡文化和中国鬼文化,对于丧葬文化和死亡文学也做出了详细研究,他指出:对生命价值的理解必须以对死亡的认识为前提,只有依据对死的意义的理解,人才能相应地确立自己的人生态度,建立社会生活的行为原则和价值系统;生死问题是哲学和宗教的核心问题。中西文化的差异导源于生死观的差异;人类所创造的经济、政治、文化,从根本上讲,是人类避死求生的思想、行为和成果的总和。①

郑晓江、钮则诚主编的《解读生死》,钮则诚的《殡葬与生死》《观生死——自我生命教育》《生命教育概论——华人应用哲学取向》《生命的学问——反思两岸生命教育与教育哲学》等著作,从生死哲学与生命教育、生死学与殡葬学之内在关联的视角研究生死,具有极强的实践性与应用性。郑晓江的《中国死亡文化大观》《善死与善终——中国人的死亡观》《生死两安》和《中国生死智慧》等著作也对传统死亡观进行了深入研究。刘明的《周秦时代生死观研究》和余英时的《东汉生死观》等则对特定时代的死亡思想进行了研究,陆扬的《死亡美学》和颜翔林的《死亡美学》则从美学的角度对死亡问题进行了研究。

近年来专门研究死亡的论文散见于各个期刊。段德智的《试论孔子死亡思想的哲学品格及其当代意义——与苏格拉底死亡哲学思想的一个比较》《"不出而出"与"出而不出"——试论孔子死亡哲学的理论特征》和《上与造物主游而下与外死生无终始者为友——对庄子生死观的一个考察》,靳凤林的《死亡与儒家文化》《死亡与道家文化》《先秦儒道死亡思想之比较》,郑晓江的《论死亡的超越》,陈川雄的《论先秦儒家的生命价值观》,郭齐勇的《儒家的生死关怀及其当代价值》,韩德民的《前期儒家的生命哲学》,白如祥的《论儒家的生命意识》等。这些对于传统生死哲学研究的论文,无论是其研究内容与路径,还是研究的独特视角与方法,都为我们对孟子生死伦理思想的研究提供了借鉴。

---

① 靳凤林:《窥视生死线:中国死亡文化大观》,北京:中央民族大学出版社,1999年版,前言第2—3页。

（二）保罗生死伦理研究

对于保罗生死伦理思想的研究，我们主要从两个方面来搜集资料：一是从基督教概论、新约概论、基督教伦理学等，对基督教思想进行系统研究的著作中搜集保罗之生活背景与理论来源等方面的资料；二是从保罗书信和保罗传记中，在微观具体的层面，梳理保罗的生死伦理思想背后的神学教义学基础。

1. 基督教概论与新约研究中的保罗生死伦理

历代神学家和学者对于基督教的概论性研究，对于《圣经》思想的解读，尤其是对《新约》伦理思想的阐释，为我们研究保罗的思想提供了广阔的背景。海斯（Richard B. Hays）的《基督教新约伦理学》深度解读了《新约》的伦理意蕴。全书共分四个部分，前两部分是理论层面，作者描述了《新约》中伦理生活的意境，综合了《新约》伦理意境的一贯性。后两部分是具体实践的生活层面，作者尝试将经文与现实处境相连接，提出了一套诠释方法，为现代的伦理道德判断提出指引，这为我们宏观把握整个《新约》伦理思想提供了便利。作者在第一部分的前两章详细介绍了保罗伦理观的神学基础和架构，梳理了保罗的伦理逻辑和规范，分析了保罗神学传统的发展历程，为研究保罗生死伦理思想提供了背景资料和方法借鉴。

巴克莱（William Barclay）的《新约圣经注释》，学术界公认是解读《新约》的经典文本。本书不仅详尽分析了经文的时代背景和理论内涵，并且参照其他经卷进行诠释，是研读新约和保罗书信的经典范本。查尔斯·L·坎默（Kammer C. L.）的《基督教伦理学》对于《圣经》中耶稣之作为的伦理意义进行了考察，对于基督教生命观以及保罗的工作和劳动态度进行了诠释，这给我们研究保罗的生死观念提供了素材。约翰·德雷恩（John Drane）的《旧约概论》和《新约概论》、麦格拉斯（Alister E. McGrath）的《基督教概论》和施密特（Alvin J. Schmidt）的《基督教对文明的影响》等概论性书籍，不仅为我们提供了保罗生活的时代背景，还分析了保罗思想产生的社会和思想原因，为我们研究保罗思想对后世的影响提供了详尽的资料。国内学者梁工的《圣经指南》，是一本内容广博、材料充实的介绍《圣经》的概要性著作，对于圣经的历史背景、地理环境、成书过程和文字版本等有相当透彻的分析，是一本非常好的研究基督教和《圣经》文本的入门参考书。

2. 圣保罗书信与传记中的保罗生死伦理

保罗的思想主要是通过其书信表达出来的，因而各种研究和解释保罗书信的书籍，是我们深入研究保罗生死思想的关键性资料。卡尔·巴特的《罗马书释义》自1919年出版以来，极大地震撼了基督教神学思想界乃至整个西方文化界。全书对人之义、上帝之义、临近的日子、恩典、自由、圣灵和教会的困境与希望等问题进行了详尽的讨论，是我们深入理解保罗的原罪论、基督论和恩典论思想的重要来源，可以帮助我们窥测到20世纪初期西方神学家对保罗思想的不同诠释维度。科纳（Craig S. Keener）的《哥林多前后书释义》不仅有对《哥林多前后书》的详细导读和注释，还有进一步阅读的推荐书目。台湾教会公报社出版的《加拉太书的见证》是研究《加拉太书》和保罗思想的一本专著。上述书籍都是我们深入研读保罗思想的必备资料。中国基督教两会出版的英国约翰·斯托得（J. R. W. Stott）牧师的《罗马书》和《以弗所书》等讲经系列丛书，以及美国牧师威尔斯比（Warren W. Wiersbe）著的《生命更新解经系列丛书》，对于我们研读保罗思想也极有帮助。这些解经书不仅大量征引相关经文，而且语言通俗易懂，又密切联系现实生活，有助于我们理解经典对于基督教信徒生命成长的影响。

梳理保罗生平事迹和传道历程，是深入研究保罗生死伦理因革流变的必不可少的前提。吴涤申编著的《使徒保罗传》介绍了保罗的生平、入道历程、保罗三次传道经历，分析了保罗的书信、保罗的影响和一些保罗的秘事，是研究保罗事迹不可多得的资料。卢龙光著《使徒行传和使徒书信解读》对于新约时代的希腊罗马世界，对使徒人物和新约书信都有所介绍，还概要地提供了使徒时代的状况和书信的基本情况。张晓梅著《使徒保罗和他的世界》是研究保罗思想的一部非常有见解的著作,在导言部分作者回顾了现代学术中保罗研究的状况,讨论了过去30年保罗研究的一个学术范式——"保罗新视角"。全书四章分别介绍了使徒行传与保罗书信的差异、使徒保罗的早年岁月和他的传教生涯。附录部分给出了一个保罗年表,为我们研究保罗思想的发展轨迹提供了一个大致的时间线索。作者还提出,不能依赖《使徒行传》中关于保罗生涯的有限资料,而应当用解释学的方法来超越保罗世界与我们生活的世界之间的距离。① 关于保罗的人生经历与保罗的思想之间的内在关联,作者认为,保罗并不是一个纯思想的灵性造物,他首先是一个有其具体生活境遇的人,他的神学不是某次"皈依"经验的一次塑成的产品,而是他内心的思想世界与他身外的生活世界相遇而渐渐形成的。② 这种唯物史观和解释学的路径为我们的研究提供了极其有益的参考。台湾校园书房出版的汤姆·赖特(Tom Wright)著《再思保罗神学争议》,从保罗的困惑、逼迫者扫罗和归信者保罗、君王的报信使者、保罗与耶稣、称义与教会、神所更新的人类等方面共分十章详细考察了保罗的神学思想,为系统研究保罗思想提供了不可多得的资料。

(三) 孟子与保罗生死伦理比较研究综述

对于孟子与保罗生死伦理思想的比较,我们首先从中西文化比较的宏观视野搜集资料,其次,我们从中西生死哲学研究的视域进行分析比较,借鉴中西生死哲学的研究成果。

1. 中西文化比较研究视域下的孟子与保罗生死伦理

了解宏观背景下中西文化比较研究所取得的成果,是我们在微观具体层面比较孟子与保罗生死伦理思想的前提。近代钱穆、唐君毅、牟宗三、徐复观、冯友兰等学贯中西的大家,对于中西文化比较都具有深刻的研究,其中梁漱溟的《东西文化及其哲学》、牟宗三的《中国哲学的

① 张晓梅:《使徒保罗和他的世界》,北京:社会科学文献出版社,2012 年版,内容提要第1 页。
② 同上,第 51 页。

特质》等对儒家与基督教思想异同的比较,对于本书的写作都颇具启迪。

基督教思想家汉斯·昆(Hans Kung)①的《世界伦理构想》,强调了一种世界伦理之于人类生存的重要性,阐发了宗教间的对话对于宗教和平的重要性,宗教间的和平对于世界和平的重要性。这种宗教界对话与比较的宽广视野,对于我们跨文化的耶儒生死对比提供了参照。在秦家懿(Julia Ching)与孔汉思(Hans Kung)合著的《中国宗教与基督教》一书中,孔汉思将中国的宗教称为"世界第三大宗教",他考察了儒学是宗教还是哲学的问题,探讨了儒学的超越性问题,详细比较了孔子与耶稣的异同,比较了儒耶佛三教在基本准则相同下的差异性。他特别指出:儒学应当克服"总是向后看的意识形态,一个僵化的典籍研究,一个相互排斥义务的等级化社会,一个只知支持父母控制子女,助长男性欺压女性的学说,或一个只是训古而不开创未来的社会秩序"等弱点和消极面,应当努力彰显自己的积极面,"主动地发现人的价值,发现求得道德高尚甚至成圣的可能性"等,则儒学传统对于中国乃至全世界都仍然是不可或缺的。② 孔汉思还阐述了他对于基督教与中国交流对话主题的理解,比如,从中国的文化背景下如何理解神、耶稣和圣灵。他认为,东方可以从西方学到一些东西,西方同样也可以从东方学到一些东西。孔汉思的这些观点,对于我们省思儒家和基督教生命哲学中各自的特殊性,对于对比孟子与保罗思想中的生命超越性的异同,提供了一个独特的思考维度。

姚新中的《儒教与基督教:仁与爱的比较研究》,全面对比了儒家的

① Hans Kung,又译为孔汉思,1928 年出生于瑞士,著名天主教思想家,德国图宾根大学天主教神学系基本神学教授。其《世界伦理构想》和《基督教大思想家》的中文译者将其译为汉斯·昆,他与秦家懿合著《中国宗教与基督教》一书的中文译者将其译为孔汉思。为了尊重译者和行文方便,一律遵从原译文不变。

② 秦家懿、孔汉思:《中国宗教与基督教》,吴华译,北京:生活·读书·新知三联书店,1990 年版,第 88 页。

仁爱与基督教的神爱。他的比较研究的视角与方法极其独特，对宗教的分类方法也深具启迪意义。他认为，宗教可以分为三大类：以神为中心的宗教、以人为中心的人本主义宗教和自然主义的宗教。按照这种划分方法，基督教属于第一种，儒教属于第二种。① 作者深入分析了仁与爱这对儒教与基督教的核心概念，揭示了两种文化对人生目标和终极价值的深层关怀之影响。

颜炳罡《心归何处：儒家与基督教在近代中国》，考察了近代基督教在中国与传统儒家思想的冲突与矛盾。全书围绕着到底谁应当是中国人的精神导师这一问题——心归何处，是孔子还是耶稣？全书以此为焦点，从全新的视角就洪秀全与曾国藩的冲突、传教士与洋务派及维新派之间的复杂关系、义和团与孔教运动、中华归主运动与新儒家的兴起等问题进行了深入剖析，揭示了儒家与基督教在近代中国冲突的原因与化解之道。他考证了"中国归中国人，中国人归基督"和"中华归主"等口号的谬误性，提出了"中国文化化基督，基督精神留中华"的观点。即基督教东来应该像佛教东来一样，成为中国文化的有机补充，要以中国文化为主体，消化、吸取基督教文化中的合理因素，使之成为中国文化生命有机体的组成部分，进而为中国人所认可和接受。② 这一具有前瞻性的思想对于我们所进行的孟子与保罗生死伦理比较研究极具指导意义。

郭清香的《耶儒伦理比较研究：民国时期基督教与儒教伦理思想的冲突与融合》一书，对民国时期基督教与儒家思想的冲突与融合进行了详尽的考察，提出了耶儒伦理比较的原则与方法，极具借鉴意义。第一章与第五章对于孟子与保罗生命精神与生命超越思想的分析非常独到。另外，本书在基督教提升人的精神生命、引领人形成一种新的生命

---

① 姚新中：《儒教与基督教：仁与爱的比较研究》，赵艳霞译，北京：中国社会科学出版社，2002年版，第16—17页。
② 颜炳罡：《心归何处：儒家与基督教在近代中国》，济南：山东人民出版社，2005年版，第25页。

观,以及发掘人性美德方面的阐述也颇有见地①。黄保罗的《儒家、基督宗教与救赎》,采用基督教神学的视角,围绕着儒家对基督教救赎教义的理解展开,对于救赎者、救赎对象和救赎方式都做了深入剖析,对于耶儒思维方式的差异、耶儒对话的障碍与正面因素也进行了探讨。其补充材料——16封书信和作者的回应则为我们提供了更为广阔的耶儒对话图景。

杨克勤的《孔子与保罗:天道与圣言的相遇》则采用了跨文化的解经学方法,透过对孔子的《论语》和保罗的《加拉太书》的比较,建立了一套汉语神学。作者在当前世界全球化的背景下思考,尤其关切世界局势的苦难与冲突,关注德行与暴力、自由与枷锁的对比,关注孔子与保罗各种相对应的方面,如律法和礼、音乐与和谐、仪式与风格等,并发现了孔子与保罗在诸多方面的互补之处。赵杰的《两种生命的学问——孟子与保罗人生观比较研究》是一篇专门研究孟子与保罗的博士论文,在探讨儒家与基督教比较研究方法论与会通途径的基础上,比较了孟子与保罗所代表的儒家与基督教两种不同的真理言说,比较了孟子与保罗在人性问题上的洞见与区别,探讨了孟子与保罗在人生价值与意义上两种不同的终极关切。文章对于孟子与保罗人生观的基本概念,如人禽之辨与神人之辨、善性与罪性、天人合一与神人复和等,都有详尽的辨析与阐述。

朱清华的博士论文《孔子与耶稣生死伦理之比较》以《论语》和《四福音书》的文本研究开始,从生死本体论、生死态度论、生死价值论、生死超越论四个维度对孔子与耶稣的生死伦理进行了系统研究,其研究路径非常值得借鉴。其他类似的比较著作还有林滨的《儒家与基督教利他主义比较研究》、陈泰和的《当孔子遇到上帝》、石衡潭的《论语遇上圣经》、董小川的《儒家文化与美国新教文化》、杜小安的《基督教与中国

---

① 郭清香:《耶儒伦理比较研究:民国时期基督教与儒教伦理思想的冲突与融合》,北京:中国社会科学出版社,2006年版,第234页。

文化的融合》、李细成的博士论文《中国哲学视域下的耶儒互动研究》等，不再赘述。

另外，一些跨文化比较研究的论文集，也对保罗与孟子的比较有所提及。何光沪与许志伟主编的《对话：儒释道与基督教》《对话二：儒释道与基督教》，许志伟与赵敦华主编的《冲突与互补：基督教哲学在中国》，罗秉祥与谢文郁主编的《耶儒对谈——问题在哪里?》，张志刚与斯图尔德主编的《东西方宗教伦理及其他》，等等。

2. 中西生死哲学视域下的孟子与保罗生死伦理

孟子与保罗生死伦理思想比较研究，必须放在中西生死哲学研究的视域之中，借鉴中西生死哲学研究成果。付伟勋著《死亡的尊严与生命的尊严》是现代生死学研究的一本必读书，其特色在于从科际整合的宏观角度，把死亡学与精神医学、精神治疗、哲学、宗教学乃至一般科学（如心理学与文化人类学）联系起来，揭示了死亡学研究的现代意义。作者利用美国现有的死亡学研究成果，进一步结合中国心性体认本位的生死智慧，提出了"现代生死学"这一理念，并且从"生死是一体两面"出发，把死亡问题扩充为生死问题，提出了死亡的尊严与生命的尊严是息息相关的双重问题，并以此来探讨现代人的死亡问题与精神超克，以及生死的终极意义。[①] 作者对于世界各大宗教传统，如基督教、佛教、道教、儒家和道家的生死智慧都做了考察，其对基督教生死思想的讨论尤其值得借鉴。

段德智的《死亡哲学》和《西方死亡哲学》，系统地考察了西方的生死观。按照历史的逻辑，作者把古希腊罗马、中世纪、近代和现代死亡哲学分别归纳为死亡的诡异、死亡的渴望、死亡的漠视和死亡的直面几个特点。作者在第一部分讨论了死亡哲学概念的多层涵义，分析了西方死亡哲学的历史演进，总结了西方死亡哲学的基本理论特征，对于未来西方死亡哲学的发展远景做出了前瞻，并且与中国死亡哲学进行了

---

① 傅伟勋：《死亡的尊严与生命的尊严》，北京：北京大学出版社，2006年版，序第5—6页。

比较。这些研究成果以及研究的进路,对于我们进行孟子与保罗生死伦理的比较极有帮助。

靳凤林的《死,而后生:死亡现象学视阈中的生存伦理》,从现象学的角度对死亡做出了形而上的研究,从死亡这一独特的视角,对人的概念做出新的界定,即人是基于死亡意识而建构生存信念并使之外化为文化创造活动的综合统一的历史性此在。[①] 作者从这一核心理念出发,各个章节分别对应死亡意识、生存信念、文化创造,回应了康德哲学的四大问题。即:人是什么? 人能认识什么? 人能希望什么? 人应该做什么? 全书贯穿始终的一个主线就是死亡问题,整本书的全部内容就是从人的有死性到超越死亡的不断展开。

冯沪祥的《中西生死哲学》分别讨论了西方文学、宗教和西方哲学以及儒家、道家和佛教的死亡观,其中有一节专门讨论基督教的死亡观。霍韬晦的《走出死亡》、王邦雄的《生命的学问十讲》、辜琮瑜的《最后一堂生死课》从不同角度侧重于对中国传统生死问题做出了探讨。别尔嘉耶夫的《论人的使命 神与人的生存辩证法》、贝克勒等编著的《哲言集:向死而生》、勒维纳斯《上帝·死亡和时间》、舍勒《死·永生·上帝》、E.云格尔的《死论》等,都从不同角度对基督教死亡观进行了研究,不再一一述及。

三、研究重点、难点和创新点

(一)研究重点

第一,孟子的生死伦理产生于公元前 4 世纪,时值国家分裂战乱频仍的战国时代;保罗的生死伦理产生于公元 1 世纪动荡不安的犹太社会。我们就是在这样一个大时代背景对比中,探讨二人生死伦理产生的诸多具体主客观因素。同时,孟子与保罗的生死伦理思想又是时代

---

① 靳凤林:《死,而后生:死亡现象学视阈中的生存伦理》,北京:人民出版社,2005 年版,第 24 页。

和个人生活经历相结合的产物,我们进而探讨社会背景与个人生命历程如何共同影响与塑造了他们的生死观念。

第二,对于生死伦理的核心概念,如人性论、生命价值论、生死超越论与人生理想论,做出概念上的界定与阐释,并以此来构建孟子与保罗生死伦理的整体观念。在此基础之上,归纳和分析两人在具体思想上的差异与宏观层面上的互通。

第三,在对孟子与保罗生死伦理进行系统比较的基础上,力求在根源上探寻中西生死智慧的异同,为当代中国的生死观教育和安顿生死的终极关怀事业提供思想资源。

(二)研究难点

第一,笔者是一个非宗教信仰者。在较短的时间内努力克服自己的文化传统和社会背景方面的思想局限,在对基督教神学做出深入研究的基础上,站在旁观者的立场,客观公正地对孟子和保罗的生死思想,乃至对儒家与基督教超越生死的生命智慧与终极关怀体系做出比较,毫无疑问存在着相当大的困难。

第二,诚如人们对死亡的忌讳一样,尽管研究儒家和孟子思想的资料俯拾皆是,但是专门针对孟子生死伦理的研究,尤其是对其死亡思想的研究,资料十分稀少,可供借鉴的少之又少。由于社会背景和意识形态的局限,与基督教和保罗思想做比较研究,搜集资料相当困难,有关生死思想的研究资料更是稀少。

第三,对孟子与保罗生死伦理的比较,不仅需要大量详实的资料,尤其要求研究者具有学贯中西博通古今的知识学养,具有现实的生命历练和对于超越界的生命感悟能力。这也在一定程度上造成了本论文研究的一个困难。

(三)创新点

第一,比较的内容具有创新性。无论何种生死智慧与生命哲学,都产生于特定的社会文化背景。传统儒家孔孟的生死智慧对生前死后存而不论,追求在当下现实生命的安顿。而基督教则借着神的拯救和死后天堂来救世救人,使人提升生命并获得超越生死的智慧,可谓各有特色。对儒家的"亚圣"孟子和基督教的开创者保罗的生死思想进行研究,具有兼跨伦理与宗教和会通中西的特点。

第二,比较研究视角的创新性。本书从社会政治经济文化背景和个人的独特经历方面,综合分析孟子与保罗生死思想的形成原因,分析孟子与保罗在生命历程中如何回应面对的现实问题,并促成其生死思想的转化与完善。这样的比较研究视角克服了一个弊端?即只注重文本之间的比较,但是忽略思想家特定生活境遇、人生历程对其思想影响。我们认为,生死问题从来都不是一个局限于书本的形而上问题,而是产生于思想家对现实人生的思考与关怀。

第三,全书体系架构的独特性。本书从孟子和保罗生死思想产生的时代背景和生活经历入手,分析他们生死关怀各自具有的差异性和独特性;在此基础上分析孟子和保罗生死思想的人性论基础,探讨孟子之"性善"与保罗的"罪性"的分野与生命提升方式的异同,进一步比较孟子与保罗生命价值论之异同。在上述理论的铺垫下,对比孟子与保罗生死超越论的异同,借此深入孟子与保罗的生命世界,揭示出二人生死思想的全貌与内在生成机制。最后落脚于比较研究的现代价值,表明文章的现实关怀。

四、本书的研究方法

第一,历史唯物主义方法。马克思主义哲学的历史唯物主义认为,社会存在决定社会意识,任何社会意识都是对当时社会存在的反映。在此方法论指导之下,我们认为,孟子与保罗的生死伦理思想是植根于他们所生活的时代,是对时代问题的一种回应与解答。孟子生死伦理思想中的性善学说和仁政思想既是对传统儒家人文思想的继承与发展,也是对战国时代诸侯国的暴政、国家之间战争频仍所造成的百姓生命朝不保夕状况的一种哲学反思。正是这样的现实状况与个人的特殊生活经历,激起了孟子深刻的生死关怀意识,成就了他用性善论安顿生命和提升人性的理论,成就了他试图用仁政改变社会现实,使百姓"养生送死而无憾",最终达至让"让天下人举安"的崇高理想。保罗生死伦理中人的罪性、律法与恩典、耶稣的救赎、"以耶稣基督的心为心"、"为主而活为主而死"、"与神同工"、"应当存永生的盼望"等思想,与保罗所生活于其中的分崩离析的犹太教与犹太人社会状况直接相关,是这种社会现实在保罗身上的反映;这些思想也与保罗所传教地区多种宗教盛行和道德颓废的现实有着直接关联,是保罗为之提出的解困之法;同时,这些思想也与保罗的个人身份与独特的经历息息相关,是保罗深受重重苦难四处传教,乃至遭受捆锁、面临死亡时,对自身境遇的一种反思。

第二,诠释学方法。为了更好地把握孟子与保罗生死伦理的异同,达到耶儒生死智慧的会通,就必须对《孟子》与《保罗书信》这些经典进行诠释。源于中世纪解释《圣经》的神学解释学,随着宗教改革运动得到了进一步发展,德国的施莱尔马赫和狄尔泰,把解释学发展成一种方法论和认识论。在他们看来,理解者和文本之间存在着历史造成的时间鸿沟,理解时就不可避免地会产生理解者主观的成见和误解。因此,解释学的任务就是要克服由于历史时间间距造成的成见与误解,设法超越理解者现在的障碍,来达到客观历史的真实,来把握作者和文本的原意。采用这一研究方法有助于我们克服历史所造成的隔阂,回到《圣经》和《孟子》的文本;有助于我们还原孟子与保罗生活的时代与语境,对文本做出忠实的解释。德国哲学家海德格尔使解释学发生了本体论的转折,而成为"哲学的解释学"。在他看来,解释学要解释的不是古代的词句和文本,而是存在,是古往今来的人的生存,即要对人的存在模式、人的存在意义进行追问。理解就是要理解人的存在和与之发生关系的世界,筹划发展自身的可能性。以海德格尔的这一理念指导孟子与保罗生死思想的比较研究,有助于我们在文本对比研究的基础上,借鉴基督教与儒家这两大文明所蕴含的生命智慧,滋养当代人贫乏的心灵。

第三,分析比较法。在宏观地分析孟子与保罗两人生死伦理思想提出的背景、人性论基础、生命价值论和生死超越论的基础上,具体比较孟子与保罗所生活的时代背景、个人经历对其思想的影响,比较两者生死关怀之异同,比较性善论和罪性论的异同,比较两者生命价值实现方式途径之异同,比较两人生死超越之前提、动力、途径与目标之异同。本书力求在此具体而细微的比较之下,达到两人生死伦理在终极层面的会通,领悟到中西哲人"道并行而不相悖"的生命智慧。

第二章　孟子与保罗生死伦理
产生的社会背景之比较

　　孟子与保罗的生死伦理思想，都产生于特定的历史时期，但是又超越了特定的时空限制，而具有一种极大的普世价值，对于其后 2000 多年的中西文明发展历程产生了深远的影响。正如胡适先生所言"哲学思想不是悬空发生的"①，孟子和保罗的思想也不是书斋中的冥想，而是源于他们对社会现实的关切，对社会诸多不合理不公正的批判，对未来之理想的社会的构想。虽然孟子与保罗的生死伦理，各有其思考的独特视域与问题意识，但是也有诸多相通之处。这种相通性和差异性乃是源于两人生活的独特背景。此中之内在关联正如余敦康所指出的：中西文化中的各种价值观都是针对着具体历史的生存困境的思考，以忧患之心思忧患之故，试图进行调整使之趋于合理，所以虽百虑而一致，这是其所同。另一方面，由于所遭遇的生存困境不同，主观设定的解决方案不同，立场和价值取向不同，所以虽同归而殊途，这是其所异。②

第一节　孟子的时代与生活经历

　　孟子所生活的战国时代，是战乱频仍、杀人盈城盈野的乱世。当时

---

① 胡适：《中国古代哲学史》，台北：商务印书馆，1986 年版，第 49 页。
② 余敦康：《儒家伦理与全球伦理》，载何光沪、许志伟主编《对话二：儒释道与基督教》，北京：社会科学文献出版社，2001 年版，第 21 页。

的国君诸侯多半是像"望之不似人君"的梁襄王那种庸俗之辈,或者是"欲辟土地,朝秦、楚,莅中国,而抚四夷"(《梁惠王上》7)的独夫民贼。尧舜禹时代的理想胜景已经成为了美好的回忆,周公制礼作乐的文化盛世,也远远地消失在历史中了,就连孔子的仁义之道,也受到了杨朱"为我"和墨子"兼爱"思想的强烈冲击。孟子的生死伦理思想,就是在这样的一个时代背景下产生的。他的经济学说——义利之辨、仁政学说——王霸之辨、人性论——人禽之辨以及其道德修养论等,都是植根于这样一个特定的历史时代,因而充满了对于人类前途的忧患意识,充满了希望拔除人类苦难的普世情怀。

孟子的生死伦理思想,也与其个人的生活和成长背景密切相关。孟子幼年丧父,在母亲的抚养下接受教育,在其成长过程中饱受艰辛,才会对于天降苦难历练才能和"生于忧患死于安乐"有深刻体悟。他的生死伦理就是在这样的时代背景和生活经历中提出的,也是谋求破解现实困境而做出的思考。

一、孟子生活的时代

孟子生活的时代背景,可以简单描述为:政治上,诸侯国崇尚霸道征战"率土地食人肉"、暴政"率兽食人",致使百姓生命朝不保夕;经济上,功利思想盛行,统治阶级"上下交相争利"对百姓征收苛捐,造成老百姓生活在水深火热之中;文化上,"杨朱墨翟之言盈天下",孔子的仁义之道得不到彰显。

1. 战国中期的政治形势

战国中期是中国社会由奴隶社会向封建社会过渡的关键时期,新兴的地主阶级对内积极推行变法,对外则汲汲于开疆拓土谋求富国强兵,意图通过兼并战争结束割据局面,实现国家的统一。如同司马迁所描述的"秦用商鞅,富国强兵;楚、魏用吴起,战胜弱敌;齐威王、宣王用孙子、田忌之徒,而诸侯东面朝齐。天下方务于合从连衡,以攻伐为贤"(《史记·孟子荀卿列传》)。

战国时代的战争,不论是战争之规模、战争之方式、时间之持久、杀人之惨烈,都远远超过了春秋时代。对于战争的性质,孟子一言以蔽之"春秋无义战"。对于战争所造成的破坏,孟子描述为"争城以战,杀人盈野;争地以战,杀人盈城。"(《离娄上》14)就战争的频率而言,根据现代历史学的统计,战国时代 242 年之间,见于记载的战争次数共 468.5 次(以战国七雄之间的战争算 1 次,其余小国间的战争算 0.5 次计算),而且更值得注意的是,愈接近秦始皇统一中国之时,不见干戈的和平年代愈少。① 就战争的方式而言,历史学家黄仁宇有一段生动的描述:春秋时代军队人数少,战斗不出一日,交战时保持骑士风度。交战者按仪节行事使战斗艺术化,符合封建时代的道德标准。一到战国时代,这样文明的作风已经荡然无存,强国已经具有今日欧洲各国的疆域规模。作战起来其凶残不下于现代人物。一到战国末年,每方投入战斗的兵员近五十万,实为常事。野战之后又包围城市,可以连亘数月。有好几个国家已经做到了全民总动员的地步。至少有一次,有一个国君命令国内十五岁以上的男子全部到一个前线的重镇集结。② 如果说春秋时期的战争是为掠夺土地,战国时期的战争则完全是为了杀人,因而对于社会生产力的破坏是史无前例的。

在整个春秋战国时代,不同学派的思想家都对战争进行猛烈的批判。老子在《道德经》中描述了战争所造成的灾难"师之所处,荆棘生焉。大军之后,必有凶年"(《道德经》第 30 章),阐明了自己对于战争的态度是"夫兵者,不祥之器,物或恶之,故有道者不处","非君子之器,不得已而用之,恬淡为上","战胜以丧礼处之"(《道德经》第 31 章)。墨子从社会底层的小生产者的角度对战争进行批判,他在《墨子·非攻中》指出:战争一旦发生,则"百姓饥寒冻馁而死者,不可胜数。今尝计军上,竹箭、羽旄、幄幕、甲盾、拨劫,往而靡弊腑冷不反者,不可胜数。又与其

① 转引自黄俊杰:《孟子》,北京:生活·读书·新知三联书店,2013 年版,第 9 页。
② 黄仁宇:《中国大历史》,北京:生活·读书·新知三联书店,2013 年版,第 22 页。

矛、戟、戈、剑、乘车,其列住碎折靡弊而不反者,不可胜数。与其牛马,肥而往,瘠而反,往死亡而不反者,不可胜数。与其途道之修远,粮食辍绝而不继,百姓死者,不可胜数也。与其居处之不安,食饭之不时,饥饱之不节,百姓之道疾病而死者,不可胜数"。他进一步指出战争造成的后果是,"久者数岁,速者数月,是上不暇听治,士不暇治其官府,农夫不暇稼穑,妇人不暇纺绩织纴"(《墨子·非攻下》)。

孟子批判战争是"争地以战,杀人盈野;争城以战,杀人盈城;此所谓率土地而食人肉,罪不容于死"(《离娄上》14)。他不仅谴责战争对于生命的残害和对社会生产力的巨大破坏,更指出了战争发动者的罪大恶极,甚至对于备战和崇尚军功的世俗观念也进行了批判——"善战者服上刑,连诸侯者次之,辟草莱、任土地者次之"(《离娄上》14)。孟子甚至认为国君都是杀人的狂魔——"今夫天下之人牧,未有不嗜杀人者也"(《梁惠王上》16)。孟子见梁襄王,梁襄王猝然问孟子,天下如何安定,孟子对曰定于一。王再问孰能一之,孟子则怒斥梁襄王,对曰"不嗜杀人者能一之"。此处鲜明地体现了孟子对于战争的反感,对于战争造成的灾难的担忧,对于百姓生命的怜悯。

战国时代政治的另一个特点是统治阶级的残暴。孔子曾经说"苛政猛于虎"。孟子同样敏锐地观察到了,暴政是除了战争之外造成民不聊生的最重要因素。在孟子与梁惠王的对话中,他提出暴政就是"率兽食人"和"杀人以政",与"杀人以梃"和"杀人以刃"毫无区别。(《梁惠王上》4)孟子进而讽刺与警醒梁惠王"庖有肥肉,厩有肥马,民有饥色,野有饿莩,此率兽而食人也,兽相食,且人恶之;为民父母行政,不免于率兽食人,恶在其为民父母也?"(《梁惠王上》4)孟子谴责以梁惠王为代表的各国君王只知道自己享受,根本不顾百姓死活,结果造成百姓生活在水深火热之中,生命朝不保夕。纵然是粮食丰收的好年成,日子也过得困苦难堪,遇到水旱灾害的坏年成,只有死路一条。孟子甚至认为当时的政治苛暴是前所未有,"民之憔悴于虐政,未有甚于此时者也"(《公孙丑上》1)。

2. 战国中期的经济形势

当时在各个国家之间,统治者为了掠夺土地和人民而长期的征战。在国家内部,统治阶级之间则是"上下交相争利",如孟子对梁惠王所说:"王曰'何以利吾国',大夫曰'何以利吾家',士庶曰'何以利吾身'"(《梁惠王上》1)。显然,统治阶级只为自身利益着想,而不顾百姓死亡,必然导致国家危亡。孟子针对梁惠王"亦将有以利吾国乎"的发问,为他开出了"王何必曰利,亦有仁义而已矣"的药方,并且提出了发展生产、恢复井田、勿夺民时及资源与民共享等一系列措施。

各国统治者对老百姓征收苛捐和税赋,导致人民不堪重负生活在死亡线的边缘,生活在"仰不足以事父母,俯不足以畜妻子,乐岁终身苦,凶年不免于死亡"(《梁惠王上》7)的状态之中。若逢战争,则是辗转乎沟壑甚至饿殍遍野。战争和暴政苛捐所造成的民生艰难,激起了孟子深刻的忧患意识和悲悯情怀。他期盼着一个具有仁心的明君能够落实自己的仁政理想,实行"制民之产"的经济政策,实行体恤鳏寡孤独的社会措施,进而实行"谨庠序之教,申之以孝悌之义"的教育政策,让老百姓能够过上"仰足以事父母,俯足以畜妻子,乐岁终身饱,凶年免于死亡","五十者可以衣帛,七十者可以食肉",黎民不饥不寒的好日子(《梁惠王上》7)。

3. 战国中期的文化状况

战国时代礼崩乐坏和诸侯争霸,造成社会一片混乱,为各种思想学说的出现和发展提供了广阔的舞台。孟子所生活的时代,是诸子百家互相攻击最为激烈的时代。班固在《汉书·艺文志》中说:"昔仲尼没而微言绝,七十子丧而大义乖。故《春秋》分为五,《诗》分为四,《易》有数之传。战国纵横,真伪纷争。诸子之言纷然淆乱。"①孟子的立场是维护和传承孔门圣学,所以他眼中看到的是邪说诬民,是淫辞惑乱人心,造成了孔子所创立的圣学不能兴盛。所以孟子对"圣王不作,诸侯放恣,处士横议,杨朱、墨翟之言盈天下。天下之言,不归于杨,则归墨"

---

① 班固:《汉书·艺文志》,北京:中华书局,1962年版,第1746页。

(《滕文公下》9)的状况深感忧虑,并予以极力批判驳斥。

孟子批判墨家提出的"兼爱"没有亲疏远近差别,是一种实现不了的空想;他批判法家奖励耕战、发展生产和富国强兵等政策,客观上发挥了对战争推波助澜的作用;他驳斥道家杨朱学派主张"人人为己"和"轻物重生"是消极避世,无法从政治上解决民生的苦难;他指出杨朱与墨子的错误:"杨氏为我,是无君也;墨氏兼爱,是无父也。无君无父,是禽兽也。""杨墨之道不息,孔子之道不著,是邪说诬民,充塞仁义也。"(《滕文公下》9)

如孔子所言"古之学者为己,今之学者为人"(《论语·宪问》),当时知识分子大都奔走于权贵之门,汲汲于功利,没有把传承圣学和平治天下当作自己的责任。如苏秦、张仪之流,以三寸不烂之舌挑拨诸侯,谋求衣食富贵,"一怒而诸侯惧,安居而天下息"(《滕文公下》2)。庄子把这些人描绘成舔痔得车的小人,孟子则怒斥这些人丧失了知识分子的气节,用"齐人有一妻一妾"的形象来形容他们,人前一面人后一面,只是为了人前风光,不顾人格之屈辱。正是基于这样一个社会现实,孟子才多处强调士人应当尚志,成就大丈夫的品格,以拯救天下苍生为己任。

时代弊病和圣人之学的衰落,激发了孟子强烈的使命感——"如欲平治天下,当今之世,舍我其谁?"(《公孙丑下》13)激起了孟子一种拯救黎民于水火的责任意识,促使他发出"我亦欲正人心,息邪说,距诐行,放淫辞,以承三圣者;岂好辩哉? 予不得已也!"(《滕文公下》9)的愤慨,坚定了他立志传承圣学的决心。在《孟子》中,我们到处都可以看到,他因机设教劝诫统治者实行仁政,劝诫王公大臣"格君心之非",劝诫知识分子不应贪图个人富贵,而应立志报效国家,引领君王走上正道。

综上所言,孟子的生死关怀,恰恰是他对这样一个社会现实的回应,是他为社会病症所开具的一剂药方。孟子虽然明明知道他所揭橥的理想过于高远而不切实际,不能为流俗所接收,但是仍然不屈不挠地坚持,不向流俗低头,向我们展现了一个"贫贱不能移,富贵不能淫,威武不能屈"的大丈夫形象。

二、孟子的生活经历

孟子的生死伦理思想,产生于战国时代的社会大背景之下,但与其个人的生活经历也是密不可分的,包含着他对个人生活经历与生命体验的反思与省悟。

1. 家庭出身与少年时代

关于孟子的出身,资料实在是少得可怜。司马迁的《史记·孟子荀卿列传》中只有 200 来字关于孟子的记载,由此我们可以知道孟子名轲,是邹国人。东汉赵岐在《孟子题解》中说:"孟子,鲁公族孟孙之后……孟子仕于齐,丧母,归葬于鲁也……三桓子孙,既已衰微,分适他国。"①由此我们可知孟子是鲁国"三桓"中孟孙氏的后裔,不过到了孟子时已经相当地败落了。

关于孟子的家境和所受的教育,赵岐在《孟子题解》中说:"孟子生有淑质,凤丧其父,幼被慈母三迁之教。"②可见孟子年幼时家境贫寒,母亲辛辛苦苦把他养大成人,对他成长产生了非常大的影响。汉朝人著作《列女传》和《韩诗外传》里面有孟母三迁、孟母裂织买豚、不许孟子去妇等传说③。这些故事的信实可靠性虽然缺少证据,但是足以说明孟母的价值观念及外在的生活环境,对于青少年时代的孟子产生了深远的影响。

孟子成年以后,离开邹国来到鲁国求学。司马迁说孟子"受业于子

---

① 焦循:《孟子正义》,北京:中华书局,1987 年版,第 5 页。
② 同上,第 7 页。
③ 刘向《列女传》云:"邹孟轲之母,号孟母。其舍近墓。孟子之少也,嬉戏为墓间之事,踊跃筑埋。孟母曰:'此非所以居子也!'乃去舍市。其嬉戏为贾炫。孟母曰:'此非所以居子也!'乃徙舍学宫之旁。其嬉戏乃设俎豆揖让进退。孟母曰:'此真可以居子矣!'遂居之。"《韩诗外传》记载:"孟子少时诵,其母方织。孟子辍然中止,乃复进。其母引刀裂其织,以此诫之。孟子问其母曰'东家杀豚何为?'母曰:'欲啖汝。'其母自悔,乃买东家豚肉以食之。"又《韩诗外传》云:"孟子妻独居踞。孟子入户视之,白其母曰:'妇无礼,请去之。'母曰:'乃汝无礼也! 礼不云乎:'将上堂,声必扬;将入户,视必下。'不掩人不备也。'于是孟子自责,不敢去妇。"

思之门人"(《史记·孟子荀卿列传》),但是后世孔从子和韩愈等,则说孟子是直接受业于子思。无论如何,我们可以断定的是,孟子受到了儒学思想的极大影响。因为从孟子的话语中就可以看到:他非常崇拜孔子,认为孔子是有史以来最伟大的人,"自有生民以来,未有孔子也","自有生民以来,未有盛于孔子也"(《公孙丑上》2);他非常遗憾自己没有机会亲炙孔子,只能私下向孔子学习,"吾私淑诸人也",并且表示了自己立志向孔子学习的愿望,"乃所愿,则学孔子也";他把继承和捍卫孔子的思想作为自己的毕生追求,"我亦欲正人心,息邪说,距诐行,放淫辞,以承三圣者"(《滕文公下》9)。

孟子少年时代,由于受到孟母的激励和积极环境的影响,再加上早年的刻苦勤奋学习,将孔子作为立志的目标,造就了他超人的聪明才智。朱熹在《四书集注·孟子序说》中引用二程的话说"孟子有些英气"。赵岐在《孟子题解》中说孟子"生有淑质""治儒术之道,通五经,尤长于《诗》《书》"[①]。焦循认为赵岐的上述评价还不足以说明孟子的学问,孟子对古代圣人之道都非常精通,"孟子于《春秋》独标'乱臣贼子惧',为深知孔子作《春秋》之旨。至于道性善,称尧舜,则于通德类情,变通神化,已洞然于伏羲、神农、黄帝、尧、舜、文王、周公、孔子之道,独《诗》《书》云乎哉!"[②]我们读《孟子》,处处会感受到孟子敏锐的思想、深刻的社会洞察力、对语言驾轻就熟的能力。尤其是他对于《诗经》和《尚书》中经典语句恰如其分地引用,其大量朗朗上口的寓言典故、成语格言中饱含的生命智慧,让我们尤为钦佩感慨他不愧"亚圣"的称号。

2. 周游列国推行仁政

孟子敏锐地观察到解决社会问题的关键在政治,在于各国国君是否能发仁心,采取禁止杀伐和发展生产、体恤民生的仁政措施。所以他

---

① 焦循:《孟子正义》,北京:中华书局 1987 年版,第 7 页。
② 同上,第 9 页。

怀着强烈的愿望,遍游梁、齐、宋、滕、鲁等国家,劝说诸侯施行仁政,以实现其治国平天下的政治理想。关于孟子周游列国的过程及相关情况,黄俊杰参考钱穆先生对孟子生平的考证后确定:孟子在齐威王(在位于公元前357—前320年)的时候曾经游说于齐,后来遍历宋、滕、薛诸国,回到邹国,再游梁国,自齐宣王(在位于公元前320年—前301年)的时候再度来齐国,最后在公元前312年离开齐国返回邹国,结束了周游各国的生活。①

孟子带着他的一大批学生,风尘仆仆地来往于各个诸侯国之间,游说君王实行仁政,"后车数十乘,从者数百人,以传食于诸侯"(《滕文公下》4),来实现自己平治天下的社会理想。历史记载,周显王四十年(公元前329年),孟子开始周游列国,他首先到了东方大国齐国。齐威王对他虽然热情款待,但是并不重视他,也没有采纳他的仁政学说,孟子便离开齐国,并且谢绝了齐王赠送给他的馈金一百镒(《公孙丑下》3)。在离开齐国的路上,孟子慨叹:"王如用予,则岂徒齐民安,天下之民举安。"(《公孙丑下》12)即便如此,他仍然坚定"如欲平治天下,当今之世,舍我其谁"(《公孙丑下》13)的理想。周显王四十三年(公元前326年),孟子听说宋王偃要行仁政,就离开齐国去宋国。但是宋王周围有贤德的人少,而像薛居州那样不贤良的人多,而且宋国太小,难以实现抱负,所以孟子就接受馈赠七十镒离开了。

孟子到处奔走呼号推行仁政,从来都没有考虑自己升官发财,而是以天下为己任,为了天下苍生能够安居乐业,能够实现百姓养生送死无憾。《公孙丑下》第十章记载,孟子在齐国的时候,齐国给了他卿大夫的地位,生活上给予妥善照顾,可就是不采纳他的治国方略。在这种情况下,孟子一点都不贪图名利财富,毅然决定辞职归邹国。齐宣王托人传话给孟子,要给他盖一所大宅子并且用万钟的粟米来供养他的学生,孟子断然拒绝了齐宣王的馈赠,离开了齐国。《公孙丑下》第三章记载,孟

① 黄俊杰:《孟子》,北京:生活·读书·新知三联书店,2013年版,第18页。

子离开齐国的时候,齐王要送他一百镒兼金,他拒绝接受。他的弟子陈臻表示疑惑,孟子告诉他,宋王赠送的是给远行者的盘缠,薛君赠送的是为了买兵器保证路上安全,而齐王送我们金钱没有任何正当理由,所以我拒绝,"焉有君子而可以货取乎?"正人君子是不能用金钱来收买的。由此可见孟子的信念与气节,"非其道,则一箪食不可受于人;如其道,则舜受尧之天下,不以为泰"(《滕文公下》4)。

综合相关资料我们可以发现,孟子大约从 40 岁到 60 岁周游列国近 20 年,但是他的仁政王道政策并没有被接受。原因恰如赵岐所说"然由不肯枉尺直寻,时君咸谓之迂阔于事,终莫能听纳其说"①。但是孟子对于自己的理想矢志不渝,在六十多岁的时候,他回到了祖国邹国,以传承圣学为宗旨,一边收徒弟讲学,一边著书立说。

3. 著书立说传承圣学

孟子大约 30 岁时开始收徒讲学,在周游列国时也没有停止。大约 60 岁时,他游历各国宣传政治主张失败之后,"退而论集所与高第弟子公孙丑、万章之徒难疑答问,又自撰其法度之言,著书七篇"②。孟子一边著书立说,一边讲学继续教育弟子。在教育原则上,他继承了孔子"有教无类"的教育宗旨,"夫子之设科也,往者不追,来者不拒"(《尽心下》30),只要真心来学习的,从不拒之门外。从《孟子》书中我们可以看到,孟子招收过许多学生,非常有名望的有公孙丑、万章、乐正子、公都子、屋庐子、陈臻、充虞等。他将"得天下英才而教育之"作为自己的终身理想和追求,以传承孔子圣学为己任,直言"我亦欲正人心,息邪说,距诐行,放淫辞,以承三圣者"(《滕文公下》9)。他坚信"杨墨之道不息,孔子之道不著"(《滕文公下》9)、因而猛烈地批驳杨朱、墨翟之徒,驳斥农家许慎和告子之辈。

孟子对孔门圣学传承作用之大,正如朱熹在《四书集注·孟子序说》

① 焦循:《孟子正义》,北京:中华书局,1987 年版,第 10 页。
② 同上,第 11 页。

中援引韩愈的话说："孔子之道大而能博,门弟子不能遍观而尽识也。故学焉而皆得其性之所近,其后离散,分处诸侯之国,又各以其所能授弟子源远而末益分。唯孟轲师子思,而子思之学出于曾子。自孔子没,独孟轲氏之传得其宗。故求观圣人之道者,必自孟子始。"[①]朱熹反复援引韩愈的话,赞孟子"功不在禹下",援引二程的话,称赞"孟子有功于圣门,不可胜言"。赵岐更是在《孟子题解》中盛赞孟子思想之博大精深——"儒家惟有孟子,闳远微妙,缊奥难见,宜在条理之科"[②]。由此可见,孟子乃是孔子道统的真正传人,使千载斯文不绝于缕,厥功至伟,不愧"亚圣"之称!

第二节　保罗的时代与生活经历

在早期基督教中,保罗是继耶稣之后影响最大的人物,是初期教会最著名的传教士,是《新约》中保罗书信的作者。当代基督教思想家汉斯·昆称保罗实现了"基督教向世界性宗教的突破",是"基督教与犹太教之间最有争议的人物"[③]。事实上,的确是保罗超越了犹太民族的先知与拉比,"拆毁了隔着犹太人与外邦人的那堵墙"[④]——律法,在短时期把一个属于犹太人的民族宗教传遍了古希腊罗马的重要城市,使其成为一个独立的宗教——基督教,并且超越了民族和种族的界限,而成为一种世界性的普世宗教。[⑤] 所以尼采在他的《反基督》中把保罗描绘

---

① 朱熹:《四书章句集注》,北京:中华书局,2012 年,第 198 页。

② 焦循:《孟子正义》,北京:中华书局,1987 年版,第 25 页。

③ 〔瑞士〕汉斯·昆:《基督教大思想家》,包利民译,北京:社会科学文献出版社,2001 年版,第 1 页。

④ Langton, Daniel R., *The Apostle Paul in the Jewish Imagination: A Study in Modern Jewish-Christian Relations*, Cambridge University Press, 2010, p. 103.

⑤ 虽然基督徒这个身份称号在《使徒行传》中出现了两次,并且在《使徒行传》11:26 提到"门徒称为基督徒是从安提阿起首",但是基督徒或基督教这个将基督信仰从犹太人的信仰及群体中分别出来的身份称号,大概是公元 1 世纪 70 年代以后出现的。具体可以参看《使徒行传和使徒书信解读》,宗教文化出版社,2011 年版,第 62 页。

成基督教的真正创始人,同时又是基督教的最大篡改者。①

我们对于保罗的了解,只能通过《新约》中的保罗书信和《使徒行传》。除此之外,几乎没有什么其他资料。但确切无疑的是,在其年轻时期,保罗是犹太传统信仰的积极拥护者,并且疯狂迫害基督徒。自从在大马士革的路上受到耶稣的召唤,他变成了耶稣的最重要使徒,并且不畏艰难险阻把福音传到了古代希腊罗马世界。在这样一个传播基督教和牧养教会的过程中,保罗对于耶稣的思想做出了极大的阐发,奠定了基督教神学的理论基础。保罗的人生是在传播福音和牧养教会中度过的,因此,他的生死伦理思想并不是凭空产生的,而是与其生活的时代背景以及个人生活经历密切相关。

一、保罗生活的时代

保罗是犹太人,生活在公元 1 世纪的巴勒斯坦地区。这一地区在当时已经丧失了民族的独立性,成为了罗马帝国的一个行省。罗马人通过任命省长和宗教首领等方式对犹太人进行野蛮统治,希腊文化不断冲击犹太民族的文化和宗教,致使犹太教内部产生了严重的分化。

1. 罗马帝国统治下的犹太社会

由于罗马人的残暴统治和希腊文化对犹太传统的冲击,公元 1 世纪的犹太教内部产生了非常严重的分化。民众由于经济地位、政治态度和宗教观念的不同而分裂成许多的派别,最重要的有撒都该派、法利

---

① 汉斯·昆的主张是保罗将以色列的一神信仰传遍了世界,实现了犹太基督教向希腊化外邦人基督教的转变,一个小小的犹太教派发展成为一个"世界性宗教",从而令东西方之紧密联结超过了亚历山大所为,甚至认为,没有保罗就不会有基督公教会等等。但是汉思昆却不同意尼采将保罗描述成基督教的创始人。他认为,耶稣的犹太追随者把被钉十字架的基督体认为救世主,是早在保罗的个人转变之前发生的。所以并不是保罗导致从耶稣的信仰转变为团体对基督的信仰,而是对耶稣复活的复活节事件。从那时候起,有一群犹太人便再也不能将自己对以色列之上帝的信仰与对救世主耶稣的信仰分开了。具体可以看看汉斯·昆:《基督教大思想家》,包利民译,社会科学文献出版社,2001 年版,第 5—7 页。

赛派、艾赛尼派和奋锐党人。针对当时国家和民族处在水深火热之中的状况,每个门派都鼓吹自己的救亡方法。

撒都该派的主要成员是犹太教中的当权派,他们大多是大祭司或者守卫圣殿的官员,生活富裕,热衷于权势,不关心天国和复活等问题,只求维持现状。在政治上,他们并不反对罗马人的统治,认为只要罗马人不侵犯圣殿,就应当服从。他们对摩西律法持保守的态度,但是又向希腊文化风俗妥协。在基本教义问题上,他们与法利赛人针锋相对、互相攻击。

法利赛派的主要成员是文士和律法师,他们属于犹太社会的知识阶层,拥有一套自成体系的神学理论。他们注重律法,相信灵魂不朽和死后复活,热切盼望弥赛亚的拯救。在政治上,他们反对罗马人的统治,但是又不参加实际的斗争,完全把希望寄托在弥赛亚的降临上。在宗教信念上,他们刻板地遵守律法的传统。

奋锐党人是狂热派,成员大多是下层的无业游民、乞丐和奴隶。他们严格遵守犹太民族的律法,拒绝向罗马人纳税和服兵役。他们认为屈服于罗马人的统治就是背叛了上帝,有的则身带短刀时刻准备刺杀闯入犹太圣殿的罗马人。在宗教上,他们狂热相信弥赛亚的预言,号召民众用武力反抗罗马人的统治。

艾赛尼派的社会成员也是来自社会底层。他们不满于当时的政治宗教状况,采取消极避世的态度,隐居在死海附近的旷野,等待弥赛亚降临来解救苦难从而开启一个新的时代。与法利赛人一样,他们也虔诚地相信灵魂和死后复活。与奋锐党人的区别在于,他们并不主张积极的反抗。

这里我们必须提一下耶稣创立的拿撒勒派。在《四福音书》和保罗书信中,我们可以看到,无论是耶稣还是保罗,所秉持的观点与传统主流犹太信仰有很大的冲突,所以经常惹怒犹太宗教领袖。尤其是到了保罗的时候,犹太宗教领袖特别防范他们,大力驱逐他们离开犹太宗教生活的主流社会,这也恰恰是保罗要在外邦人中传教的一个重要原因。

上述几个派别的一个共同点，就是他们都强烈主张严格遵守律法。原因在于，对于犹太人这样一个在政治、经济、军事上都非常弱小的民族，只有强调对于犹太一神宗教的信仰，才能对抗埃及、巴比伦和古代罗马等强势外来文化的入侵，才能统一本民族的思想，才能保证自己民族的独特性。在公元前后，面对罗马人的统治和犹太文明的希腊化，犹太教正统派强调严守节期、割礼等关于肉体的、仪式方面的特殊律法，强调外邦人加入犹太教必须严格遵守这些独特的习俗礼仪。这不仅反映了以色列民族严格按照经典办事的风俗，反映了他们循规蹈矩的性格，也反映了犹太民族捍卫本民族宗教信仰纯洁的一种自我保护心理。

2. 古希腊罗马地区的文化道德状况

在较短的时间内，保罗能够将耶稣基督的福音传遍希腊罗马各地，一方面是由于保罗不畏艰险地努力传教，另一方面是与当时古代希腊罗马地区的政治文化和道德状况分不开的。保罗所传播的基督教思想，有针对性地解决了当时的社会信仰的迷失混乱和道德堕落问题。保罗成长的社会环境和传教经历，对其生命成长和生死态度的形成产生了重大影响。正是传教地区的文化、宗教与道德状况，唤起了保罗对于生命和死亡以及复活等问题的深刻思考。

综合多方面的资料我们可以看到，古希腊罗马世界的道德是相当堕落的，表现在不尊重生命、混乱的性观念和歧视妇女等众多方面。这种状况在保罗传教时代，在各个教会内部仍然是普遍存在的，因而在保罗书信中就鲜明地表现出来了，成了保罗必须要面对和及时解决的疑难问题。保罗正是在对这些现实问题的回应中，形成了他的生命神圣、种族平等、纯洁的性道德和男女平等的婚姻观，形成了自己的生命关怀体系。

古罗马人的道德堕落，首先表现在不尊重生命乃至迫害生命。美国人施密特(Alvin Schmidt)所著的《基督教对文明的影响》一书第二章指出，基督教的生命神圣观念改变了古代罗马地区不尊重生命和迫害生命的道德习俗。这些陋习包括：遗弃和残杀婴儿、堕胎、角斗表演、人体献祭等。罗马上层贵族甚至皇帝普遍认为人的生命是低贱的,他们不仅对生命蔑视,更为耸人听闻的是,他们对于杀人表现出麻木不仁甚至某种狂热。施密特援引苏维托尼乌斯皇帝传记作家的话说,在提比略统治期间,"没有一天不行刑"。加利古的嗜好是滥杀无辜,他有时候会关闭粮仓,让百姓活活饿死。[①] 正是在这样的文化背景下,保罗才反复强调生命乃是神的造物,强调生命的神圣。

古罗马人的道德败坏,还表现在性道德方面。他们对自己的感官欲望没有任何限制,对于性欲和情欲极其放纵,表现在性滥交、普遍的同性恋和兽奸等方面。首先是男女之间的性行为极其混乱,不仅通奸和私通非常普遍,而且罗马人还毫无廉耻地把性行为绘制在灯、碗、杯和盘子等器物上。凯撒·奥古斯都于公元前18年颁布的《朱利安奸淫法》规定只惩罚通奸的已婚妇女,对于男人则没有任何约束。罗马皇帝更是寡廉鲜耻,皇帝传记作家苏维托尼乌斯提到,提比略皇帝用餐时经常让一群全裸的女人围在桌旁伺候,他还让男女娼妓公开群交供他取乐。他的继承人加利古拉皇帝性生活极为放荡,嗜好与他所有的姐妹乱伦。他热衷于边吃饭边淫乐,而且经常一边让人受刑,一边进行自己种种恶作剧的性行为。[②] 当时的同性恋行为远远超出了两个成年男人或者女人同居的程度,而是存在着恋童癖或鸡奸,就是成年男子与一个12到16岁的男童发生性关系。这种性堕落早在古希腊时代就已经很盛行了,在古罗马社会则更为普遍。许多罗马皇帝都有恋童癖,传说提比略皇帝(就是在他当政期间耶稣被钉十字架)身边常常围着男童,供他取乐。至少有两个男童和尼禄发生关系,他的继承人加尔巴皇帝至少有一个情人,提图斯则喜欢与他的娈童和太监一同寻欢作乐。[③] 除了娈童以外,还普遍存在着成年男性之间的同性恋和女性之间的同性

① 施密特:《基督教对文明的影响》,北京:北京大学出版社,2004年版,第59页。
② 同上,第65页。
③ 同上,第71页。

恋。此外,在罗马世界,还存在着人与野兽的淫合。正是面对着这种性道德的堕落,保罗才重申《旧约》当中就有的神圣律法,在书信中才多次谴责同性恋行为和与兽淫合的行为。

在淫乱的性道德方面,哥林多是整个罗马帝国的缩影。它位于伯罗奔尼撒半岛与北部大陆相连接的狭窄地带,自古以来是贸易中心,也是海上贸易和水手的补给站。这里的妓女比罗马帝国的任何地方都多,这座城市的名字几乎就是性滥交的代名词。哥林多全城的居民几乎都迷信敬拜偶像,最受人尊敬的就是维纳斯女神,据说敬拜这个女神要雇佣很多淫荡的妇女,来吸引普遍淫恶的信徒。就是在异教人看来,哥林多也是以极端邪淫而著称的。① 所以我们看到保罗在《哥林多前书》中指责哥林多教会存在的性道德堕落问题,诸如男女信徒淫乱,有人甚至与继母同居,而教会听之任之,婚姻不稳定,丈夫随意离弃妻子,妻子也轻易离家再嫁等。保罗严厉斥责"无论是淫乱的、拜偶像的、奸淫的、做变童的、亲男色的、偷窃的、贪婪的、醉酒的、辱骂的、勒索的,都不能承受神的国"(《林前》6:9—10)。同时警告他们:"身子不是为了淫乱,乃是为主;主也是为身子。"(《林前》6:13)并且强烈建议教会把这样的教徒清洗出去(《林前》5:1—13)。

第三个方面的表现就是歧视妇女。在古代希腊社会,妇女的地位极其低下。史书记载,对妇女的歧视在女孩出生之时就开始了,女婴遭到遗弃和残杀的比例远远多于男婴,女孩不能上学接受文化教育,做妻子的更是毫无自由。根据欧里庇得斯的悲剧《美狄亚》的描述,妻子不能与丈夫离婚,而丈夫随时都可以把妻子休掉。② 在古代罗马社会,妇女地位也是极其低下,具体表现为杀害女婴率居高不下、妻子处于丈夫的绝对控制之下、妻子不得与丈夫的客人们一起用餐、丈夫可以随便休妻等。罗马的《十二铜表法》第四编规定,如果已经出嫁的女儿在娘家

① 吴涤申:《使徒保罗传》,北京:世界知识出版社,2011 年版,第 51 页。
② 施密特:《基督教对文明的影响》,北京:北京大学出版社,2004 年版,第 82 页。

或者夫家与人通奸,父亲甚至可以把她处死。① 概言之,在古代希腊罗马社会,妇女没有任何自由权利,完全是男人发泄情欲的奴隶。即便是在古代的希伯来文化中,妇女地位也是相当低下。比如,习俗规定禁止妇女出庭作证、禁止妇女在公共场合讲话等。甚至有人教导说:"宁可让律法书上的话烧毁,也不可向女人传讲……男人教自己女儿律法,就好像教她淫荡。"②

基于这样一个宏观的社会历史和文化背景,我们就不难理解,为什么保罗特别强调妇女的自由与尊严,为什么他在《以弗所书》中反复强调高尚的婚姻观念,教导丈夫要爱妻子:"你们作丈夫的,要爱你们的妻子,正如基督爱教会,为教会舍己。""爱妻子就是爱自己了。"(《弗》5:25)也只有放在这样一个历史文化背景中,我们才能够理解,保罗所强调的"不分男女老幼为主为奴在基督里都成为一了"(《加》3:28)具有的现实意义与深远影响。

二、保罗的生活经历

保罗出生于罗马帝国基利家省的首府大数城。保罗这个名字是从古代罗马人姓氏演变而来的希腊名字,也是《使徒行传》13 章第 9 节以后所用的名字。《使徒行传》记载,他的犹太人名字是扫罗。中国香港基督教神学家卢龙光认为,拥有两个读音相近的名字在当时犹太群体中极为普遍,扫罗并不是在归信耶稣后改名字叫保罗的,而是他出生以后所采用的希腊罗马名字。③ 保罗虽然血统上属于犹太人,而且是法利赛人④的子孙,却生来就具有罗马公民的身份。他自称出生第八天

---

① 施密特:《基督教对文明的影响》,北京:北京大学出版社,2004 年版,第 84 页。

② 同上,第 86 页。

③ 卢龙光:《使徒行传和使徒书信解读》,北京:宗教文化出版社,2011 年版,第 59 页。

④ 法利赛人是古犹太人的一个支派,约瑟夫在《犹太古史》中描写他们:生活节俭,严格依循理性,谨守节期,相信灵魂不朽,按照此世的善恶在冥界有奖赏与惩罚等。爱德华·吉本在《罗马帝国衰亡史》中说,他们接受了一些东方民族哲学和宗教 (转下页)

就接受割礼。年轻时代的保罗对耶稣的教义持反对态度,耶稣的信徒司提反殉道时,他曾经为犹太打手看管衣服,因为司提反被乱石打死而满心喜悦。在去大马士革的路上,耶稣向他显现,他受呼召,便归信了福音。

按照传统教会的说法,保罗曾经三次外出传道,他的晚年大部分时间是在狱中度过的。公元 64 年冬天罗马发生大面积火灾,尼禄皇帝借机残害基督徒,保罗可能就是那时殉难。在基督徒眼中,保罗是基督教中最伟大的使徒、传道人、行神迹者、道德导师和殉道烈士,所以被尊称为圣保罗。我们对保罗生平的了解主要来源于路加所作的《使徒行传》和记载保罗言论的保罗书信。保罗书信是《新约》中最早成文的文字,为我们保存了原始基督教最真实的状态。这些书信并不是保罗在书斋中完成的,而是保罗四处传教和创办教会,为了解决教会发展中出现的诸多问题而写成的,是保罗生活经历和心路历程的一个缩影。正如汉斯·昆指出,"他(保罗)并没有像一个象牙塔学者那样发展一个关于律法与福音、信仰与事工的抽象的神学论证",而是"作为一个传道人与'牧养工人'的不倦活动中,他深刻思索了他从法利赛主义向信仰基督的转变的意义及这一信仰对犹太基督徒,尤其是外邦基督团体的涵义"。[1] 学者张晓梅也指出,保罗并非一个纯思想的灵性造物,他首先是一个有其具体生活境遇的人,他的神学不是某次皈依经验一次塑成的产品,而是他内心的思想世界与他身外的生活世界相遇而渐渐形成的。[2]

1. 犹太传统与希腊文化的双重影响

关于保罗的家庭出身和少年时代,几乎没有确切资料,很多说法都

(接上页)的纯粹推理性的教条,有关于命运、天使和精灵以及死后受到奖赏和惩罚等说法。参见张晓梅:《使徒保罗和他的世界》,北京:社会科学文献出版社,2012 年版,第 87—88 页。我们不难看到保罗对于传统的热心及其对于死后天国、复活、末日审判等观念与此的内在关联。

[1] 〔瑞士〕汉斯·昆:《基督教大思想家》,包利民译,北京:社会科学文献出版社,2001 年版,第 9 页。

[2] 张晓梅:《使徒保罗和他的世界》,北京:社会科学文献出版社,2012 年版,第 51 页。

具有相当大的猜测性。但是基本上形成共识的是，保罗是犹太人中正宗的法利赛人的子孙，在少年时代就接受了正统希伯来文化教育。他的成长环境和接受的教育使他非常熟悉希腊文化，能够讲流利的希腊语，同时他又具有罗马公民的身份。这三方面的因素共同影响了保罗的青少年时代，对他以后的思想也产生了深远影响。

保罗早年时代所受的教育程度如何，所受到的教育内容如何，他的第一语言是希腊语还是希伯来语，他的希腊文具有怎样的水平，在这些问题上，学术界分歧都很大，没有一个统一的说法。但是，大家公认，保罗接受的传统犹太教育对其人生产生了非常大的影响。犹太人与希腊罗马教育有着截然不同的观念，犹太教育的精髓是"圣洁，是这个理念，要从其他所有民族分别出来，归属上帝"[①]。我们可以说，犹太人教育的核心是宗教信仰教育，主要目的是要教导受教育的对象彻底服从那位至高无上的神——上帝。有句话最能总结犹太教育与希腊教育的区别："希腊人学习是为了要理解，希伯来人学习是为了要敬畏。"[②]无论是保罗前期对基督徒的迫害，还是皈依后肩负起传教使命，都折射出一种对神的笃信和敬畏的精神特质，这显然来源于他所受到的传统犹太教育。

保罗反复强调，自己是纯粹的希伯来人。也正是因为如此，他才在笃信上帝的基础上，能够熟知犹太律法的局限性，能够看到律法条文和程序的繁琐，能够看到犹太人的偏狭和排外，看到这种局限造成了外邦人与犹太人之间的隔阂。而当他在大马士革路上皈信基督以后，才有可能不断反思自己以前的信仰，从而最终形成一个新的观念——笃信耶稣就可以在基督里得到自由。

保罗的出生地大数城，是一个经济繁荣文化先进的希腊化大城市，

---

① 〔英〕W.巴克莱：《古代世界的教育理念》，转引自马文·威尔森《亚伯拉罕：基督教的犹太根源》，北京：中西书局，2013 年版，第 365 页。
② 同上，第 367 页。

商贾云集,到处可以看到穿不同服装、说不同语言、信仰不同宗教的外邦人。这种开放的环境,使保罗的心胸变得宽广,能够包容不同的文化习俗与信仰,也为他日后转变为基督徒提供了生活和教育背景。保罗虽然是生在大数,却是长在耶路撒冷,这截然不同于在农村成长起来的耶稣,因而塑造了二人不同的形象,形成了二人不同的传道方式方法。关于耶稣与保罗之间的不同,汉斯·昆指出:一个是拿撒勒的耶稣的乡土味,他用渔民的、牧民的和农民的语言说话;另一个是保罗的城市味,这位居住在非犹太人中的犹太人,从城市生活、运动与摔跤、军事活动以及戏剧与航海中获取意向。① 这种区别显然来源于他们不同的生活环境。有资料证明,保罗曾经在当时极其受到尊重的律法师迦玛列门下受教多年。这位大师不仅仅学问渊博而且具有宽广的胸怀,容许和提倡研读希腊文学,甚至认为神的旨意是超越于狭隘的教义传统之上的。正是受到这些思想的影响,保罗形成一种普世平等的观念——所有的人不分民族和种族,在神的面前一律平等。

希腊文化对保罗也产生了很大的影响,当代犹太学者甚至认为是"保罗创立了基督教","他是一个异文化(希腊文化)造就的犹太敌人"。海亚姆·麦可比在 1986 年出版的《神话制造者:保罗与基督教的发明》一书中指出,保罗极高的希腊文水平,他在书信中引用希腊诗人的诗句,都说明他来自希腊化的文化背景;反过来,保罗拙劣的希伯来文则表明他没有受过犹太教育。② 犹太神学家马丁·布伯则认为,古典犹太教是以耶稣为代表的信仰,是人与神之间的我—你的亲密伙伴关系,而早期基督教以保罗为代表的信仰,是人与某次事件或某个命题之间的我—它式的关系,是冷淡疏隔的,是缺乏生命力的。布伯毫不犹豫地断

---

① 〔瑞士〕汉斯·昆:《基督教大思想家》,包利民译,北京:社会科学文献出版社,2001 年版,第 8 页。
② Maccoby, H. *The Mythmaker: Paul and the Invention of Christianity*, London: Weidenfeld and Nicolon, 1986, p. 70.

定保罗之所以有这样一种信仰，是出于他的希腊文化背景。① 当代犹太学者中的"宗教历史"学派也强调希腊思想对保罗的影响。他们认为是希腊化世界的普世主义理念，使得保罗能够将初生的基督教从犹太教母体中解放出来，他们还认为，保罗神学中的一些基本内涵（如神秘主义、善恶二元的宇宙论、对人性的悲观态度，以及对一位全宇宙的、神性的救主的信仰等）都是"希腊的"，而非"犹太的"。② 不难看出，犹太学者对于保罗的这种理解方式，折射出他们对于古典犹太传统的情结。但是，他们强调保罗与古典犹太教传统的疏离，强调希腊文化对他的塑造，也给我们提供了一个崭新的视角，得以让我们看到保罗思想的希腊文化渊源。

2. 保罗思想的转变

根据使徒行传和保罗书信的相关记录，我们可以把保罗的人生经历分为三个阶段：第一阶段，保罗是疯狂迫害基督徒的拉比；第二阶段，保罗皈信耶稣的福音，以大马士革路上受到圣灵的呼召为标志；第三阶段，他广泛建立教会，成为献身福音传播事业的神圣传教士。

在第一阶段，保罗是一个犹太教信徒，他热心捍卫传统律法，疯狂逼迫耶稣教会。《使徒行传》记载"扫罗却残害教会，进各人的家，拉着男女下在监里"（《徒》8:3）。保罗自述："我原是使徒中最小的，不配称为使徒，因为我从前逼迫神的教会。"（《林前》15:9）在《加拉太书》中，保罗写道："你们听见我从前在犹太教中所行的事，怎样极力逼迫、残害神的教会"（《加》1:13），在《腓立比书》中也有"我是逼迫教会的"话语（《腓》3:6）。保罗对基督徒的反对态度，一个明证就是司提反殉道时，他曾经为犹太打手看管衣服，因为司提反被乱石打死而满心喜悦（《徒》7:59—61）。保罗去大马士革，就是为了迫害和捉拿基督徒。

---

① 张晓梅：《使徒保罗和他的世界》，北京：社会科学文献出版社，2012 年版，第42—43页。
② 同上，第39页。

在这一阶段,保罗之所以残害逼迫教会,是保罗深受《旧约》中希伯来传统的影响,热心于犹太律法,并且以捍卫祖先的传统为己任,这与他虔诚的法利赛人身份密切相关。应该说,他坚信真理就存在于自己民族的信仰中。有些信徒宣称拿撒勒人耶稣是弥赛亚,宣称他取代了律法,宣称他在被钉十字架之后又复活了。保罗认为这些观念绝对是荒谬的谎言;在保罗看来,只有遵守传统的律法是唯一蒙上帝喜悦的。在这一阶段,保罗不遗余力地反对基督徒,正如他后来所回忆的:"我又在犹太教中,比我本国许多同岁的人更有长进,为我祖宗的遗传更加热心"(《加》1:14),"我第八天受割礼,我是以色列族、便雅悯支派的人,是希伯来所生的希伯来人。就律法说,我是法利赛人;就热心说,我是逼迫教会的。就律法上的义说,我是无可指摘。"(《腓》3:6)

　　第二阶段,皈信耶稣基督的福音。根据路加的描述,保罗是在去大马士革迫害基督徒的路上,发生了思想的根本转变。保罗自己宣称他是受到神的呼召,而成为神的使徒。可是这时耶稣已经死了大约三年了,所以保罗的使徒身份不同于十二使徒,后者跟随耶稣当面受教,而保罗却没有见过耶稣的面,他皈信基督是受耶稣死后之圣灵的呼召,他向外邦人传教也是受圣灵的呼召。所以,保罗成为使徒是圣灵作用的结果。

　　根据路加所作的《使徒行传》的记载,保罗在去大马士革路上遇见了复活的主耶稣基督,让他眼睛失明而又复明(《徒》9:3—19;《徒》22:6—16;《徒》26:12—18);在大马士革传道(《徒》9:20—22);神差遣他做外邦人的使徒,向外邦人传道(《徒》22:17—21);向犹太人和外邦人作见证(《徒》26:19—23);蒙神的保佑逃脱犹太人的谋害(《徒》9:23—25;《徒》26:21—22),这诸多事件使他生命骤然发生变化,而成为坚定的基督徒。从宗教角度来诠释,保罗的皈依是一个神迹,是源于神的恩典。从非宗教的角度来看,保罗这种根本性的转变不可能是瞬间实现的,应当是一个过程,是与他外在的生活世界和具体的生活境遇分不开的。我们认为,保罗在笃信传统律法和积极迫害基督教会的过程中,他是不断反思的。第一,随着遭受迫害的教会不断发展壮大,保罗似乎认识到,他以前所坚持的信仰是有缺陷的,他以前怀疑耶稣的弥赛亚身份是错误的,而大马士革这一独特的事件促使他对于传统的信仰体系进行了全面反思。最后的结果是,他坚信耶稣就是众人所期待的弥赛亚,是"上帝的儿子"。第二,保罗对自己受到的呼召,一定是做了深刻反思:自己一直是积极迫害教会的,是最不配得到拯救和恩典的,却恰恰得到了神的恩典与庇佑,得到了神的差遣成为使徒。正如他自己所说的:"我原是使徒中最小的,不配称为使徒,因为我从前逼迫神的教会。然而我今日成了何等人,是蒙神的恩典才成的;并且他所赐我的恩不是徒然的。我比众使徒格外劳苦,这原不是我,乃是神的恩与我同在。"(《林前》15:9—10)可能正是这种反省使他领悟到,一个人能否得救绝不是取决于他是不是犹太人,也不是依赖于他在道德上的善行,而完完全全是因为对上帝的信靠,是出自上帝的恩典。

第三阶段,保罗作为神的使徒到外邦传教。我们看到,保罗最先传教和建立教会的地点,都是人口密集交通便利的大城市。这些地区都存在散居的犹太人,有通行的希腊语可以沟通交流,因而没有语言的障碍。更为重要的是,罗马人在整个帝国范围内营建了宽阔的大道,海上也有便利的航线。所以,保罗首先把基督教的福音传到了那里,并在这些地区建立了基督教会。信徒们则进一步将福音传播到了更遥远的地区,从而实现了基督教在短时间内传遍罗马全境的奇迹。保罗为什么要立志到外邦传教呢?《使徒行传》和保罗书信上说是受到了神的指引。如果我们抛开宗教的神秘色彩,可以看到,其现实原因是犹太传统内部的巨大阻力。基督教作为从农村兴起的一个小教派,受犹太官方正统教会的迫害,这种教义在巴勒斯坦的犹太人集中居住地区根本没法传播,所以教徒被迫转向外邦人地区。这些地区有散居的犹太人,他们受到希腊文化的影响,与其他的民族和宗教文化杂居在一起,但是仍然保留着自身的文化和宗教传统,这为基督教的传播和发展提供了文化土壤。

关于保罗传教的具体时间,目前尚无定论。张晓梅认为保罗传教的大体过程是:第一次旅程是在公元 1 世纪 40 年代早期。第二次旅程大致在公元 46—51 年,耶路撒冷会议的召开是公元 51 年秋天;此后经历安提阿争端(争论外邦人是否可以和犹太人一同坐席共进圣餐),保罗在公元 52 年春天离开安提阿。第三次宣教之旅的时间跨度是公元 52 年至 56 年。[1] 学者梁工则认为,约公元 47—49 年保罗第一次传道,约公元 50—52 年保罗第二次旅行传道,约公元 53—57 年保罗第三次旅行传道。[2] 由此我们可以看到,虽然不同学者在保罗传教的具体时间上还有分歧,但是在大体上行程是趋于一致的。

通观《使徒行传》和保罗书信中的相关记载,我们可以看出,保罗始终以使徒自居,并认为使徒的任务就是传神的福音,让尽可能多的人聆听福音。"主托我传福音给那未受割礼的人,正如托彼得传福音给那受割礼的人"(《加》2:7);"耶稣基督的仆人保罗,奉召为使徒,特派传神的福音"(《罗》1:1)。由于保罗在巴勒斯坦以外的希腊罗马地区对外邦人传教,使他敏锐地注意到了传统的犹太律法对外邦人加入基督教的障碍,对基督福音的传播产生的消极影响。这也促使保罗必须思考:律法与称义到底是怎样的关系。

犹太人是一个崇尚律法的民族,她的律法分布在方方面面,其中有反映伦理性要求的,也有反映犹太人特定宗教仪式的。那些反映伦理性要求的律法,或者说是一般意义上的律法,比如"摩西十诫",要求人遵行律法做善事、敬畏神,过道德的生活。对于这些律法,保罗从来没有反对,而是强烈主张应当严格遵守。但是保罗也认识到了律法的局限性。律法如同一项沉重的债务(《西》2:14),又好像一位管束我们的监护人(《加》4:1—5),可以揭露、约束那些无法无天的人并且给他们定罪,可以让有罪的人活在罪恶感之中。但是仅仅遵守律法是远远不够的,因为仅仅靠遵守律法是不能得救的,律法无法使罪人称义(《加》2:

① 张晓梅:《使徒保罗和他的世界》,北京:社会科学文献出版社,2012 年版,第 158 页。
② 梁工:《圣经指南》,哈尔滨:北方文艺出版社,2013 年版,第 436 页。

16),律法也不能赐下圣灵(《加》3:2)、产业(《加》3:18)、生命(《加》3:21)和自由(《加》4:8—10),律法的存在只能显明我们需要救主。保罗认为,神最大的恩赐是借着我们对耶稣基督的信心而赐下的。"义若是借着律法得的,基督就是徒然死了"(《加》2:21)。

关于肉体的、仪式方面的特殊律法,集中表现在割礼、饮食法、犹太节期这三个方面。毫无疑问,这些特殊的律法规定,是犹太民族独特性之所在,它将犹太人与其他民族分离开来。正如学者谢桂山所指出的,"它描绘着犹太人的历史轨迹,时刻提醒着犹太人的身份认知,使犹太民族在经历苦难时不动摇自己的民族文化信仰。周期性的节日令以色列先民重温民族的悲惨经历和苦难史,持续性反思本民族的上帝嘱托和历史使命,强化了民族宗教文化和民族的信仰"①。

正统的犹太教派之所以极力强调这些特殊律法,一方面是由于犹太文化的保守性;另一方面,是由于面对希腊罗马文化的入侵,这种外在的标识发挥了一种文化的自我保护性作用。但是对于保罗而言,特殊律法的阻碍作用是显而易见的。他要把基督教传播到犹太人聚居区以外的地区,传播给外邦人,即广大的非犹太民族,"让犹太教的神也成为全世界的神",就必须在弘扬普遍律法的同时,反对特殊律法的限制。所以保罗强调"因信称义",而不是强调对律法的遵守。如果用犹太的仪式律法——割礼与清洁、食品和安息日等有关的命令来约束非犹太人,强迫他们采取犹太人的生活方式是相当困难的。因为这意味着他们社会身份的转变,意味着他们要离弃原来的社会定位和人际关系,重新经历一个再社会化的过程,这必然会极大地阻碍福音顺利传播到外邦人社会。从另一个角度来看,如果依然这样要求外邦人,那么耶稣就是白白死掉了,"义若是借着律法得的,基督就是徒然死了"(《加》2:21)。

在保罗看来,律法对于犹太基督徒与外邦基督徒具有不同的意义。第一,对于犹太背景的基督徒而言,他们必须遵守律法,但是这还远远

---

① 谢桂山:《圣经犹太伦理与先秦儒家伦理》,济南:山东大学出版社,2009年版,第187页。

不够。因为拯救的关键已经不再是依靠"律法的事工",而是依靠耶稣基督的圣灵在人生命中的做工;第二,非犹太背景的基督徒只需要接受伦理性的律法,不需要接受一套涵盖整个犹太人生活的礼仪型诫命。换句话说,他们不必被迫采取犹太人的生活方式,不必遵守割礼、节期、关于清洁与安息日的诫命,只要依靠信仰就可以成为与神有约的基督徒,就可以得到拯救。因为"有着不可侵犯的律法,犹太教就不可能成为一种普世宗教"[1]。

以耶路撒冷会议为分界点[2],在保罗传教旅程的后期,大约是 40年代中期到公元 51 年末,保罗各地奔波的重点就不再是传播福音创建教会,而是牧养教会。我们也可以说,在前期忙忙碌碌创立教会的过程中,他并没有真正反思自己传播的是怎样的一种信仰,也没有面对辛辛苦苦创办的教会如何牧养的问题,没有深刻地思考信徒在等待末日到来的时间里,继续在人间生活会遇到的各种疑难,以及应当如何指导他们去应对。当然,保罗也绝对不会意识到自己在创立一种新的宗教。安提阿争端给了保罗以沉重的打击,使保罗更为清晰地认识到了自己的使命,产生了新信仰的自觉意识。帖撒罗尼迦的经历[3],使保罗意识

---

① Montefiore, Claude G. , *Judaism and St. Paul: Two Essays*, London: Macmillan, 1914, p. 145.

② 据学者张晓梅考证,耶路撒冷会议是针对安提阿争端而召开的,时间应该是公元 51年秋天,就是《加拉太书》第二章 1—10 节所讲述的那次会面,而不是《使徒行传》第15 章所写的内容。会议的结果是以信函的形式约定外邦人不必再受割礼,只需要"禁戒偶像的污秽和奸淫,并勒死的牲畜的血"(使徒行传 15:20;15:29 中语序稍有变化)。而《使徒行传》所记载的是第二次耶路撒冷会议。两次会议解决的是两个不同的问题,第一次是割礼问题,能不能向没有受过割礼的外邦人传教;第二次是饮食问题,能不能与外邦人一起坐席进餐。参见张晓梅:《使徒保罗和他的世界》,北京:社会科学文献出版社,2012 年版,第 146、148—149、158 页。

③ 即《帖撒罗尼迦前书》所记载的,保罗担忧教会不能应对将要来临的诸般患难,他派遣提摩太去稳固和劝慰信徒,提摩太带来的消息印证了保罗的担忧,使保罗深感牧养教会和稳固信徒信仰的重要性。为了解决信众对于末日再来的怀疑,消除教会中的混乱,保罗阐述了信徒面对主的日子的再来,应当秉持的生活态度。具体参见第 3、4、5 三章。

到不仅要传道,还要牧养教会,更使他重新思考信仰的真正含义。保罗重访他建立的教会,坚固门徒信仰的过程,实际上就是保罗完善神学理论体系的过程。这样,保罗从一个单纯的传道人变成伟大的思想家和宗教的创立者。

3. "戴锁链的圣徒"之苦难生命历程

保罗有一种特立独行的意识。他自称别的使徒去过的地方,他不愿意去传教,"我立了志向,不在基督的名被称过的地方传福音,免得建造在别人的根基上"(《罗》15:20)。保罗在传教过程中,可以成为职业传道人,而靠传播福音来过活。但是他天性中具有一种极其自强的独立意识,坚持用他传统的制作帐篷的手艺来谋生,而拒绝靠福音为生,这无疑增加了他传教的困难。

保罗在传教过程中多次经历危险。第一次宣教过程中的遇险是在公元34—36年,他进入亚拉伯时,当时边境正在发生武装冲突,保罗被迫逃亡。《使徒行传》记载,保罗在大马士革传教,犹太人蓄意杀害保罗,城门被关闭,使徒们在夜间用筐子通过窗户把他从城墙上坠了下去,才得以逃脱。在耶路撒冷,犹太人布置阴谋杀害他,耶稣在异象中向他显现说:"你赶紧地离开耶路撒冷,不可迟延,因你为我作的见证,这里的人必不领受。"(《徒》22:18)保罗听从上帝的指示,在弟兄们的帮助下秘密逃离耶路撒冷。在路司得,保罗和巴拿巴不让拜偶像的人献祭,惹怒了他们,他们就煽动异教徒迫害保罗和巴拿巴,朝他们扔石头,保罗被打得遍体鳞伤以至都昏了过去。在哥林多,保罗停留了18个月,被众人指控"劝人不按照律法敬拜上帝"(《徒》18:13),而被会堂当权者赶出城去。

除了经历的多次危险,保罗还多次被囚禁。《使徒行传》记载保罗生涯中曾经三次被囚。第一次是在腓立比,保罗和西拉遭到当地人的围攻,被抓进监牢(《徒》16:23)。结果巧遇地震,狱卒不仅救了他们出监牢,而且全家信主受洗(《徒》16:25—34)。第二次是宣教旅程结束后,保罗去耶路撒冷送捐银,有从亚细亚省来的犹太人指控他将外邦人带入圣殿污秽了圣地,引起耶路撒冷城内的一场骚乱,保罗被捕,犹太人还谋划要杀他(《徒》22:23;24:1—23;25:1—12;26:1—19)。第三次,保罗从该撒利亚被押解到罗马,并且被软禁起来,但是保罗丝毫没有畏惧,仍然放胆传道(《徒》28:30—31)。保罗的晚年大部分时间是在狱中度过的。《歌罗西书》《腓力门书》《以弗所书》和《腓立比书》都是保罗在狱中被囚时所写,因而被称为"狱中书信"。按照传统教会的说法,公元64年冬天罗马发生大面积火灾,尼禄皇帝借机残害基督徒,保罗可能就是那时殉难。

保罗传道过程中所经历的苦难,正如同他在《哥林多后书》中所说的,"多受劳苦,多下监牢,受鞭打是过重的,冒死是屡次有的。被犹太人鞭打五次,每次四十,减去一下;被棍打了三次,被石头打了一次,遇着船坏三次,一昼一夜在深海里。又屡次行远路,遭江河的危险、盗贼的危险、同族的危险、外邦人的危险、城里的危险、旷野的危险、海中的危险、假兄弟的危险。受劳碌、受困苦,多次不得睡,又饥又渴;多次不得食,受寒冷,赤身露体"(《林后》11:24—27)。但是即便是面对这样的重重苦难,使徒保罗仍然是时时处处充满信心、希望和喜乐。究其原因,正如他自己所表述的,自己是一个"普通的瓦器",只不过是上帝临时用来存放其能力的容器(《林后》4:7),他有信心的秘诀就是有活着的基督在他里面,由于有"属灵的宝贝"放在"平常的瓦器"中,让人感受到"这莫大的能力,是出于上帝,而不是出于我们"(《林后》4:7)。

总之,保罗的生死思想并不是从天而降,而是其生活的时代背景和其个人生活经历的一种反映。我们只有从这种特定的环境和其人生经历出发,才能理解他生死伦理的奥秘。正如学者张晓梅所指出,保罗并非一个纯思想的灵性造物,他首先是一个有其具体生活境遇的人。他的神学并不是某次"皈依"经验一次塑造成型的产品,而是他内心的思想世界与他身外的生活世界相遭遇而渐渐形成的。[①] 保罗并不是一个在书斋内进行纯粹思辨的神学家,而是一个四处传教的使徒,我们要深

---

① 张晓梅:《使徒保罗和他的世界》,北京:社会科学文献出版社,2012年版,第51页。

入理解他的思想和言论,必须结合他生活的时代和他独特的生命经历。因为他的生死伦理恰恰是其时代要求和生活经历的反映。

第三节　孟子与保罗之生死伦理的关怀向度

孟子与保罗所生活的不同时代背景和生命经历,形成了二人对于生死的不同思考,呈现出迥然有异的生死伦理思想。这种差异不仅表现在他们自身对于生死的独特态度,更集中地表现在他们关注生死的不同视角,表现在他们对于民众生死关怀的不同向度,这是孟子与保罗生死伦理的最大特色。下面分别阐述两人生死关怀向度的独特性与相通之处。

一、孟子之生死关怀伦理——平治天下

联系整个战国时代的历史背景,通观《孟子》全书,我们可以发现,孟子对民众之生死关怀是围绕着如何"平治天下"而展开的。他提倡"以德行仁"的王道,反对"以力假仁"的霸道战争;积极推行仁政反对暴政;号召国君"制民之产"来保障民众生存的基本经济条件;通过社会慈善与救济政策对弱势群体给予特殊保障;用孔子圣学思想来正人心辟邪说教育引领民众,安顿与提升精神生命。用孟子的话一言以蔽之,吾"欲平治天下"。

1. 提倡王道,反对霸道

在孔孟儒家那里,伦理道德与政治截然不分,修身齐家治国平天下既是伦理的也是政治的,可以说政治领域是道德领域的延伸。在上位者率先垂范化民成俗,政治家与教育家合一,通过礼乐教化提高民众素质既是目的又是手段,"以目的言,则政治即道德,道德即政治。以手段言,则政治即教育,教育即政治"①。诚孔子主张为政以德,主张以礼乐

---

① 梁启超:《先秦政治思想史》,北京:商务印书馆,2014 年版,第 42 页。

教化来治理国家。孟子继承了孔子的这一德治主张,强调以德平治天下,以德称王天下。即:称王天下的先决条件是依靠德行,而不是通过政治军事力量。"以力假仁者霸,霸必有大国,以德行仁者王,王不待大。"(《公孙丑上》3)霸道政治的最大特点,就是主张通过战争实现天下一统。在孟子看来,而战争构成了对老百姓的生命的最大威胁。所以,孟子极力批判战争的罪恶,认为"春秋无义战"(《尽心下》2)。

据统计,战国254年间,发生的大小战争222次[①],在长期的战争中,死伤人员不计其数,仅齐魏马陵之战,魏国的十万大军主力被齐军全部歼灭。杨宽在《战国史》中写道:"到了战国中期以后,参战的军队,数量既多,死伤也多。公元前293年秦将白起大破韩魏联军于伊阙,斩首24万。"杨宽援引《战国策》说,秦国在与魏国的五次战役中,"所杀三晋之民数百万"。[②] 正是基于这样一个历史背景,孟子从天下苍生的福祉出发,呼吁国君士大夫罢兵息争施仁政,批判各个国家为了争夺土地而发动战争,导致无辜百姓的死亡是"率土地而食人肉",批评"梁惠王以土地之故,糜烂其民而战之"是"驱其所爱子弟以殉之,是之谓以其所不爱及其所爱也"(《尽心下》1)。

孟子的远见卓识还表现在,他能够跳出国家政治的狭隘界限,从土地与人类之间最根本的关系来论证战争的不义性。土地本来是用来生产粮食养活人的,但是战争却把养人的东西变成了害人的东西,土地成了战争掠夺的对象,远远地背离了圣王"君子不以其所以养人者害人"(《梁惠王下》15)的观念。战争的最直接后果,就是造成了大量青壮年劳动力生命被剥夺,"争地以战,杀人盈野;争城以战,杀人盈城"(《离娄上》14);孟子还谴责了战争发动者的罪大恶极,他批判当时社会上能为国君开辟土地充实府库,能够为君王邀结盟国每战必胜的

① 翦伯赞:《先秦史》,北京:北京大学出版社,1990年版,第335页。
② 杨宽:《战国史》,上海:上海人民出版社,2003年版,第311、347—348页。

"良臣",实际上乃是百姓的贼害者——"今之所谓良臣,古之所谓民贼也"(《告子下》9)。孟子甚至对于备战和崇尚军功的世俗观念也进行了批判,"善战者服上刑,连诸侯者次之,辟草莱、任土地者次之"(《离娄上》14)。在孟子看来,君子为官之责任根本不是为国君开辟土地增加财富,为战争和争霸做准备,而是应当致力于辅助国君"向道志仁"以利及苍生。

难能可贵的是孟子提出了"行一不义,杀一无辜,而得天下,皆不为也"的最高理想,要让每一个人的生命都得到切实的尊重与保护——"让天下人举安"。正如民国学者杨大膺所指出的,由此我们可以看到孟子反对战争的独特之处:他认为战争"不单是不应当有,并且认为是一种罪恶,须受一种刑罚的",他反对战争"不仅带有政治意味,而且带有宗教的意味"[①]。

2. 推行仁政,反对暴政

孟子认为在一个国家的范围内,对民众生死构成威胁的就是残暴的政治。所以,要救民于水火就必须反对暴政,推行仁政。孟子在与梁惠王的谈话中,警醒他"庖有肥肉,厩有肥马,民有饥色,野有饿莩"(《梁惠王上》4)完全是由国家的政策造成的,这种"率兽食人"的政策实质上就是"杀人以政",与直接用棍棒和用刀杀人是没有区别的。孟子讽刺梁惠王"兽相食,且人恶之;为民父母行政,不免于率兽食人,恶在其为民父母也?"(《梁惠王上》4)在此,孟子谴责以梁惠王为代表的各国君王只知道自己享受,根本不顾百姓死活的社会状况,深刻地体现了他关怀每一个生命的人道情怀。

确实如同孟子所描绘的,在战国时代,不合理的政治制度造成的战乱频仍加上凶年饥岁,一个国家的老百姓"老弱转乎沟壑,壮者散而之四方者"就有几千人,而国君却是"仓廪实,府库充"。在批判战争与苛政的基础上,孟子提出了自己的仁政理想。首先是解决人民衣食住行

---

① 杨大膺:《孟子学说研究》,上海:中华书局,1937 年版,第 92 页。

的民生政策,其次是解决鳏寡孤独人士救济问题的社会政策,还有关于人民和国家福利的其他政策等。孟子还提出了统治者要资源与民共享、要与民同乐的思想。孟子高标民贵君轻,高标人民革命反抗暴政的权利,以人民的福祉作为政治活动的最高标准,这与后世的君主专制极权政体形同水火、势不两立。萧公权说:"孟子之功,不在于自出心裁创设其旨,而在重张坠绪于晚周君专政暴之时。于是孟子之政治思想遂成为针对虐政之永久抗议,虽不能见采于时君,而二千年中每值世衰国乱辄一度兴起,与老庄之无君思想互相呼应。"[1]

仁政推行何以可能呢? 关键在于唤起当政者的不忍人之心,以不忍人之心行不忍人之政。两者的关系如黄俊杰所言:"不忍人之心"是"不忍人之政"的基础;相对而言,"不忍人之政"是"不忍人之心"的客观化,两者是一体之两面,如车之两轮、鸟之两翼,不可分亦不能分。[2]

3. 制民之产以养民富民

孟子在批判暴政和战争对人民生命安宁造成危害的基础上,进一步提出了一系列的经济政策与措施,来保障民众基本物质生活条件,并把这些保障民生的政策列在仁政之首位,通过这些措施来实现老百姓"养生送死而无憾",实现"仰足以事父母,俯足以畜妻子,乐岁终身饱,凶年免于死亡"(《梁惠王上》7)。事实上也唯有在经济上有了稳固产业,保障冻馁无虞,百姓的生命权才真正得到了保证,社会也才能长治久安。

"制民之产"的第一要务是恢复井田制,也就是通过划分井田使百姓安于田畴之业,这是行仁政的根本。孟子所提出的"有恒产者有恒心。无恒产者无恒心。苟无恒心,放辟邪侈无不为已"(《滕文公上》3),确实是找到了维护社会稳定和民众安宁的根本原因。孟子还进一步提出,政府要把土地分给人们,让人民有田耕种,恢复夏贡、商助和周彻的

---

① 黄俊杰:《孟子》,北京:生活·读书·新知三联书店,2013年版,第93页。
② 黄俊杰:《孟学思想史论》,台北:东大图书公司,1991年版,第162页。

具体做法。关于赋税方面,孟子提出"易其田畴,薄其税敛,民可使富也",具体措施包括:市廛而不征,关讥而不征,耕者助而不税和廛无夫里之布,等等(《公孙丑上》5)。

孟子提出的"不违农时""数罟不入洿池""斧斤以时入山林""五亩之宅,树之以桑""鸡豚狗彘之畜,无失其时"(《梁惠王上》3)等建议,一方面要求百姓积极生产创造更多的物质财富,另一方面又提出了在特定时间禁止杀生的主张,发挥了节制人们欲望的作用,有益于人类长远利益的满足,保证人们永无食物财用的匮乏。

孟子强调,政府必须保障民众"养生送死"的权利,"养生送死无憾,王道之始也"。孟子尤其强调了老百姓丧葬需求的重要性,"养生者不足以当大事,惟送死可以当大事"(《离娄下》13)。人的死亡只有一次,人死不能复生,所以对于父母的丧事一定要恪尽孝道,一定要尽心,绝对不能马虎潦草以免将来遗憾。

4. 对弱势群体给予特殊照顾

孟子在强调发展生产以改善物质生活,保证民众基本生存权利的基础上,进一步主张要协调统治阶级内部各个集团之间的利益冲突,协调统治阶级与民众之间的利益关系。唯有如此,整个社会才有可能处于一种安详平和的环境之中。

孟子在与梁惠王的对话中,极力反对国君与民争利,"王何必曰利?已有仁义而已矣"。在保证统治者不与民争利乃至让利于民的前提下,孟子进一步提出实施体恤鳏寡孤独、敬老慈幼等社会福利措施。齐宣王问如何实行王政时,孟子回答说,当年周文王治理岐周时,"关市讥而不征,泽梁无禁,罪人不孥。老而无妻曰鳏,老而无夫曰寡,老而无子曰独,幼而无父曰孤。此四者,天下之穷民而无告者。文王发政施仁,必先斯四者。《诗》云:'哿矣富人,哀此茕独。'"(《梁惠王下》5)孟子这种同情和优先照顾弱势群体的理念,在现代西方政治哲学家罗尔斯的《正义论》中有着深刻的逻辑论证。罗尔斯提出的两个公正原则中认为,第一个原则要求在政治领域要平等地分配基本的权利和义务,第二个原则指出,在经济和社会领域中,"虽然财富和收入的分配无法做到平等,但它必须合乎每个人的利益"①,并且"其结果能给每一个人,尤其是那些最少受惠的社会成员带来补偿利益"②时,它们才是正义的。可见罗尔斯强调补偿原则与孟子的考虑,虽然是时隔千年、地跨万里,"其揆一也"。

更为难能可贵的是,孟子还提出了社会资源不可以由统治者霸占,而应当与民众共同享有的思想。孟子在与梁惠王的对话中,面对坦诚承认自己有好利、好货、好色缺点的梁惠王,不仅没有责备他,反而顺势引领他推己及人,应当用政策来保证普通民众同样的欲望和诉求。在孟子看来,国王广建苑囿如果是为己专用,那就是严刑陷害民众。国君应当施仁政,把社会资源与民共享,并最终达到与民同乐,让老百姓"居者有积仓,行者有裹囊""内无怨女,外无旷夫",满足所有人的最基本需求。又如,在市场上提供空地让商人储藏货物,但是不征收额外的税款,货物一旦滞销便由政府征购,不让货物长期积压,设立关卡但是只稽查不征税等。所有这些让利于民的措施,都应当成为最基本的施政方针。

孟子还进一步提出君王统治有没有合法性,完全取决于能否保障民众的基本生活条件,能否合乎民心——"保民而王,莫之能御也"。孟子认为,统治者对人民所承担的首要义务和责任,就是保障人民生活的温饱与安宁。这凸显了生存权与经济权乃是最基本的人权。黄俊杰指出,孟子这种"民本位"的政治思想,与大一统帝国形成之后,君本位的政治现实构成水火不相容之敌体,不仅使孟子政治思想成为辗转呻吟于专制政治下的中国人"永恒的乡愁",而且也凸显了几千年来中国历史中"二重主体性"的矛盾。③ 由上面的分析我们可以看到,孟子关注

---

① 〔美〕罗尔斯:《正义论》,何怀宏等译,北京:中国社会科学出版社,1988年版,第61页。

② 同上,第14页。

③ 黄俊杰:《孟学思想史论》(卷一),台北:东大图书公司,1991年版,第165页。

百姓生死存亡的这种人道精神,并且努力在经济政治等领域予以具体化,无疑是把孔子提出的"仁爱"观念向前推进了一大步。

5. 用孔子圣学正人心

孟子在批判战争和暴政,主张发展生产轻徭薄赋保障人民生活不饥不寒的基础上,反复强调要教育民众提升人性,"谨庠序之教,申之以孝悌之义"。因为在孟子看来,人与禽兽的区别就是那么一点点,"人与禽兽者几希",如果"饱食暖衣,逸居而无教,则近于禽兽",因而圣人要教以人伦,实现"父子有亲,君臣有义,夫妇有别,长幼有序,朋友有信"(《滕文公上》4)。

但是到了孟子所处的战国中期,孔门圣学的显学地位受到了挑战。其中最大的冲击来源于墨家和杨朱学派。墨家倡导"兼相爱"和"交相利",将原始的人道原则与现实的功利原则结合起来,从而既满足了人们对仁爱的渴求,又合乎人们求利的需要,在理论上颇具吸引力,其声势似乎已渐渐压倒了儒家。杨朱学派以利己为原则,突出了个体的权利意识,这在自我往往难以掌握自己命运的战乱之秋,也自有打动人的地方。此时刚刚崛起的法家学派,鼓励耕战,崇尚暴力,这种学说比起儒家的仁道原则,似乎更迎合了大小诸侯的口味。[1]

孟子站在儒家思想卫道士的角度,将儒家之外的一切学说统称为邪说淫辞予以驳斥。他批判墨家杨朱学派是无父无君的禽兽,认为这些思想的流传欺骗了百姓,造成圣学仁义之道无法流行;他批判农家反对社会分工的思想,论证了社会分工的合理性和知识分子在社会中不可或缺的重要作用;他驳斥告子的性无善恶思想,倡明了人性善的理论;他驳斥公孙衍、张仪等取悦诸侯的纵横家只是"妾妇之道",批判他们为了政治目的不择手段,甚至置人格廉耻于不顾,丧失了儒家的圣人君子人格。

孟子表白自己是"我亦欲正人心,息邪说,距诐行,放淫辞,以承三

---

[1] 杨国荣:《孟子的哲学思想》,上海:华东师范大学出版社,2009 年版,第 7 页。

圣者"(《滕文公下》9)。他认为,在这场关乎儒学生死存亡的论战中,先知先觉者应当担当起教化后知后觉的使命,他就伊尹之口说出了自己责无旁贷的使命,"予,天民之先觉者也,予将以斯道觉斯民也。非予觉之,而谁也?"(《万章上》7)更为令人赞叹的是,孟子不仅将教化世人作为自己的责任,而且也将教化诸侯卿大夫和国君作为自己的使命。究其原因,正如黄俊杰所指出的,"孟子从未将'政治'视为各种利益团体冲突、协调、沟通、折中之场域;孟子将'政治'视为提升人类道德福祉的场所",孟子"企求一种全面而彻底的政治改革。这种改革不是诉诸外在制度的改良主义,而是反求诸己,是诉之于每个人内在的'无声的革命',这是孟子所谓的'求其放心',尤其诉之于统治者的良心发现。孟子之所以特别强调'格君心之非'的重要性,其原因正是要从统治者的心灵深处,激发其'良知',从而带动社会政治经济的全面改革"。①

二、保罗之生死关怀伦理——福音拯救

保罗一开始是以迫害基督徒而著称的,但是在耶稣受难以后,通过耶稣圣灵的显现与呼召皈依了基督教,也就是发生在大马士革路上的神奇事件(《徒》9:1—19;《徒》22:6—16;《徒》26:12—18)。保罗由迫害基督徒转向宣传基督教,他的内心究竟发生了怎样的转变,这个谜我们永远无法破解。但是,通过保罗的传教,却让耶稣创立的犹太教的一个小支派突破了民族与种族的界限,传遍了希腊罗马世界,成为了一个具有普世意义的宗教。从最著名的工商行政中心安提阿、以弗所、帖撒罗尼迦、哥林多到叙利亚、小亚细亚、马其顿等地,通过保罗的传道与书信往来以及信徒的努力,一个完善的基督教传教组织在短短几年里形成了。

借由神的福音,利用广泛建立的基督教会,保罗对千百万生活于苦

---

① 黄俊杰:《孟学思想史论》(卷一),台北:东大图书公司,1991年版,第178页。

难中的人们实施拯救,批判他们腐化堕落的道德状况,赋予他们生命的意义,给予他们坚定的信仰和希望,纯洁他们的生命,使他们获得了神的拯救。保罗之生死关怀可以概括为如下几个特征:

1. 以神圣教会为载体,用福音拯救万民

以神圣教会为载体,阐明上帝拯救计划的深刻含义,用传福音来拯救万民,这是保罗生死关怀的一个重要特点。保罗坚信,所有的人都生活在一个堕落的世界中,每个人都是罪人,但是通过信仰主耶稣基督成为基督徒,却可以得到拯救,即"因信称义"。① 所以,保罗对于世界万民的拯救是以广泛建立教会、传播耶稣基督的福音来实现的。保罗建立教会传福音的历程可以分为两个阶段,前期是传福音建立教会阶段,后期是坚振信徒的信念牧养教会阶段。

何为福音? 在英语中,"福音"(gospel)这个词来源于意为"好消息"的一个更为古老的英语词 godspel。godspel 则是对希腊词 evangelion 的翻译。在基督教中,福音(gospel)这个词在两个意义上使用。首先,它指的是以拿撒勒人耶稣为中心所发生的一系列事件,这些事件被看作是这世界的好消息。福音主要指的是耶稣降临这个好消息,连同这件事给人类带来的一切。这个词也在次要和派生的意义上使用,用来指称《新约》中记述拿撒勒人耶稣的生平、受死和复活的四部

---

① 关于保罗的"因信称义"历来有不同的理解。桑德斯指出,保罗所用的"义"的概念与犹太教对"义"的理解是不同的。犹太教中的"义"是指犹太人遵守与神约定的律法,从而维持住选民与神的良好关系,而"称义"指人与神的这种良好关系得到了神的认可。而在保罗的文字中,被动语态的"称义"则是标志着一种身份的转换,指人信福音,接受圣灵的恩赐,与基督合一,成为基督徒。因此桑德斯认为,保罗的核心思想,与其说是"因信称义",还不如说是"拯救唯凭基督"。史怀哲(Albert Schweitzer)也反对将"因信称义"作为保罗思想的核心,他指出保罗书信中有关"称义"的论述都有其特定的论战语境:"在《加拉太书》中,'因信称义'以其最简洁、最原初的样式展现在读者面前,然而这一教义还不能独立,需要有从终末论教义'在基督里'得出的概念作为辅助,才能阐述清楚。无论在《加拉太书》,还是《罗马书》中,'因信称义'的出现都只因为保罗要对付关于律法的争端。"参见张晓梅:《使徒保罗和他的世界》,北京:社会科学文献出版社,2012 年版,第 164 页。

书卷。① 约翰·德雷恩对福音的解释是：上帝通过耶稣向人们表达了人类不配得到的爱（恩典），人们对上帝的爱的合理回应是"信心"，这种信心中包含的不是以希望式的想法为基础的，而是以耶稣降生、受死和复活以及上帝的国度的降临这些绝对的事实为基础的对上帝的委身。② 简言之，就是通过信靠耶稣基督可以得到拯救、可以得到永生。

"因信称义"，是针对因遵守律法而称义提出。保罗认为人能否得救，能否与上帝保持正当关系，不在于是否恪守了律法，而在于是否真正信靠了耶稣基督。在耶稣受难与复活之前，人只能遵守犹太人的法规，但是耶稣受难与复活之后，那些法规就被一种新信念所取代——上帝派耶稣降生于世间，让他受难并且为世人指明了一种新的得救之路，那就是信心。由此可见，保罗的"因信称义"不仅解决了个人得救问题，也对初期基督教摆脱犹太教的传统束缚发挥了重大历史作用，更为重要的是，它解决了不同种族、文化和信仰之间的隔阂与矛盾，建立了种族、文化信仰融合的神学基础。③

福音的传播是通过广泛建立教会来实现的。在保罗的时代，教会并不是指教派或者建筑物，而是指笃信福音的信徒们，保罗经常用"基督的身体"来称呼教会。在教会里，不分民族、种族、社会和宗教背景，所有的男女老幼组成了一个新的充满友爱的集体。正如德雷恩教授所说，从神学的角度讲，教会是表现上帝的新秩序将给整个世界带来变化的一个缩影。教会生活，就是预先尝试上帝国度的生活；从社会学的角

---

① 〔英〕麦格拉斯：《基督教概论》，马树林、孙毅译，北京：北京大学出版社，2003 年版，第 56—57 页。

② 〔英〕约翰·德雷恩：《新约概论》，胡青译，北京：北京大学出版社，2005 年版，第 458 页。

③ 史怀哲认为，保罗思想的重心并不是"因信称义"，而是"基督神秘论"（Christ-mysticism），也就是保罗"在基督里"的教义。以色列的神透过耶稣这位弥赛亚在世上戏剧性且启示性的作为，使属神的真正子民如今跟这位弥赛亚，这位基督，完全紧密的联结，完全被并入到基督里去了。参见〔美〕汤姆·赖特：《再思保罗神学争议》，台北：校园书房出版社，2000 年版，第 15 页。

度讲,罗马帝国内的教会是另一个社会,它不是基于自私、贪婪和剥削之上的,而是基于耶稣所宣告的新的自由和友爱之上的:爱上帝的自由和爱他人、服侍他人的自由。[①]

在教会这样一个信仰共同体中,信徒由于借着耶稣与上帝建立的新关系,彼此相互关联、相互帮助、相互爱护。他们像爱上帝和服侍上帝那样彼此真诚地服侍对方。当他们把自己的生命交托给耶稣基督时,就会发现他们在服侍上帝中获得了释放,得到了一种自由。和那些与自己具有同样信仰的人在一起,他们就融入了一个崭新的相互关系中。由于耶稣的降生、受死和复活,他们一直在盼望的上帝的国已经来临了,他们已经生活在上帝的国度中了。所以,基督徒就意味着委身于一种生活方式:让圣灵充满自己的生命,让圣灵通过自己的生命做工,从而获得了圣灵的大能,具有了与众不同的神赐的能力。他们通过做工,来彰显上帝的爱,彰显上帝的国度,自己也就获得了拯救,获得了自由。因此保罗说,基督徒就是"基督的身体",就是耶稣人格和影响力的延伸。

保罗传教的后期,主要目的是牧养教会坚振信徒信仰。在这一阶段,保罗在总结传教经验和反对异端思想的基础上,集中阐述了他的上帝拯救计划——基督论思想,这是实施拯救的理论基础与核心所在。汉斯·昆认为,保罗神学的中心并非一般来说的人类或者教会,甚至不是拯救之历史,而是被钉十字架并复活的耶稣基督本人。保罗关于上帝与人的看法的中心,就是被上帝所复活的钉十字架上的耶稣。所以,一种"基督中心论"正在出现,它建基于上帝中心论之上,并在其中达到高潮:"通过耶稣基督的上帝"——"通过耶稣基督而达到上帝",这是保罗神学的基本公式。[②]

---

① 〔英〕约翰·德雷恩:《新约概论》,胡青译,北京:北京大学出版社,2005 年版,第 472 页。

② 〔瑞士〕汉斯·昆:《基督教大思想家》,包利民译,北京:社会科学文献出版社,2001 年版,第 8 页。

保罗在多年的传道中发现,要想让外邦人信奉基督,就必须让他们清楚基督是谁,为什么要信奉他。在回答这些问题时,保罗认为,耶稣在十字架上受难而死这件事最为重要,有这件事才能揭示耶稣降世的使命和上帝救赎的计划。因为过去的犹太律法使犹太人与外邦人相隔离,今天基督在十字架上已经拆除了横亘在人们之间的隔膜,犹太人与外邦人也要合二为一。保罗的基督论超越了犹太民族与种族的界限,使犹太人一个民族的神,成为了具有普世意义的神,这样的神可以拯救全天下有罪的人,从而使得保罗关怀的对象具有了普世性。正如汉斯·昆所说,其"实际意义是一个外邦人可以不必变成一个犹太人就能成为一个基督徒。这一基本决断对整个西方世界产生的影响和后果是无法估量的"①。

2. 批判异端思想,纯洁净化人心

保罗的书信,大多是针对教会中出现的异端邪说和腐化堕落思想而写成的,所以他的生死关怀就表现出一个在批判异端邪说中传扬真道、拯救人心、纯洁和提升人性的特点。保罗批判的主要对象有加拉太的犹太化主义者、歌罗西异端和哥林多教会的偶像崇拜等。

在加拉太教会,有一些传福音的犹太人(保罗称其为假教师),宣称只是信耶稣还不够,还必须遵守摩西律法。他们将犹太人的律法仪文和福音真理混合起来向信徒传授。受这些假教师的影响,分裂、异端和

① 〔瑞士〕汉斯·昆:《基督教大思想家》,包利民译,北京:社会科学文献出版社,2001年版,第7页。汉斯·昆列举了五点保罗基督论对于西方世界的影响。他提出:只有通过保罗,向外邦人的基督教传道才成为与犹太—希腊传道比起来功效显著的活动;基督教才找到了一种富于原创活力、具有直接穿透力以及激情敏感的语言;巴勒斯坦与希腊团体才一变而为犹太与外邦人的团体;一个小小的犹太"教派"才发展成为"世界性宗教",从而令东西方之紧密联结更甚于通过亚历山大之所为;如果没有保罗,便不会有基督公教会,便不会有希腊、拉丁教父神学,便不会有希腊化基督教文化。没有保罗,君士坦丁治下发生的事便不可能发生。应当说,汉斯·昆的这些分析确实是有远见地看到了保罗对于基督教传播以及对于整个西方文化所产生的影响。在这一点上,保罗之于基督教,恰如孟子之于儒家,如果没有孟子的传承,我们今天就没有办法了解到孔子的思想了。

放纵情欲的事情在加拉太信徒中迅速流行起来，保罗的《加拉太书》就是针对此种情况而写。在这封信中，保罗论证了福音与传统犹太信仰的区别，简明扼要地阐述了《因信称义》的思想。它甚至被称为"灵性自由的大宪章"和"基督教的独立宣言"①。在这封信中，保罗表达了这样的一个观点——使人与上帝形成正当关系的不是摩西律法，而是信。摩西律法的意义在于，它可以使人关照上帝的诫命，可以使人知道自己有罪，但是得蒙恩赐圣灵并不能靠遵行摩西律法，而是依靠信（《加》3：1—5）。保罗引经据典的说，亚伯拉罕称义也是因着信，并不是靠着行为（《加》3：6—14）。摩西律法是在亚伯拉罕之后很久才出现的，亚伯拉罕在还没有律法的时候就成为了信心的楷模，他所体现的正是信仰的原则。保罗又以夏甲和撒拉为例，阐述了信仰比行为更重要。最后保罗总结出"受割礼不受割礼都无关紧要，要紧的是作新造的人"（《加》6：15）。由此我们可以看出，保罗在反对加拉太犹太主义观点过程中，阐述了信仰的重要性，强调了基督徒最为重要的是坚定的信仰，是内心与生活的圣洁，而不是徒具外表的宗教仪式，得救依靠的是信仰，而不是靠外在的律法。

盛行在歌罗西教会内的异端学说认为，一个人要获得完全而持久的救恩，仅对耶稣的信还远远不够，还必须有对神圣事情的理解能力。所以要想得到彻底的拯救，除了信奉基督以外，还应该崇拜其他对象，如天使、灵界掌权者、星宿之灵，以及水、火、土、空气等宇宙元素，并遵守犹太教关于饮食、节期、月朔、安息日等规定，奉行各种禁忌，实行禁欲和苦行。② 可以看出，这种思想是综合了希腊多神教、犹太神学、基督教和某些东方神秘宗教的大杂烩。保罗在批判歌罗西异端的同时，正面阐述了他的基督论。保罗指出，"父喜欢叫一切的丰盛，在基督里面居住"（《西》1：19）；他提醒信徒，"上帝本性一切的丰盛，都有形有

① 梁工：《圣经指南》，哈尔滨：北方文艺出版社，2013 年版，第 452 页。
② 同上，第 461 页。

体地居住在基督里面"(《西》2:9)。要想获得救恩,如果说具有某种神秘性的话,这种神秘就是通过基督的圣灵在信徒身上做工,赐给他们能力,使他们成为成就上帝旨意的人(《西》1:27)。无论基督徒需要什么,都能够在基督里面找到,因为"所积蓄的一切智慧知识,都在他里面藏着"(《西》2:3)。保罗恳切地告诫歌罗西信徒,要坚决抵制不合乎真理的说教,不崇拜灵界,不崇拜自然界的各种势力,不拘饮食节期或月朔安息日,唯独崇拜耶稣基督。只有分享基督复活了的生命,才能够获得属灵的自由。

哥林多教会不仅存在着严重的道德腐化堕落和分门结党等问题,还存在着有人崇拜偶像、吃祭过偶像的食物,以及有人不信死人可以复活、有灵知主义倾向的信徒曲解教义等问题(《林前》1:18—31;2:1—5;3:18—23;4:6—13)。保罗写信逐一予以驳斥。关于吃异教祭祀过的东西,保罗认为,一般而言,凡是市场上所买来的都可以吃,"因为地和其中所充满的都属于主",但是如果有人指出是献过祭的,就要为良心的缘故不吃(《林前》8:1—11:1),因为要考虑软弱的弟兄的感受。保罗还指出,男女信徒参加公共礼拜应该尊重风俗习惯。保罗最后强调了基督徒要以自己的行为荣耀上帝:"岂不知你们的身子就是圣灵的殿么?这圣灵是从上帝而来,住在你们里头的;你们不是自己的人,因为你们是重价买了来的。要在你们的身子上荣耀上帝。"(《林前》6:12—20)

在《提摩太前书》中,保罗劝勉提摩太为真理抵御异端,打那美好的仗(《提前》1:3—20),要在敬虔上操练自己,"总要在言语、行为、爱心、信心、清洁上都做信徒的榜样"(《提前》4:11—16)。在《提多书》中,保罗忠告他年轻的同工提多,做教会的长老必须具有无可指责、不任性、不暴躁、不因酒滋事、不打人、不贪不义之财、乐意接待远人、好善、庄重、公平、圣洁自持等良好的品德以外(《多》1:5—9),还必须要阻止假道理的传播,使信徒"不听犹太人荒谬的言语和离弃真道之人的诫命"(《多》1:10—16)。在《以弗所书》中,保罗也批判了以弗所人盛行的亚底米偶像崇拜。概言之,保罗是在批判形形色色的异端学说中,传扬基督的真道,从而拯救人心、纯洁人性的。

3. 超越世俗道德的普世情怀

保罗生死关怀的超越现实性,集中表现在他的普世情怀和平等观念上。在保罗的理想中,一切在神的教会中的信徒都是兄弟姐妹,不再有"犹太人、希腊人、自主的、为奴的或男或女"(《加》3:28)的分别。保罗的这一普世情怀和平等观念①使基督教变成了普世性宗教,使犹太人的神变成了具有普世博爱的神。具体而言,保罗在基督教中倡导了三大平等:第一是犹太人与外邦人的平等;第二是男女平等;第三是主人与奴隶的平等。

第一,反对犹太人遵守的繁琐律法和节期,尤其是反对割礼,强调犹太人与外邦人的平等。在将福音传向外邦人的过程中,保罗发现割礼是横亘在外邦男子与犹太教之间的一道屏障,这一规定将外邦人拒于门外。一个外邦人如果加入犹太教,就要脱离他们原来熟悉的生活世界,彻底改变他们的社会身份,毫无疑问,这阻碍了福音向外邦人的传播。而对于女性则没有这个问题,所以我们在《圣经·新约》中看到,最早加入基督教的外邦女性很多,在保罗的书信中就提到了许多女基督徒的名字。在《罗马书》最后一章中,保罗提到了29个人名,其中27个是女性:非比、百基拉、马利亚、犹尼亚、土非拿、土富撒、彼息、鲁孚之母、犹利亚和尼利亚的姐妹。这些女性几乎每一个都被保罗由衷地

---

① 保罗的普世情怀主要表现在他超越了种族、国家、社会财富和性别的平等观念。这种思想不仅体现在《加拉太书》中,还体现在《罗马书》和《哥林多前书》等书信中。例如"原来在耶稣基督里,受割礼不受割礼全无功效;唯独使人生发仁爱的信心才有功效"(《加》5:6);"受割礼不受割礼都无关紧要,要紧的是作新造的人"(《加》6:15);"难道神只作犹太人的神么? 不也作外邦人的神吗? 是的,也作外邦人的神"(《罗》3:29);"犹太人和希腊人并没有分别,因为众人同有一位主;他也厚待一切求告他的人"(《罗》10:12);"我们不拘是犹太人,是希腊人,是为奴的,是自主的,都从一位圣灵受洗,成了一个身体,饮于一位圣灵"(《哥林多前书》12:13)。但是这些表述都不如《加拉太书》中的更为彻底和全面。参看张晓梅:《使徒保罗和他的世界》,北京:社会科学文献出版社,2012年版,第217页注。

赞美。①

犹太教的宗教模式是约法主义或律法主义的,强调严格遵守摩西律法,严格遵守割礼、饮食法、节期。面对着如何实现让外邦信徒加入基督教的问题,保罗看到了割礼、饮食法、犹太节期等特殊律法的阻碍作用,正是这些特殊的律法将犹太人与其他民族分离开来,不利于基督教在外邦人中间传播。所以,保罗怀着一种普世的博爱思想和宗教热情,对犹太教外在的仪式尤其是割礼进行了批判。后世思想家认为,他的这一做法"拆毁了隔着犹太人与外邦人的那堵墙"②,因为"有着不可侵犯的律法,犹太教就不可能成为一种普世宗教"③。在《罗马书》中,保罗用橄榄枝嫁接的比喻,期望去除犹太人的优越感,强调神的子民乃是由于信仰的缘故,而不是局限在血缘之内。正如保罗所说:"难道神只作犹太人的神吗? 不也是作外邦人的神吗? 是的,也作外邦人的神。"(《罗》3:29)

第二,反对歧视妇女,倡导一夫一妻,鼓励平等纯洁的婚姻关系,主张提高妇女地位。在古代希腊罗马世界和希伯来文化中,普遍存在着对妇女的歧视,对妇女自由权利与尊严的剥夺。与此形成鲜明对照的是,基督教创世之初,一直倡导男女平等。耶稣就违背律法的规定,尊重和仁慈地回应撒玛利亚妇人(《约》4:5—29),向妇人马大讲道(《约》11:25—26),耶稣死后复活向妇女显现(《太》28:10)。福音书中还多次提到许多妇女跟随着耶稣的场景。这些都表明耶稣在教会内部,对妇女采取了接纳的态度,赐予了妇女和男子同等的地位和尊严,废除了歧视妇女的文化习俗。保罗在传教过程中,将歌罗西城家庭教会的女信徒亚腓亚称呼为"我们的姐妹";在以弗所,女信徒百基拉和她的丈夫亚

---

① 张晓梅:《使徒保罗和他的世界》,北京:社会科学文献出版社,2012 年版,第 114 页。

② Langton, Daniel R., *The Apostle Paul in the Jewish Imagination: A Study in Modern Jewish-Christian Relations*, Cambridge:Cambridge University Press, 2010, p.103.

③ Montefiore, Claude G., *Judaism and St. Paul: Two Essays*, London: Macmillan, 1914, p.145.

居拉,在他们家里创办了一个教会(《林前》16:19);在《罗马书》中,保罗用男性的头衔——执事来称呼曾经在坚革哩教会担任职务的女信徒非比,挑选她从哥林多出发把信件送到 400 多英里以外的罗马城教会。《使徒行传》第 16 章记载,保罗和西拉在腓立比遇到了做紫色布匹生意的犹太妇女吕底亚,并且使她皈依基督教。保罗在给腓立比信徒写的信中说,友阿爹与循都基这两个妇女"在福音上曾与我一同劳苦,还有革利免,并其余与我一同作工的"(《腓》4:2—3)。

由上述资料我们可以看到,保罗尊敬妇女,她们也协助保罗建立教会。在公开聚会里面,这些妇女甚至可以祷告、可以说预言。由此可见,早期教会完全改变了在罗马统治下妇女低微卑贱的社会地位,废除了在公共场所妇女被迫受到隔离和沉默寡言的社会习俗,赋予了妇女极大的自由和尊严。所以有学者认为,基督教的壮大在很大的程度上归功于对妇女的尊重,女基督徒不再堕胎和杀死婴儿,尤其是对于女婴与男婴同样的珍爱,而增加了基督徒的数量,当女基督徒嫁给异教丈夫时,由这种杂婚出生的大多数孩童能够在教会内部得到哺育成长。①

在基督教《新约》中,我们还可以看到许多对寡妇充满慈悲仁爱的场景。耶稣怜悯拿因城的寡妇,使她的儿子死里复活了(《路》7:11—15)。耶稣指责法利赛人侵吞寡妇的家产(《可》12:40),他赞扬那个只捐献了两个小钱的贫穷寡妇(《路》21:2—3)。保罗继承了耶稣的这种理念,他在写给提摩太的信中,开导他要善待老年人、老年妇女、青年人、青年妇女,尤其要体恤寡妇(《提前》5:1—16),勉励他带领以弗所的信徒要孝敬自己的寡妇母亲(《提前》5:3—4)。始于耶稣和保罗的这种关心寡妇的观念在基督教中得到了继承和弘扬。基督教早期对妇女地位的提高,赋予妇女以尊严、自由和权利,是任何一个文化都不具有的。这也是基督教在早期得以快速传播的一个重要原因。

在古代的中东地区盛行一夫多妻制度,而新兴的基督教却倡导一

---

① 〔美〕施密特:《基督教对文明的影响》,北京:北京大学出版社,2004 年版,第 91 页。

夫一妻制。保罗要求担任教会监督执事的人必须"只作一个妇人的丈夫"（《提前》3：1—2），在婚姻中丈夫和妻子应当共同遵守神的盟约，互敬互爱，"你们作妻子的，当顺服自己的丈夫，如同顺服主"（《弗》5：22）。如同基督是教会的头，是教会全体的救主，教会怎样顺服基督，妻子也要怎样顺服丈夫。他又要求"作丈夫的，要爱你们的妻子，正如基督爱教会，为教会舍己"（《弗》5：25）。丈夫爱妻子如同爱自己的身子一样，妻子也应当敬重她的丈夫，"为这个缘故，人要离开父母，与妻子连和，二人成为一体"（《弗》5：31）。

在《哥林多前书》中，保罗特别指出要避免淫乱的事，"男子当各有自己的妻子，女子也当各有自己的丈夫。丈夫当用合宜之份待妻子，妻子待丈夫也要如此。妻子没有权柄主张自己的身子，乃在丈夫；丈夫也没有权柄主张自己的身子，乃在妻子。夫妻不可彼此亏负"（《林前》7：2—5）。这些关于夫妻之间权利与义务的论述，尤其是夫妻双方应当尊重对方的性要求，对于形成圣洁的婚姻观念是必不可少的。我们欣喜地看到，在保罗书信中，一夫一妻制成为了婚姻的唯一形式，而且随着基督教的广泛传播而扩散到了整个希腊罗马世界。

第三，倡导主人和奴隶的平等。在希腊罗马世界，奴隶劳动被普遍使用。在公元前后，有资料统计，奴隶占雅典人口总数的 75%，罗马人口的半数以上。在古代希腊罗马世界，奴隶地位极其低下，根本没有任何人格尊严，可以被任意处死，罗马奴隶主甚至用奴隶来与野兽搏斗取乐。即便是当时的大思想家亚里士多德也认为残酷的奴隶制度是合理的，"奴隶是有生命的工具，工具是无生命的奴隶"[①]，所以，对于奴隶根本没有友爱可言。他在《政治学》中甚至把奴隶制度视为天然的、有利的和公正的。

而保罗却提出，在神的面前奴隶与主人平等，同是兄弟姐妹。在

---

① 〔古希腊〕亚里士多德：《尼各马可伦理学》，廖申白译注，北京：商务印书馆，2005年版，第250页。

《腓利门书》中，保罗清晰地表达了这个思想。腓利门是歌罗西教会的一个信徒，他的一名奴隶叫阿尼西姆，可能是偷窃了主人的财物而畏罪潜逃，遇到了保罗后，经保罗引领皈依了基督教。保罗劝他重新返回主人那里，并且给他的主人写了一封信要他带回去。信中保罗劝告腓利门收留阿尼西姆，并且要求他不再以奴隶的身份看待他，而是把他当作在基督里的兄弟，"乃是高过奴仆，是亲爱的兄弟"。保罗在信中虽然没有明确地反对奴隶制度，但是他却表述了主人和奴隶应当具有的新关系，即在基督面前，所有的基督徒都应当充满爱和宽恕，主人应当以爱心宽恕奴仆、善待奴仆，"不是出于勉强，乃是出于甘心"。在《以弗所书》中，保罗也提出了主人和仆人应当保持的关系，做仆人的要"用诚实的心听从你们肉身的主人，好像听从基督一般。不要只在眼前侍奉，像是讨人喜欢的，要像基督的仆人，从心里遵行神的旨意。甘心侍奉，好像侍奉主，不像侍奉人"。他又说："你们作主人的待仆人也是一理，不要威吓他们，因为知道他们和你们同有一位主在天上，他并不偏待人。"（《弗》6:5—9）

　　这样，由于对基督的共同信仰，就拆除了横亘在主人和奴隶之间的经济和社会隔阂，实现所有的信徒，不管是主人还是奴隶，在神面前一律平等，形成一个新的伙伴关系，在基督里成为一家。在基督教会这一新的信仰团体里，一个全新的人际关系形成了——所有信徒不再有"犹太人、希腊人、自主的、为奴的、或男或女"的区分，"在基督耶稣里都成为一了"（《加》3:28）。简言之，在教会内部，所有信徒超越了种族国家、社会财富、地位的，乃至自然性别的区别，所有信徒都是神的子女，是亚伯拉罕属灵的后裔。或者说，凡是信仰耶稣基督的人，在神的面前一律平等。显然，这是一种强烈超越世俗观念的平等思想。

三、孟子与保罗生死关怀向度之比较

　　由上面对于孟子和保罗生死关怀之不同向度的分析，我们可以看到，两者之间有很大的不同，但是也有诸多的相通之处。

1. 孟子与保罗生死关怀之分野

孟子与保罗,一个是先秦儒家孔子之后最伟大的思想家,被后世誉为"亚圣"。一个是早期基督宗教的继耶稣之后最伟大的神学家,甚至被称为基督教的真正创始人。两人成长在不同的自然地理环境下,受到不同文化的影响,因而他们的生死关怀表现出诸多的不同:

第一,生死关怀之载体与路径上,表现出世俗国家与神圣教会的区别。孟子作为一个伟大的思想家,积极参与政治,奔走于齐鲁宋魏诸国之间,推行仁政。从国家和社会的层面,他反对战争,批判暴政,批驳杨朱墨翟之流,将其斥为异端邪说,批判其对人心人性的腐蚀与毒害。孟子认为,从根本上讲,社会能否得到拯救,取决于政治家是否存不忍人之心,行不忍人之政。与此相反,保罗作为一个拉比,一个积极传播耶稣福音的使徒,不畏艰险,奔走于巴勒斯坦、小亚细亚和地中海北岸的罗马境内,积极建立教会。他从纯洁信仰的角度,批判犹太人的偏执和对于传统律法的狭隘理解,指出律法能够帮助人知道什么是义,能够给人带来一种罪感,但是却产生不出义来,不能让人得救。唯一得救的是要靠信仰,而不是对律法仪式的遵守。只有信靠主耶稣基督的恩典加入教会成为基督徒,人才能得到拯救。简言之,孟子以世俗国家为载体实施对社会的拯救,志在经世济民。而保罗则以教会为载体实施拯救,旨在纯洁净化人心人性。而在终极上,他们又都诉诸人心的改变。孟子诉诸仁心的发用,强调以诚身来明善;保罗诉诸基督恩典与圣灵做工,可谓殊途同归。

第二,关怀生命的侧重点上,表现出世俗生活与精神信仰之不同。孟子虽然是一个伟大的思想家,但是他又是一个深入生活,对于国君大臣和普通老百姓的生活状况非常了解的实践家。他关怀的侧重点既源于世俗生活,又高于世俗生活。他基于对人性的洞察,建立了"人性善"理论。他从关心生产生活开始,谋求实现经世济民的伟大理想。他强调国君要罢兵息争实行仁政,要与民同乐,要制民之产体恤鳏寡孤独,要轻徭薄赋不误农时。对于普通百姓,他则强调,无恒产则无恒心,用五母鸡两母彘保证基本生活,建立"出入相友,守望相助,疾病相扶持"的安定和谐社区,来改变社会。在保障基本生活的基础上,进一步强调对民众的教化,申之以孝悌之义,对人之善心不断地存养充扩,以此挺立人的道德主体性,唤起人性反省和自觉。与此相对,作为传教使徒的保罗则很少关心世俗的生产生活方面,而更多的是关心人的精神信仰层面,关心犹太人割礼节期仪式等律法对人的束缚,对于外邦人加入教会的隔阂,强调耶稣死而复活的拯救意义,用主的真道坚固信徒的信念,纯洁信徒的生命,号召人们摒弃堕落的道德观念和狭隘的心胸,走出对女人、外邦人和奴隶的歧视,超越民族和种族的狭隘界限。

孟子与保罗之所以有如此之区别,一是与他们所生活的社会环境分不开的,另一方面也是源于他们的不同社会身份,以及相应的社会责任。孟子以孔子圣学继承者的身份,责无旁贷地承担起"平治天下舍我其谁"的历史使命;保罗则以耶稣基督使徒的身份,以"把福音传到地极"和"让犹太人的神成为全世界的神"作为自己的毕生追求。但是,二人具有的普世情怀、历史担当是相同的。

2. 孟子与保罗生死关怀之会通

孟子与保罗生活的时代相差数百年,地方相距上万里,地理环境与文化背景截然不同,但是他们的言行都表现出心系天下苍生福祉的使命感。孟子在比较舜与周文王时说:"先圣后圣,其揆一也。"(《离娄下》1)宋代大儒陆九渊则将这一思想发展为"东海有圣人出焉,此心同也,此理同也。西海有圣人出焉,此心同也,此理同也。……千百世之上有圣人出焉,此心同也,此理同也。千百年之下有圣人出焉,此心同也,此理同也"(《陆九渊集》)。就孟子与保罗而言,其相通之处表现如下:

第一,无论是孟子还是保罗,都超出了民族种族和国家的狭隘界限,具有一种悲天悯人的普世情怀。孟子始终以"平治天下"和"让天下之民举安"为自己的责任;以实现"老者衣帛食肉,黎民不饥不寒"的理想社会为最终追求;以"不嗜杀人者能一之"的理念谋求实现国家一统。这些观念都远远超越了他所生活的时代。就保罗而言,由于他的希腊文化背景,他能够将外邦人的命运纳入到自己的关怀之中,强调普世主义理念,远远超越了世俗的平等观念。由于他的犹太文化背景和法利赛人的品格,使他能够发现犹太宗教律法的不足,主张外邦人仅仅依靠信仰就可以加入基督教,而不用遵守犹太人的割礼等繁文缛节,从而拆毁了犹太人与外邦人之间的墙,将基督教从犹太母体当中解放出来成为一个独立的宗教。[①] 尤其是保罗所倡导的男女平等和一夫一妻制,倡导的主人与奴隶的平等,不仅超越了时代的局限,更是奠定了近代法律面前人人平等观念的基础。

第二,在反对异端、捍卫真道中宣传拯救。孟子与保罗都有着普世情怀与崇高理想,坚信实现理想的渠道只此一条旁无他路,将其他的学说一概斥为异端邪说,表现出在反对异端邪说中捍卫真道的特点。孟子反对杨朱墨翟之流无父无君,反对法家对战争的鼓吹,致力于传承和发扬经由孔子开创的仁义学说,实在是功不可没。保罗所处的时代,犹太社会内部分裂,外邦社会如格林多、罗马等道德败坏,偶像崇拜盛行。保罗一方面反对传统犹太宗教的狭隘性,批判它们强调的割礼节期等律法阻碍了外邦人加入,阻碍了福音的广泛传播,以至于外邦人不能得到神的救赎。另一方面,在传播福音、创办教会过程中,他又反对异端邪说,纯洁教会,坚振信徒的基督信仰,逐渐形成和完善了基督救赎论,使基督教在道德极端腐化堕落的罗马地区得到广泛传播。

第三,身体力行躬行实践。孟子和保罗不仅是伟大的思想家,更是

[①] 学者张晓梅通过对加州大学伯克利分校哲学与宗教历史学家丹尼尔·博雅林 1994 年出版的《激进犹太人:保罗与身份政治》一书的研究指出,保罗宣称重要的是信仰,而律法无关紧要,主张应当将犹太人与外邦人平等对待的普世主义思想体现了一种文化宽容,但是这种普世主义的思想也有负面影响。她认为,"保罗的基督教'普世主义'的恶果,是会造就强制性的政治——文化体系,他们试图用程度不等的暴力迫使文化差异逐渐消弭、迫使弱小的文化被统治文化吞灭;基督教追求人类同一的理想,却为此付出了压制文化差异的沉重代价"。参看张晓梅:《使徒保罗的世界》,北京:社会科学文献出版社,2012 年版,第 44 页。张晓梅的确是看到了基督教文化暴力的渊源。与之相似,孔子之极具包容的思想传承到了孟子,也具有了一种极端排外的特性。

伟大的实践家,一生都在践行各自的拯救计划,从而成为千百年来亿万人敬仰的圣人。孟子周游列国,虽然处处碰壁,但是仍然豪情满怀,以"天下溺,援之以道;嫂溺,援之以手"(《离娄上》17)的情怀,抱着拯救黎民于水深火热之中的王道政治理想,奔走呼号,谋求全民的未来福祉,完全不计个人利害得失。保罗冒险传教,多次被囚禁,在狱中仍然写信给教会,鼓励他们坚信主的真道。作为一个使徒,在传教过程中他本来可以接受财务支持,但是他拒绝靠福音养生,而是一边支帐篷为生,一边传福音,秉持"叫人不花钱得福音"(《林前》9:18)的理念,为了福音的缘故甘心做众人的奴仆,甘心舍弃自由,舍弃自身利益,处处为别人谋利,处处为信徒着想,凡事"不求自己的益处,只求众人的益处"(《林前》10:33)。

孟子和保罗之所以能够意志坚定不畏千难万险,皆是源于孟子与保罗有一个毕生为之追求和奋斗的目标。在孟子那里,就是"如欲平治天下,当今之世,舍我其谁"(《公孙丑下》13)的一种拯救黎民于水火的使命感,就是他发出的"我亦欲正人心,息邪说,距诐行,放淫辞,以承三圣者"(《滕文公下》9)的责任与担当。在保罗那里,就是"我已经与基督同钉十字架,现在活着的,不再是我,乃是基督在我里面活着"(《加》2:20)。保罗始终认为,由于基督圣灵的激励,自己才确立了一个信念:把自己的时间和才能让圣灵使用,与基督同死同活,将福音传到地极去。无论是孟子还是保罗,都游走四方,传授他们所领悟的真理,教给世人生活的智慧。这种精神极大地感染了他们身边的弟子或使徒,在他们死后将他们的事业发扬光大,成就了伟大的信仰。

第三章　孟子与保罗生死伦理
的人性根基之比较

　　人性问题说通俗一些,就是人的生命与万物的区别何在,与神的区别何在,具有怎样的一种独特性。对这一问题的回答,是探讨人的生死问题的逻辑起点。儒家的人性论是建构在人与禽兽相比较的基础上的,人性是与动物性相比较而言,从人心的特殊性来说,人性是善的。动物的行为都是出自本能,是无所谓善恶的。对于人之善性的存养充扩,可以不断提升,可以达到一种圆满性,臻于圣贤的境界。可以说,儒家秉承一种人性可以不断提升、不断完善的观点。基督教则认为人具有原罪。在基督教的思想体系中,人性是与神相比较而言的。人是按照上帝的形象所造,人是类似或者肖似上帝,其他的万物则没有这一特征,所以,人具有超越其他一切动物的优点,但是比之于神,则是不圆满的,是有缺陷的。

　　关于人性的不同界定,不仅是孟子与保罗生死伦理的基础,也是二人整个思想的核心部分。孟子的性善论,决定了他挺立道德主体的生命观念,决定了人人皆可以成为尧舜那样的圣贤,决定了成就圣贤生命境界之路径。与此相应,保罗所坚持的人有罪性的理论,在承认了人比之于上帝具有的不完善性的前提下,强调不能靠自己拯救,唯有依靠信仰耶稣基督。两人在人性理论上的不同,还影响了他们对于人之生命价值实现和生死超越路径的不同理解。

第一节　孟子的人性论

徐复观曾经说:"中国正统的人性论,实由孔子奠定其基础。"[①]然而,孔子讨论人性的话语非常的少,在《论语》中只有两处:一是"性相近也,习相远也"(《论语·阳货》);另一处是子贡说的"夫子之文章,可得而闻也。夫子之言性与天道,不可得而闻也"(《论语·公冶长》)。梁漱溟在其《中西文化及其哲学》中指出,孔子所说的"其性近就是说人的心理差不多,这差不多的心理就是善,孟子所谓人心之所同然者是也"[②]。孔子在此把"性"与后天获得的"习"相对而言,把"性"看作是人先天具有的某种属性。孟子正是在这一思想的基础上,提出了人之善性源于先天固有的"四心"——恻隐之心、恭敬之心、是非之心、辞让之心,这乃是善性的端芽。

同时,孟子的人性论是在阐发孔子仁义学说的基础上产生的。孟子说"乃所愿,则学孔子也"(《公孙丑上》2),"予未得为孔子徒也,予私淑诸人也"(《离娄下》22),"杨墨之道不息,孔子之道不著,是邪说诬民,充塞仁义也。……吾为此惧,闲先圣之道,距杨墨,放淫辞,邪说者不得作"(《滕文公下》9),由此可见,孟子的性善论,是为了捍卫孔子的仁义之道,在对战国时期的不同人性理论,尤其是对告子的人性理论批判下提出来的。

---

① 徐复观:《中国人性史论》,上海:华东师范大学出版社,2005 年版,第 40—41 页。
② 梁漱溟:《东西文化及其哲学》,北京:商务印书馆,2010 年版,第 148 页。梁先生是在反对胡适主张孔子人生哲学是注重道德习惯的这一观点时阐述这一看法的。他进一步指出,人的心理本来都是好恶与人同的,只有后来习惯渐偏,才乖违,才支离杂乱,俱不得其正了。所以最好始终不失其本然,最怕是成了习惯——不论大家所谓好习惯坏习惯,一习惯就偏,固所排斥,而尤怕一有习惯就成了定型,直觉全钝了。然而从习惯里出来的只是一种形式,不算美德。美德要真自内发的直觉而来才算。非完全自由活动则直觉不能敏锐而强有力,故一入习惯,就呆定麻痹,而根本把道德摧残了。故习惯为孔家所必排。

孟子人性论——性善论的最大特点就是承认"人之可完美性"。黄俊杰先生说,东亚儒家最重要的核心价值就是"人之可完美性",相信人生而具有内在的善苗,只要善加培养,就可以修身养气、经世济民、优入圣域、成圣成贤。东亚儒家所坚持的"人之可完美性"的信念,与佛教对人与生俱来的"无明"以及犹太基督宗教的"原罪"或"人之堕落性"的信仰,构成鲜明的对比。①

一、人性之善

孟子对人性的界定遵循这样一个逻辑过程。首先,从人类与禽兽的区别来立论,人性并不是人与禽兽所具有的相同点,即人性不是人的生物本能,而是人所具有的某种生命特殊性。显然,告子的"生之谓性"和"食色,性也"等看法就没有把人的性和动物的性区别开来。人与禽兽的区别,在于人具有一种自我能够意识到的"向善心",也可以叫作"良知良能",它是成就道德行为的端芽。成就道德之善,就是要"存养充扩"人的这一善端。

1. 人性是人之所以异于禽兽者

在战国时代,何为人性是争论最多的问题之一。孟子在《告子上》第3—8章列举了当时盛行的三种不同人性理论:有人认为人性无所谓善恶;有人认为人性可以从善,也可以从恶;第三种认为有的人性善,有的人性恶。梳理孟子对这些观点的批判,我们可以看到孟子阐述其人性理论遵循的内在逻辑。

第一,孟子首先指出,人性绝不是人与动物共同具有的某种自然生理本能,而是人之所以为人的那个特殊性。在孟子看来,告子所说的"食色,性也"乃是一切生物共同具有的特性,因为食欲、性欲是生物的一种本能欲求,并不能把人与其他动物区分开来。所以,孟子说"口之

---

① 黄俊杰:《东亚儒家传统中的人文精神》,载林鸿信编《跨文化视野中的人文精神——儒、佛、耶、犹的观点与对话刍议》,台北:台大出版社,2011年版,第3页。

于味也,目之于色也,耳之于声也,鼻之于臭也,四体之于安佚也","君子"皆"不谓性也"(《尽心下》24);同样的,告子所提出的"生之谓性",即认为与生俱来的就是性,也是有问题的。因为白羽之白不同于白雪之白,也不同于白玉之白,犬之性不同于牛之性,牛之性不同于人之性。换言之,"生之谓性"同样不能将人与其他动物区分开来。显然,在人类身上一定具有某种特殊的东西,它是人所单独具有的,是人区别于动物的本质性的规定,这才是人的性。

第二,孟子进一步分析,人性是人之所以异于禽兽者。人与禽兽的区别只有一点点,"人之所以异于禽于兽者几希!"(《离娄下》19)这一点点区别就是人人都有的恻隐之心、羞恶之心、恭敬之心和是非之心。在孟子看来,人除了具有动物都具有的食欲性欲这种生理本能以外,还具有一种对他人苦难感同身受的心理,一种对他人给予关怀的心理倾向,一种先天的趋向于善的内在力量。"今人乍见孺子将入于井,皆有怵惕恻隐之心——非所以内交于孺子之父母也,非所以要誉于乡党朋友也,非恶其声而然也"(《公孙丑上》6)。这种内在的力量是人类所独有的,而且是任何人都具有的,而且它不受任何外在的利益影响,在特定的情境下一定就会显露出来。

孟子进而提出,如果人不具有这"四心",他就不是人,就不具有道德意义上的人的规定性。显然,孟子是用"四心"来界定人之为人的特质。这四种心就是四种道德情感,恻隐之心就是不忍人之心,就是对遭受苦难的人的一种同情与怜悯感;羞恶之心就是人具有的一种自我反省能力,在人做错事的时候会产生一种对自己的羞耻与怨恨,并试图进行补救;恭敬之心也就是辞让之心,表现为对他人的一种尊重;是非之心是一种判别是非善恶的能力。孟子认为,缺少这四种情感中的一种就不具有人的规定性。"由是观之,无恻隐之心,非人也;无羞恶之心,非人也;无辞让之心,非人也;无是非之心,非人也"(《公孙丑上》6),这四种道德情感是仁义礼智四种道德品质的端芽。

学者何怀宏指出,孟子的恻隐之心有两个特征:一个特征是它蕴含着痛苦,指示出痛苦,这一蕴含即它的内容,这一内容是人生的内容,另一个特征是说它是向他人趋附,是对他人的一种忧虑、担心和关切,这一趋附即它的指向,恻隐之情的道德性质,孟子在他的"孺子将入于井"的例证中说得相当清楚。① 何怀宏的分析指出了孟子恻隐之心所具有的道德性,即对他人痛苦的关切,这正是人所独具而任何动物所没有的。牟宗三先生也认为:孔孟所讲的性,不指生物本能、生理结构以及心理情绪所显的那个性,因为此种性是由个体的结构而显的,孔孟之性是从了解仁那个意思而说。② "人禽之辨"这一问题的关键所在是"人可以吸收创造本体到自己的生命中作为自己的性,但是禽兽却不能摄取天地的创造本体而成其自己之性"③。牟先生此处同样是在指出,孟子乃是从道德性这一独特分析理路来界定人性的。

2. 人性之善是内心所固有

孟子在阐明了道德情感是人区别于动物的独特性质之后,进一步阐明这种道德情感是人人心中本来就有的,而不是外来的。"恻隐之心,人皆有之。羞恶之心,人皆有之。恭敬之心,人皆有之。是非之心,人皆有之"。它如同人具有四肢一样,"人之有是四端也,犹其有四体也"(《公孙丑上》6);而且是人心中所固有的,是与生俱来的,而不是外在的东西后来进入人体的,"仁义礼智,非由外铄我也,我固有之也"(《告子上》6)。"乍见孺子将入于井"的特定情境就很好地说明"四心"是人心中所固有的,孟子在"孝子仁人掩其亲,亦必有道矣"中所指出的"其颡有泚,睨而不视",也是最好的证明。可见,这种道德情感是不虑而知、不学而能的,"孩提之童无不知爱其亲者,及其长也,无不知敬其兄也"(《尽心上》15)。所以,牟宗三先生用"仁义内在,性由心显"八个字来高度概括孟子人性论的特征。

---

① 何怀宏:《人生观(人性论)——儒教观点》,载何光沪、许志伟主编《对话:儒释道与基督教》,北京:社会科学文献出版社,1998 年版,第 403 页。
② 牟宗三:《中国哲学的特质》,上海:上海古籍出版社,1997 年版,第 99 页。
③ 同上,第 57 页。

孟子认为，人的善良行为都是源于内心，是对内在道德情感——"四心"保存长养、扩充扩大的结果。虽然人人心中都有善的端芽，但是对于所有人而言，具体情况也并不一样。有的人对此没有反省，他就不会有非常清醒的意识，"思则得之，不思则不得"，在凡人与圣人之间还有觉悟的先后之别。"圣人先得我心之所同然"，圣人最先觉悟了人心所共同具有的这一特性。我们可以说：告子说"生之谓性"和"食色性也"时，他把人性等同于动物了，等同于人和动物共同具有的生理本能了；告子说"性犹杞柳也"和"性犹湍水也"，他把人性看成是"无善无不善"和"可善可不善"的了。即承认人性在外在形势和力量的作用下，可以善也可以恶。这样，告子人性论的弊端就显而易见了。正如何怀宏指出："告子的观点倾向于否定人的主体性，使人犹如柔软的柳条或流水，任由外在的义理塑造，乃至完全受环境的支配，告子没有明确提出人应该努力追求什么，在善恶面前应该采取什么立场"。①

孟子在批判告子的基础上阐明了人性的独特性。人性不是某种外在的具有实体性的东西，而是主体内心的一种真诚向善的自我要求与趋向。孟子多处打比方阐明这一点。比如牛山之木一例，就牛山的本性而言，是能够长出草木来的，如果没有外在的砍伐和牛羊啃噬，一定是郁郁葱葱的（《告子上》8）。孟子以此来比喻人之本性是趋向善良的，有一种向善的内在动力。在另一处，孟子援引水向下流和野兽奔向狂野的本性来说人会从善，"民之归仁也，如水之就下、兽之走圹也"（《离娄上》9），同样是在阐明人之从善是一种动态，一种趋势。

3. 人性之善源于情善

从现代人的角度来看，人有自由意志可以进行自由抉择，从而做出或善或恶的行为。但是孟子为什么将善说成是人的本性呢？其内在依据在哪里呢？在孟子看来，虽然现实中人可以为善，也可以为不善，但

---

① 何怀宏：《人生观（人性论）——儒教观点》，载何光沪、许志伟主编《对话：儒释道与基督教》，北京：社会科学文献出版社，1998 年版，第 385 页。

是承认人性向善是更为自然的,因为向善是人的内在之情,"乃若其情,则可以为善矣,乃所谓善也。若夫为不善,非才之罪也"(《告子上》6)。

关于此处性、情、才的涵义,素来有诸多解释,歧义纷呈。焦循在《孟子正义》中说:"人之才质得于天,……孟子曰:'非天之才降尔殊也。'曰:'乃若其情,则可以为善矣,乃所谓善也。若夫为不善,非才之罪也。'惟据才质而言,始确然可以断人之性善。"①确实如焦循所说,孟子给其人性理论找到了一个内在的心理基础,这就是"情"或"才"。其实,这个"才"就是作为人的生理器官的心。杨大膺认为"性与情是一物的两态,性是静态,情是动态。所以,性是情的体,情是性的动。性与情即是一物的两态,那么状态虽不同,而本质却是同的"②。综合上面的不同解释,我们可以说,才就是表现善的一个专有名词,性、情、才这三者本来说的是一回事。性是就心理活动的整体而言,才是就这活动的力量而言,情则是就这活动的动机而言。因为情是善的,所以性也是善的。

刘述先认为:若是依照人的特殊情况去做,自可以为善,而人在事实上为不善,不能赖在所禀赋的才上面。孟子言情、才,就明白地显示,善不只存在于彼岸,而是实实在在地内在于我们的生命之中。有了这样的心性禀赋,故求则得之,舍则失之。性乃专就禀赋说,与人在现实上行为的善恶并不相干。③也就是说,就人的情感来说,人性可以是善的,但不必然为善。而有些人为不善,是因为他们没有充分发挥主体的内在潜力,"弗思而矣""不能尽其才者也",是他们的本然之心被淹没和遮蔽了的缘故,是外在的物欲磨灭了心的自明作用,而不是天在降生他们时赋予的材质有所不同,"非天之降才尔殊也,其所以陷溺其心者然也"(《告子上》7)。

---

① 焦循:《孟子正义》,北京:中华书局,1987 年版,第 451 页。
② 杨大膺:《孟子学说研究》,上海:中华书局,1937 年版,第 49—50 页。
③ 刘述先:《孟子心性论的再反思》,载李明辉主编《孟子思想的哲学探讨》,台北:台湾"中研院"文哲所,1995 年,第 87 页。

这样看来,孟子性善之根源在于人具有禽兽所不具有的材质,就是具有独特性的人的"心",是能够产生道德情感,能够分别善恶的"心"。一句话,"性善"是源于"心善"。美国加州大学伯克利分校的信广来考察了古籍中"性"与"情"的含义后指出,大概当"情"指某一物的特征或真实状况时,若该特征或状况与该物的趋向有关,这趋向又可称为该物的"性"。不过"情"和"性"在着重点上仍然有所不同。"情"所着重的是:该物有某种趋向是一种事实,显现了该物的真实状况;而"性"着重的则是:这种趋向属于该物的基本成分。因此,情就不是指称情感,而是作"性"或"实"来理解。①

与焦循从内在材质分析的进路截然相反,钱穆先生认为:"这是孟子就人性之倾向言。孟子未尝不知人性也可使为不善,但就人类文化历史演进之大趋势看,从人之内心之真实要求看,我们不能不承认人性在向善的一边发展是更属自然的。……人性可为善,也可为恶,但就人类历史文化之长程大趋势而言,人性之向善是更自然的。此即孟子性善论的根据。人性之趋恶,是外面的势,人性之向善,则是其内在之情"。②钱穆先生的观点跳出了人之心理层面的分析,从更为广阔的历史背景来分析,比焦循的观点更为全面,而且还考虑到了外在因素对于不善的影响。

二、恶的由来

孟子看到了,相对于动物的本能而言,人趋向于善的内在力量是不稳定的,具有极大的可变性。而且,也并不是所有人都能够清楚地意识到和保有这种内在的力量,"庶民去之,君子存之"。换言之,仁义礼智这四种品德的端芽是根植于心的,是人与生俱来的,但是这种萌芽能否

---

① 信广来:《〈孟子告子上〉第六章疏解》,载李明辉主编《孟子思想的哲学探讨》,台北:台湾"中研院"文哲所,1995 年版,第 103 页。
② 钱穆:《中国思想史》,台北:台湾学生书局,1985 年版,第 33 页。

苗壮成长,则取决于主体的存养充扩,有赖于后天环境的习染熏陶。有些人为不善(作恶),是因为他们没有充分发挥主体的内在潜力,"弗思而矣""不能尽其才者也",是他们的本然之心被淹没和遮蔽了的缘故,而不是天在降生他们时赋予他们的材质有所不同,"非天之降才尔殊也,其所以陷溺其心者然也"(《告子上》7)。简言之,由于主观上缺乏自觉的保存养护,或者由于客观上环境的消极影响,都可以导致善端的丧失,这样恶就产生了。

1. 大体不能统摄小体

恶之所以能够产生的主观原因,就是行为主体放跑了本心,迷失了本可以为善的心。正如孟子所说:"仁,人心也;义,人路也。舍其路而弗由,放其心而不知求,哀哉!人有鸡犬放,则知求之;有放心,而不知求。学问之道无他,求其放心而已矣。"(《告子上》11)放跑了本可以为善的心,其外在表现就是理性不能够节制感性欲望,也就是孟子所说的大体不能统摄小体。

孟子说:"体有贵贱,有小大。无以小害大,无以贱害贵。"(《告子上》14)孟子将口鼻耳目四肢及其所产生的自然生理欲望称之为小体,将人的心以及以人心为载体的道德精神和理性生活称为大体。显然,小体是人与禽兽共同具有的自然属性和感官需求,而道德生活和精神理性却是人所独有的,是人之高贵所在。人如果不能用道德理性节制自己的感性欲望,一定会做出损害他人利益的行为,恶自然而然就会产生。要阻止这种情况的发生,就要先使仁义礼智在人心中占据主导地位,才能够作出明辨是非辨别善恶的道德判断。所以,孟子反复强调"先立乎其大者,则其小者弗能夺也"(《告子上》15)。

孟子举实例来说,山上的树木需要精心呵护培养,如果听任牛羊践踏,斧斤砍伐,势必不能成长至郁郁葱葱。同样道理,如果人不注意保养内心固有的善良本性,仁义礼智的四个善良端芽必定丧失殆尽,人就与禽兽无异了。所以孟子说:"苟得其养,无物不长;苟失其养,无物不消。"(《告子上》8)放跑了本可以为善的心,大体不能统摄小体,人就处于一种自暴自弃的状态,对人之为善既不相信,也不作为。诚如朱熹所说:"自害其身者,不知礼义之为美而非毁之,虽与之言,必不见信也。自弃其身者,犹知仁义之为美,但溺于怠惰,自谓必不能行,与之有为,必不能勉也。"①亦如程子所说:"自暴者拒之以不信,自弃者绝之以不为,虽圣人与居,不能化而入也。此所谓下愚之不移也。"②简言之,导致恶的原因有两个:第一,不相信人人都具有内在的善良本性,也可以说是失去了其本可以为善之心;第二,自暴自弃,不能对内在已有的善之端芽进行扩充,使之蓬勃生长。也就是说,人不能为善向上,全在于他没有信心与不作为。

2. 外在环境的消极影响

在主观上,无论是放跑了本心,还是大体不能统摄小体,都呈现出自暴自弃,都是外在诱惑造成的,因而我们不能忽视外在环境对于人性的影响。孟子列举了水、大麦、丰年和荒年影响子弟的品行等几个例子来说明,外在的环境与物质生活条件是产生恶的重要因素。

第一个是水的例子。"今夫水,搏而跃之,可使过颡;激而行之,可使在山。是岂水之性哉?其势则然也。人之可使为不善,其性亦犹是也。"(《告子上》2)水的本性是向下流,能够向上完全是外界环境使然。同样道理,人之为恶也不是人本性,而是外力所致。第二个例子是种大麦。种子都是一样的,但是收成却差异很大,原因不在于种子有什么不同,而在于外在环境的不同,"地有肥硗,雨露之养,人事之不齐也"(《告子上》7)。第三个例子是牛山之木。"牛山之木尝美矣,以其郊于大国也,斧斤伐之,可以为美乎?是其日夜之所息,雨露之所润,非无萌蘖之生焉,牛羊又从而牧之,是以若彼濯濯也。"(《告子上》8)牛山之所以会变成一个光秃秃的山,并非其本性使然,而是由外在的因素造成的,是由于听任牛羊践踏、斧斤砍伐,新生的草木都被破坏所致。如果我们对

---

① 朱熹:《四书章句集注》,北京:中华书局,2012 年版,第 286—287 页。
② 同上,第 287 页。

它不横加干涉,让其恢复到自然的状态,它是一定能够长出草木来,变成郁郁葱葱的。在没有任何外力的影响下,山的本性就是一定会萌蘖出草木。

同样道理,人的善良本心如果不断地受到外在恶劣因素的影响、摧残和诱惑,同样会导致恶行的发生。孟子举例说,丰收的年景子弟多懒惰,而灾荒的年景子弟多强暴,这不是他们天生的本性不同,而是环境使他们内在的善心变化了。"非天之降才尔殊也。其所以陷溺其心者然也。"(《告子上》7)环境对人心产生了消极的影响,而此时人又缺乏主动性,就会陷溺其中,遮蔽自己善良本性的端芽。孟子因而得出结论:"饱食、暖衣、逸居而无教,则近于禽兽"(《滕文公上》4)。人如果吃饱了穿暖了舒舒服服过日子,又缺乏外在的教育,主体就不能很好地养护和扩充自己的善心善性,必然会堕落,走向歧途,使得原有的善良本心丧失殆尽,变得如同禽兽一般顺从本能而生活,恶行就会随之而来。因此,善良品德的培养绝对离不开外在的环境和教育。

三、反身而诚与存养充扩

孟子的性善论,肯定了我们每一个人生命中内在的超越禀赋,为我们向善行善提供了根据,但是我们能否发挥这样的禀赋,还取决于能不能做到修养的功夫。即,从恻隐、辞让、羞恶、是非这四个善良的端芽,发展成为仁、义、礼、智四种品德,必须经过"反身而诚"和"存养充扩"的修养工夫。正如钱穆先生所说:"孟子也只说人皆可以为尧舜,乃若其情则可以为善,孟子并未说天地生人全都是尧舜,人性全都是善。孟子只说可以为善,还得要我们自肯有为。"①

1. 反身而诚

孟子认为,恶是由于主观上没有存养充扩,或者受外在原因影响,迷失了本心本性所造成的。所以保存善性的关键就是真诚地反省,找

---

① 钱穆:《中国思想史》,台北:台湾学生书局,1985年版,第35页。

回自己本有的善良本心。"万物皆备于我矣。反身而诚,乐莫大焉。强恕而行,求仁莫近焉。"(《尽心上》14)这是"存养充扩"善心善性的前提。也就是要人挺立道德主体,肯定和唤醒人的内在道德价值。在这一人生追求中,真诚地反省自己是唯一正确途径。

《中庸》说:"诚者,天之道也,诚之者,人之道也。"孟子说:"诚身有道,不明乎善,不诚其身矣。是故诚者,天之道也;思诚者,人之道也。"(《离娄上》12)真诚是天之道,追求真诚是人之道。要真诚地反省自己,首先要明白什么是善。"反身而诚"和"求其放心",就是求其可以为善之心,坚定为善信念。当一个人真诚地反省自己,就会体会到他自己内心有一种向善的力量,即《中庸》所说的"诚则明"。同样,当一个人内心明白了什么是善,他也会真诚地反省自己,即"明则诚","自诚明,谓之性,自明诚,谓之教"。

孟子首先用"无名之指屈而不信"来类比,指出世人"指不若人,则知恶之;心不若人,则不知恶"(《告子上》12)的普遍状况,启发人应当具有反省意识。又用"拱把之桐梓,人苟欲生之,皆知所以养之者。至于身,而不知所以养之者"来作比喻,说明并不是人爱自己不如爱桐树与梓树,而是因为人"弗思甚矣"(《告子上》13)。孟子同时以此警告人,切勿因为缺乏反思而造成因小失大,只知道满足口腹之欲而不知保养心志,一个人最重要的是要善用其心,养其大体。

为了深入阐发这一道理,孟子说尧舜是率性而行,商汤和周武王都是通过反身而诚,才成为圣人的。尧舜是上古的圣人,他们身上的善是前所未有,是纯由其天性自发而产生的。汤武是中古之圣人,以前已经有尧舜,他们以尧舜之善言善行反之于身,而诚见其可欲,感到乐莫大焉,所以说汤武是反之。"尧舜,性之也;汤武,身之也",焦循《孟子正义》云:"人性本善,尧舜生知,率性而行,自己为善者也;汤武以善自反其身,己身已安于善,然后加善于人。尧舜率性,固无所为;汤武反身而后及人,亦非为以善加人而始为善,此非尚论尧舜汤武也,为托于尧舜汤武者示之也。"①钱穆先生在《孟子研究》中对此解释是:"尧舜上古之圣人也;汤武中古之圣人也。中古之圣人,已有上古之圣人者立之标准,反其身而诚焉,故曰反之也。至于上古之圣人,其先更无为之立至善之标准者,则其修为以达于至善之境,胥出于其性分之所流露扩充而不能自已,为其良知良能之表现而自臻于圆满之地,而非有在外之标准以为之模范,故曰性之也。"②

2. 存养充扩

反身而诚,知道了何谓善,就应当养其大体,先立乎其大,追求仁、义、礼、智这一天爵。但是这还只是一个端芽,要形成仁、义、礼、智四种实有于人的品德,还必须要有不断持存长养充实、扩大恻隐、辞让、羞恶、是非这"四心"的修养功夫。

第一,存养充扩"四心",就是"养其大体"和"先立乎其大"成就"大人"。"体有贵贱、有小大,无以小害大,无以贱害贵。养其小者为小人,养其大者为大人。"(《告子上》14)当公都子问:"钧是人也,或为大人,或为小人,何也?"孟子回答:"从其大体为大人,从其小体为小人。"公都子追问:"钧是人也,或从其大体,或从其小体,何也?"孟子回答:"耳目之官不思,而蔽于物。物交物,则引之而已矣。心之官则思,思则得之,不思则不得也。此天之所与我者。先立乎其大者,则其小者弗能夺也。此为大人而已矣。"(《告子上》15)

第二,存养充扩"四心",就是求天爵。"人人有贵于己者,弗思耳。"(《告子上》17)每个人内心都有可尊贵的东西,只是人们不思考罢了,这种人人内心都有的尊贵东西就是善心、善性,就是上天赋予人的天爵。孟子说:"有天爵者,有人爵者。仁义忠信,乐善不倦,此天爵也;公卿大夫,此人爵也。"存养充扩就是一个人不受外在名利权势的诱惑,一心追求天爵的过程。因为,仁义忠信这些内心品德之类的东西,是"求则得

① 焦循:《孟子正义》,北京:中华书局,1987年版,第1012页。
② 钱穆:《孟子研究》,上海:开明书店,1948年版,第112—113页。

之，舍则失之"，是努力追求就可以得到的。而人爵——外在的金钱名利地位之类的东西，是"求之在我，得之在人"的，是求之有道、得之有命的。既使个人努力去求取，能否追求到，并不是完全取决于自身，而是受到诸多外部因素的影响。因而孟子认为人爵并不是真正的尊贵，"赵孟之所贵，赵孟能贱之"。

第三，存养充扩"四心"，就是"求其放心"。"学问之道无他，求其放心而已矣。"焦循在《孟子正义》中说："前言'放其良心'，'失其本心'，'操则存，舍则无'，'贤者能勿丧'，盖所以放之失之舍之丧之者，由于不能操之，所以不能求之也。何以操之？惟在学问而已。学问即《中庸》所云'博学之，审问之'，《论语》所谓'博学而笃志，切问而近思'，孔子所云'好古敏求'，孟子所云'诵诗读书'，圣人教人学以聚之，问以辨之者，无有他意，不过以此求其放心而已。"①顾炎武《日知录》云："'学问之道无他，求其放心而已矣。'然则但求放心，可不必于学问乎？与孔子之言'吾尝终日不食，终夜不寝，以思无益，不如学也'者，何其不同耶？他日又曰：'君子以仁存心，以礼存心'，是所存者非空虚之心也。夫仁与礼，未有不学问而能明者也。"②钱穆先生综合焦循与顾炎武的说法，提出："孟子所谓性善者，在本乎吾心之所固有，极乎人道之所可能，非反而求诸心，则其为善不信；非学问以求之人，则其为善不大，人必学问而后知尧舜之为善；人必反求诸己，而后知尧舜之所以为善者，于吾乃固有之也。故学问之与求放心，乃合内外而一之之道也。"③

第四，存养充扩"四心"，持存长养充实扩大善心善性，离不开外在的良好环境，尤其是人文环境的积极影响。如孔子所说，"德不孤，必有邻"。在良好的外在环境中，他人的善言善行可以启发激励人的善良本心本性，比如："舜之居深山之中也，与木石居，与鹿豕游，其所异于深山

---

① 焦循：《孟子正义》，北京：中华书局，1987 年版，第 786—787 页。
② 同上，第 787 页。
③ 钱穆：《孟子研究》，上海：开明书店，1948 年版，第 90—91 页。

之野人者几希；及闻一善言，见一善行，若决江河，沛然莫之能御也。"（《尽心上》16）一个人，如果能够与圣贤善者为友，通过诵诗读书，纵论古今之人得失，用古圣先贤砥砺自己，一定能够成就自己的善良品德。但是豪杰之士，即便是在恶劣的环境下，也可以择善固执，奋发有为积极进取，如孟子所说："待文王而后兴者，凡民也。若夫豪杰之士，虽无文王犹兴。"（《尽心上》10）

3. 为善持之以恒

孟子所说"人皆可以为尧舜"，是说每个人都先天具有成为像尧舜一样的圣贤所具有的潜在特质。虽然我们每个人都有内在的向善心性，但是事实上能否成为圣贤完全取决于我们自己。这不仅要求我们在行动上积极有为，还必须持之以恒。孟子在《告子上》篇里面打了两个比方，一个是杯水车薪，一个是五谷不熟不如荑稗，来说明良好品德的养成不可以半途而废，而应该长期坚持使之达到精熟阶段，否则犹如"掘井九轫而不及泉，犹为弃井也"（《尽心上》29）。

在道德意识指导下从事有道德的行为，必须积累到一定程度才能变化气质转化生命，从而形成一个人的内在的道德品质，进而发挥出典范与引领作用。孟子教导高子说，山径之蹊是由于经常不断地有人走，才踩出很窄的小路，如果有一段时间没有人去走，就会被茅草堵塞住。同样道理，求学为善也绝不可以倦怠，否则极易让邪说茅塞人心，更谈不上境界的提升与飞跃。

为了给人足够的信心与勇气，孟子打比方说，麒麟、凤凰、泰山、江海、圣人都是"出于其类，拔乎其萃"的，都是从平凡中超越升华出来而达到伟大崇高境界的。每一个人都应该效法这种精神，踏踏实实地修炼自己的学养，日久功深，一定会出现不平凡的成就。孟子特别指出，孔子同样也是源于一个平凡人，从学而不厌诲人不倦逐渐升华到"从心所欲不逾矩"的境界，并且他高度赞扬孔子"自生民以来，未有盛于孔子也"（《公孙丑上》2）。这种观念对于每一个受教育者而言，都是莫大的鼓舞与激励。孟子所言"彼丈夫也；我，丈夫也；吾何畏彼哉？""舜，何人也？予，何人也？有为者亦若是"（《滕文公上》1），既是对每个人具有的内在本性与潜能的首肯，也是对每一个人的鼓舞与鞭策，给予人莫大的信心。

概言之，孟子虽然也主张外在环境影响人性，但是他更为强调应当挺立道德主体，豪杰之士应当"虽无文王而犹兴"（《尽心上》10）。其反身而诚、存养充扩、不动心、知言养气等这一套修养功夫，都是对孔子"为己之学"的深入阐发，与孔子强调的"为仁由己"和"内圣外王"的进路是一致的。

四、孟子性善论的超拔之处

将孟子的性善论与告子及荀子的人性论作一简要比较，不仅有助于我们进一步理解告子与荀子人性论的不足之处，也有助于我们更加深刻领会孟子性善论的超拔之处。

1. 孟子与告子人性论之比较

告子人性论的基本观点是："生之谓性"和"食色，性也"。即，人性是人与生俱来的，饮食男女这种生理属性就是人的性。显然这种观点没有将人与动物界区分开来，没有看到人所具有而任何动物都没有的独特性。正如牟宗三先生所指出的"告子说'生之谓性'，只看到了人的自然生命"①。告子提出"人性为仁义"如"杞柳为桮桊"，这就承认了一切的道德意识和道德行为，都是来自于后天外在的形塑，而不是人之内在本质的表现。告子主张的义外，也就是要表达人之道德来源于后天的认知。所以在告子那里，人之性乃是中性的"生之谓性"，人的心，只是一个具有思虑功能的认知心，而不是孟子所说的具有道德价值根源的道德心。因为心不具有道德评判功能，所以在言与心的关系上，告子主张"不得于言，勿求于心，不得于心；勿求于气"（《公孙丑上》2），即，心与言不相干，心与气不相关。进而在"不动心"上，他与孟子也持截然不

---

① 牟宗三：《中国哲学的特质》，上海：上海古籍出版社，1997 年版，第 69 页。

同的观点。

告子人性论的弊端显而易见,正如何怀宏指出:"告子的观点倾向于否定人的主体性,使人犹如柔软的柳条或流水,任由外在的义理塑造,乃至完全受环境的支配,告子没有明确提出人应该努力追求什么,在善恶面前应该采取什么立场。"[①]告子顺着"生之谓性"这一思路,主张人性是个体生命所具有的自然属性时,必然会将仁义道德这些价值看成是后天的,是外在加之于人的。这不仅无法彰显人性存在的尊严,还会构成对人性的伤害,对孔子仁义学说显然是一个巨大冲击。孟子反复强调人与禽兽的区别,就是在说人可以摆脱动物的本能。正如袁保新指出:孟子就是洞见到了告子这种材质义的人性观,势必导致否定仁义的结论,因此,不但指责告子"率天下之人而祸仁义",而且要在人性概念的理解上,修正"生之谓性"的传统,力持"性善"的立场。换言之,孟子之所以一改孔子罕言"性与天道"的做法,乃是因当时人性论的争议,为了维护孔子仁义理想不致失坠,不得不有的学术主张。[②]

2. 孟子与荀子人性论之比较

比孟子稍晚的荀子,则从人的现实欲望出发,得出了与孟子性善论截然相反的性恶论。荀子认为,人生而就有喜好利益、喜好美色等欲求,如果放任这些欲求自由发挥,就一定会出现争夺和残害的事情,"人之性恶,其善者伪也。今人之性,生而有好利焉,顺是,故争夺生而辞让亡焉;生而有疾恶焉,顺是,故残贼生而忠信亡焉;生而有耳目之欲、有好声色焉,顺是,故淫乱生而礼义文理亡焉"(《荀子·性恶》)。于是圣王便制定礼义,来引导和约束人们的欲求,"凡礼义者,是生于圣人之伪,非故生于人之性也"(《荀子·性恶》)。由此看来,荀子的性恶论正如牟

---

① 何怀宏:《人生观(人性论)——儒教观点》,载何光沪、许志伟主编《对话:儒释道与基督教》,北京:社会科学文献出版社,1998年版,第385页。
② 袁保新:《孟子三辨之学的历史省察与现代诠释》,台北:文津出版社,1992年,第42页。

宗三先生所说"只触及人性中的动物层,是偏执而不中肯的学说"①。荀子所要表达的是,人生来就有欲望,如果放任各种欲望自由发挥,必然会出现相互争夺和残害的事情。所以圣王出现,制定礼义来引导和约束人的欲求就是必不可少的。所以,荀子特别地强调后天的学习教化,强调后天的礼义礼法对于人性转化的重要性。

　　孟子言性善,荀子言性恶,两者各执一端,根本在于二人对于性的理解和界定完全不同。何怀宏指出,孟子性善论与荀子性恶论之间的差异在于他们所说的"性"指的不是同一个东西,在于他们的着眼点不同:孟子更强调从个人先天固有的良知良能来鼓舞人,强调个人内在的努力与升华,荀子则更强调从个人后天需要的训练改造来鞭策人,强调社会外在的制约与训导,但在人应向善,并且应努力向善的方面却并无分歧。② 孟子所说的人之"性善",实际上只是"善端",是人先天就普遍具有的"良知良能"。荀子所说的性,并不是善之发端,而是指完成,是指人所固有的已经完成的利欲。正如张岱年先生所说的:"孟子言性善,乃谓人之所以为人的特质是仁义礼智四端。荀子言性恶,是说人生而完具的本能行为中并无礼义;道德的行为皆必待训练方能成功。孟子所谓性,与荀子所谓性,实非一事。孟子所注重的,是性须扩充;荀子所注重的,是性须改造。虽然一主性善,一主性恶,其实并非完全相反。究竟言之,两说未始不可以相容;不过两说有其很大的不同。"③

　　孟子与荀子人性论,也具有诸多的相同点。两者都强调人应当向善,而且能够向善,并且为之提出了一整套的修养方法。可见,关于人性之善恶的假定并不重要,重要的是二人都肯定,每一个人通过修养都可以成就道德之善,并且达到圣贤境界。孟子说"人皆可以为尧舜",荀子说"涂之人可以为禹"。冯友兰先生也指出:"孟子所谓性善,乃谓人

① 牟宗三:《中国哲学的特质》,上海:上海古籍出版社,1997 年版,第 69 页。
② 何怀宏:《人生观(人性论)——儒教观点》,载何光沪、许志伟主编《对话:儒释道与基督教》,北京:社会科学文献出版社,1998 年版,第 388 页。
③ 张岱年:《中国哲学大纲》,北京:社会科学出版社,1982 年版,第 192 页。

性中本有善端,人即此善端,'扩而充之',即为尧舜。荀子谓人性之恶,乃谓人性中本无善端。非但无善端,且有恶端。但人性中虽无善端,人却有相当之聪明才力。人有此才力,若告之以'父子之义','君臣之正',则亦可学而能之。积学既久,成为习惯,圣即可积而致也。"① 可见,孟子和荀子都肯定了人在同自身欲望的斗争中,可以开拓生命境界,提升人格。因此,性善与性恶说的结果是殊途同归。

基于中国人的特定文化背景,孟子的性善说不仅流传了下来,而且产生了深远的影响,而荀子的性恶说却没有得到流传。这是因为,从理想方面来看,我们愿意承认人的本性是善的,也相信人应该去行善,而不应该去作恶。因为每当我们看见别人行善事的时候,都有一种欢喜愉快感,而当我们看到或听到有人做邪恶的事情时,我们会感到恶心愤慨,乃至情绪低落等心理反应;同样的,当我们自己做了某种高尚的事,我们有一种内心满足感,同时增强了我们继续行善的动力。而当我们做了一件丑恶的事,我们的内心会产生一种愧疚感。所以,孟子的性善论能影响深远,也就是合情合理的了。正如钱穆先生所指出:"孟子道性善包含两层含义:一是启迪吾人向上之自信;二是鞭促吾人向上之努力。故凡无向上之自信与向上之努力者,皆不足以知晓孟子性善论之真意。若从别一端论之,则孟子性善论,为人类最高之平等义,亦人类最高之自由义。人人同有此向善之性,此为平等义。人人能达到此善之标的,此为自由义。"② 如果我们结合基督教的人具有罪性来看,人之不完满必须需要上帝拯救。在没有外在力量帮助的情况下,承认人性本有善端,确实是给人以信心和勇气,鼓励人上进。

第二节 保罗的人性论

保罗是从神人关系来界定人性的。人被神所创造出来的时候,人

---

① 冯友兰:《中国哲学史》(上册),上海:华东师范大学出版社,2002 年版,第 218 页。
② 钱穆:《中国学术思想史论丛》(八),台北:东大图书公司,1980 年版,第 103 页。

具有神的形象，人与神的关系是和好的，人是没有欠缺的，因而是善的。而人类的始祖亚当和夏娃违背神的诫命偷食禁果，亏欠了神的荣耀，就堕落犯下了原罪。但是现实中人的恶，则是由于滥用自由意志放纵肉体的欲望所导致的。遵循律法只能远离邪恶，要彻底摆脱罪的束缚，必须信靠耶稣基督的拯救。

根据《圣经·创世纪》的记载，上帝在用尘土造人之后，"将生气吹在他鼻孔里，他就成了有灵的活人"（《创》2：7）。由此可见，人的生命乃是从上帝那里得到的，而且更重要的是，人是上帝按照自己的"形象"所创造的。既然人具有上帝的"形象"，人是类似或者肖似上帝，所以，人性就是相对于神性而言。正如加尔文所说："所谓上帝的'形象'，是指人性超过所有其他动物的一切优点而言。因此，这个名词，是指亚当被赋予的完整品性；这就是说，他有清明的智力，有理性所控制的情感，和其他一切调节适宜的感官，并因天性上所有这些优点，是和他的创造者的优点相类似。"①另一方面，是由于人违背神的诫命而产生了原罪。牟宗三先生指出："在耶教，恐怖的深渊是原罪，深渊之超拔是救赎，超拔后之皈依为进天堂，靠近上帝。天堂是耶教之罪恶意识所引发的最后归宿。"②牟先生的话道出了基督教的人性论——原罪观念在整个基督教思想的基础地位。

一、人之罪性

保罗对人之原罪的论述，遵循这样一个逻辑脉络，在上帝创造人的始祖亚当和夏娃的时候，人类是具有原初之善的，但是由于他们违背了神的诫命，就犯下了原罪③，这个原罪遗传给了世世代代的人类，因而

① 〔法〕加尔文：《基督教要义》，转引自何光沪、许志伟主编《对话：儒释道与基督教》，北京：社会科学文献出版社，1998 年版，第 483 页注。
② 牟宗三：《中国哲学的特质》，上海：上海古籍出版社，1997 年版，第 15—16 页。
③ 基督宗教对于人性的看法并不是用原罪所能够涵盖的。在《旧约》中也没有原罪的提法，而是奥古斯丁首先提出这个概念，据学者考证，在利玛窦时期，天主教（转下页）

每个人都是有罪的。但是,通过信仰耶稣基督,可以得到救赎,原罪可以得到赦免。

1. 人类原初之善

上帝是创造天地万物的造物主,人是上帝创造出来的,是受造物。据《圣经》开篇《创世纪》记载,神说:"我们要照着我们的形象,按着我们的样式造人,使他们管理海里的鱼、空中的鸟、地上的牲畜和全地,并地上所爬的一切昆虫。"神就照着自己的形象造人,乃是照着他的形象造男造女(《创》1:26—27)。另一处记载是:神造人,是照着自己的样式造的;并且造男造女。在他们被造的日子,神赐福给他们,称他们为人(《创》5:1—2)。因为上帝是全善的。所以上帝照着自己的模样造的亚当和夏娃也是善的。上帝非常喜欢,让他们愉快地生活在伊甸园里。此时的人与上帝的关系是友好的,人类具有原初之善。

麦格拉斯认为,"人是按照上帝的形象所造的"反映了人与上帝应当具有的关系,为我们理解人类原初所具有的善提供了进路:"按照上帝形象"被造,就是指"被上帝所拥有",要对上帝负责,拥有上帝形象的人必须把自己奉献给上帝,同时表明,人的理性与创造主上帝的理性之间存在着一种对应关系。按照"上帝的形象"被造,还意味着人类拥有与上帝建立关系的潜力,所以,我们存在的原本意义,就是与我们的创造主和救赎主有美好的关系。[①] 我们可以说,人类的原初之善,就是因为保持了与上帝的美好关系。查尔斯·L.坎默也提出,基督教认为人类是根据"上帝的形象"造的,因此人类在宇宙万物中是独一无二的,这

(接上页)流行的人性论认为人性包括三个阶段:原初之性(original nature)是上帝按照自己的形象创造人类时赋予的人性,是善的;堕落之性(fallen nature)是恶的;得到救赎之性(redeemed nature)是人因上帝的神恩而获得新生时的人性,也是善的。参见许志伟、赵敦华主编:《冲突与互补:基督教哲学在中国》,北京:社会科学文献出版社,2000年版,第362页。笔者认为,这样一个思路是符合早期基督教,尤其是保罗对于人性论的看法的。

① 〔英〕阿里斯特·E.麦格拉斯:《基督教概论》,孙毅、马树林等译,上海:上海人民出版社,2013年版,第168—169页。

是基督教在人的本质问题上提出的一个非常有意义的观点。[1]

关于人具有神的形象，莫尔特曼也指出："只有当我们明白了人类与其他创造物的共同之处和不同之处时，我们才能理解人类被指定为神的形象到底意味着什么。……作为神的形象，人类是上帝在他的创造物中的代理人，并代表他。作为神的形象，人类之于上帝自身就像是一个副本，上帝在他们身上可以看到自己，就像一面镜子那样。"[2]

2. 人类始祖犯罪

《圣经》开篇《创世纪》记载，上帝创造亚当以后，把他安置在伊甸园里负责修理看守，吩咐他说："园中各种树上的果子，你可以随便吃。只是分别善恶树上的果子，你不可吃。因为你吃的日子必死。"（《创》2:15—17）蛇引诱女人说："你们不一定死，因为神知道，你们吃的日子眼睛就明亮了，你们便如神能知道善恶。"于是女人看到果子好做食物，又悦眼目且可喜爱，能使人有智慧，就摘下来吃了，也给他丈夫吃了（《创》3:4—7）。二人吃后眼睛明亮了，知道自己赤身裸体，便拿了无花果叶子

---

① 〔美〕查尔斯·L.坎默：《基督教伦理学》，王苏平译，北京：中国社会科学出版社，1994年版，第77页。查尔斯·L.坎默提出：第一，说人类是按照上帝的形象创造的，实际上是说人类是相互联系的存在，人们是在相互联系中实现自身。爱上帝就要爱上帝所创造的一切，共同从事上帝的工作，使他所创造的所有事物之间和谐一致，就是要创造一个公正、有秩序的世界，要使所有被压迫者获得解放；第二，人是用上帝的形象创造的意味着，要把人创造成一种独立、自主的存在。人是有自我意识的，能够反思自身，规划自己的行为，能够把自己设计成不同的能够改变的存在，能够辨别是非，能选择是尊重还是忽视上帝创造宇宙的目的。因此，人是与上帝并肩战斗的历史的创造者，能够协助上帝形成自然界和社会的历史。查尔斯·L.坎默同时指出这种人性观点的问题：尽管人是根据上帝的形象来创造的，但是人仍然是被造物，要依附于宇宙万物的自然秩序。但是人又不甘愿接受被支配的地位。一旦人们认识到自己的有限性，就可能产生一种焦虑，导致人们误用自己的自由，从而打破宇宙万物之间的和谐。更为不幸的是，人类误用自己的自由是因为人类希望超越自身的局限。这种根本的焦虑扭曲了我们的人际关系。所以查尔斯·L.坎默认为，基督教的人类形象是一种混乱的、矛盾的存在，人之不断奋斗以求更加符合人性，然而在这种奋斗中人却越来越不符合人性了。参见上书第77—79页。

② 〔德〕莫尔特曼：《创造中的上帝——生态的创造论》，隗仁莲译，北京：生活·读书·新知三联书店，2002年版，第257—258页。

遮挡,并且躲避神耶和华,因而被神逐出伊甸园,这就是人类始祖的原罪。

正如马文·威尔森(Marvin Wilson)所指出的,罪的本源意思是"射失、偏差",这个想法完全是犹太人惯有的。指称罪的希伯来词语是het,来自射箭或射击技艺,意指射失或偏离目标,好像射箭或甩石头没有命中标的。[①] 保罗·帝利希也说过:"罪的本质是不信,一种与上帝疏离的状态,逃避上帝,反抗上帝,或将初级次要的关怀提升到终极关怀的地位。"[②]显然,原罪就是指人顺从自己的私欲而违背了神的旨意,骄傲不信而偏离了神给人指引的正路,也就偏离了上帝造人的目的。因此,所谓人人有原罪,就是说人人都有自由意志,都有违背上帝意志的可能性。

用我们今天的眼光来看,显然亚当夏娃偷吃禁果存在一个悖论:如果他们不偷吃禁果,就不知道羞耻和善恶,也无所谓罪;一旦他们偷吃了禁果,就懂得了羞耻,也知道了何为善恶,他们就要不断反思自己的罪过,因为具有了羞耻感和辨别善恶的能力。同时,他们的子孙还要为此付出代价。这样,基督教通过对原罪的假定,就给每个人规定了一场持续一生的斗争:努力用圣灵战胜自己的肉体,战胜各种欲望和冲动。所以,保罗说:"罪是从一人进入世界,死又是从罪来的;于是死就临到众人,因为众人都犯了罪。……从亚当到摩西,死就做了王,连那些不与亚当犯一样罪过的,也在他的权下。亚当乃是那以后要来之人的预像。"(《罗》5:12—14)因为人类的始祖亚当在伊甸园偷吃禁果犯了罪,作为亚当子孙的人类,都因罪的传承而犯了罪。显然,在这里,作为"罪的代价"而造成"死亡"并不是指人的肉体的死亡。肉体的死亡乃是因为,神创造人的材料——泥土是可以朽坏的。此处所说的死亡,显然指涉的

---

① 〔美〕马文·威尔森:《亚伯拉罕:基督教的犹太根源》,林梓凤译,北京:中西书局,2013年版,第160页。

② Paul Tillich, *Biblical Religion and the Search for Ultimate Reality*, Chicago: 1955, p.55.

是人的灵魂的死亡——人与神的隔绝。因为人靠着神的恩典才认识神，才得以与神沟通，当人违背了神的诫命，就远离了神，背离了神的正道。

如果我们从人类始祖犯罪的过程来看，罪的原因在于人类自高自大滥用了上帝给予人的自由意志，违逆了上帝的旨意，欺骗了上帝，从而被上帝赶出伊甸园，隔断了人与上帝的关系。这就是罪的实质。不管当时亚当夏娃受到蛇的引诱，是想追求知识获得智慧，还是怀疑和疑惑上帝的诫命，或者是好奇心。违背了上帝意志，才是原罪的根本。人滥用了自由意志，就能够自欺也能够欺骗上帝，从而破坏人与神原本和好的关系。在此意义上，可以说"罪恶是一种力量，它错误地引导宇宙万物并扰乱那种预定的和谐"①。因此我们可以认为，对上帝的背离是现实中一切恶行的根源。所以保罗批判那些"敬拜侍奉受造之物，不敬奉那造物的主"(《罗》1:25)的人，警醒信徒不要崇拜偶像，不要和创造万物和自身的上帝疏离。正如何光沪所说，当人在追求生命的意义与人生的支持时，如果不是转向造物主上帝，而是转向造物中的一类，即自我之时，所犯的就是骄傲之罪，即以自我为偶像；若是转向另一类，即他物之时，所犯的就是纵欲之罪，即以事物为偶像。承认每一个人以自我为中心的倾向以及不可避免的局限性，正是罪产生的基础，在此基础之上，意志自由的误用或滥用就可以造成事实上的罪，即选择了造物，而不是造物主作为终极关切或执着或献身的对象。这正是"原罪"的含义。② 显然，基督教的原罪说并不等于性恶论。

人类本性中的原罪为什么能够产生，何以不可避免呢？正如赖因霍尔德·尼布尔(Reinhold Niebuhr)所指出的，人类的本性具有双重性质：人既是天使又是野兽，而这种双重性所形成的忧虑即可产生原罪：我们是有限的，我们在所有方面都受到限制，可是我们又有能力超越我

---

① 〔美〕查尔斯·L.坎默：《基督教伦理学》，王苏平译，北京：中国社会科学出版社，1994年版，第74页。

② 许志伟、赵敦华主编：《冲突与互补：基督教哲学在中国》，北京：社会科学文献出版社，2000年版，第229页。

们的局限,有能力去寻找超越局限的方法。我们希望自己是无限的,因此我们对自身的局限性变得非常焦虑。[①] 在我们的焦虑中,我们希望成为上帝,希望成为存在的中心,希望有力量确保自身生活的安全。为了保证这种安全,我们就要试图使其他人服从于我们的控制,从而使其失去人性。[②]

3. 耶稣基督舍身为人赎罪

既然人对上帝的背离是恶行之源,那么罪的去除就只能依靠重新与神和好了。正如保罗所说:"圣经把众人都圈在罪里。使所应许的福因信耶稣基督,归给那信的人。"(《加》3:22)在《罗马书》中,保罗说:"神将众人都圈在不顺服中,特意要怜恤众人。"(《罗》11:32)"倘若神要显明他的忿怒,彰显他的权能,就多多忍耐宽容那早预备得荣耀的器皿。"(《罗》9:22—23)学者阮炜据此认为,保罗在书信中暗含着上帝应当对罪负责任的观点,人犯罪乃是上帝计划的一部分,甚至上帝当初就是故意让人类犯罪的,因为这样才有可能以后拯救他们。[③] 换一个角度来看,保罗的这些话则是鲜明地强调了耶稣基督救恩的必要性和重要性。

人与神在能力上有着截然不同的区别。神是无限的、永恒的,是全知全能全善的,而人则是有限的、软弱的。人的有限性决定了他不能自我拯救,不能靠自身的力量摆脱原罪,而必须要通过耶稣为人赎罪,才可能靠近上帝。保罗认为,过去的犹太律法不能使人摆脱罪,而且使犹太人与外邦人隔离,今天基督在十字架上的死而复活不仅拆除了犹太人与外邦人之间的隔膜,也象征罪所导致的人与上帝之间的隔阂被彻

① 转引自〔美〕查尔斯·L.坎默:《基督教伦理学》,北京:中国社会科学出版社,1994 年版,第 75 页。
② 〔美〕查尔斯·L.坎默:《基督教伦理学》,北京:中国社会科学出版社,1994 年版,第 75 页。
③ 许志伟、赵敦华主编《冲突与互补:基督教哲学在中国》,北京:社会科学文献出版社,2000 年版,第 284 页。

底打破。①

耶稣何以能够为人赎罪呢？因为耶稣是上帝的独生子，上帝把自己的独生子耶稣送到人间，用他的宝血为人类赎罪。上帝之所以要道成肉身化为耶稣，就是要通过耶稣的形象人格和言行事迹，将上帝表明出来，他这样做完全是为了拯救人类。借着圣子把圣灵灌注到信徒的心中，使人类得以能够重新与上帝进行沟通，与神和好。这是上帝拯救人类的计划，是神特意的安排。这可以看作是上帝的第二次造人，耶稣就是第二个亚当。正如保罗在《罗马书》中所说的："经上也是这样记着'首先的人亚当成了有灵的活人'，末后的亚当成了叫人活的灵。但属灵的不在先，属血气的在先，以后才有属灵的，头一个人是出于地，乃属土；第二个人是出于天。那属土的怎样，凡属土的也就怎样；属天的怎样，凡属天的也就怎样"（《罗》15：45—48）。

二、恶的产生

保罗认为，人性的原始之恶来源于罪，源于人对上帝诫命的违背，这一原罪导致了道德上的恶行发生，使得人与神的关系、人与自然的关系、人与人之间的关系都破坏了。现实中的恶则是由于魔鬼的诱惑导致人放纵情欲而造成的，实际上就是人滥用自由意志的结果。这样一种罪与恶的关系的表达，充分考虑到了人由于滥用自由造成错误选择的可能性。正如何光沪指出："这样一种'罪'的观念确实使得基督教哲学的人性论大大深化，即不是停留在实体性的和静态的人性要素分析，而是走向关系性和动态的人性动向描述，从而也自然涉及到善恶的深度判断。"②

1. 恶源于罪——对上帝的背离

黑格尔说："恶的根源一般存在于自由的神秘性中，即自由的思辨

---

① 《马太福音》27 章 51 节记载"忽然，殿里的幔子从上到下裂为两半"。圣殿的幔子象征障碍，基督在十字架上的受死，象征罪所导致的人与上帝之间的隔阂的打破。

② 许志伟、赵敦华主编：《冲突与互补：基督教哲学在中国》，北京：社会科学文献出版社，2000 年版，第 230 页。

方面,根据这种神秘性,自由必然从意志的自然性中走出,而成为与意志的自然性对比起来是一种内在的东西。"①即,无论是善还是恶,都是源于自由意志的运用。正如奥古斯丁所说:"不是有意做的事既不是恶,也不是善,因此,如果人没有自由意志,则将不会有公正的惩罚和奖赏。"②

　　根据《圣经》的记载,人类具有原初的善性,因为人乃是上帝照着自己的形象而造的,人类的始祖亚当和夏娃生活在伊甸园的时候,人与神的关系是和好的。罪乃是源于人对神的意志的违背,人的罪和人与神和好关系的破坏是同时发生的。罪的实质就是人对上帝意志的违背,人滥用了自己的自由意志,质疑神的话语,违背了神的诫命。这一原罪又导致了人与上帝之关系的疏离,从而受到神的惩罚。所以,罪并不是指欲望本身,欲望也并不是恶。奥古斯丁说:"若有人说肉欲是灵魂之罪的原因,他就是不知人性……情欲的败坏之所以对灵魂成为重压者,乃是对原罪的刑罚,而不是原因。"③R. 尼布尔(Reinhold Niebuhr)说:"肉体情欲的罪(特别是道德的放纵欲)是由反抗上帝的根本之罪而来的。……情欲是人以自我代替上帝作为生存中心后,更进一层的紊乱情形。"④可见,对上帝的背离有可能导致人以自我和外在事物作为生存的中心,这就有可能在人满足私欲的行为中破坏人与神的关系、人与人的关系和人与自然的关系,从而使恶成为可能。其中关键的因素就是人对于自由的滥用,正是在这一意义上,保罗才说"这自由竟成了那软弱人的绊脚石!"(《林前》8:9)

　　人离开上帝,拒绝上帝,人的品德就堕落丑恶了。《创世纪》记载,

---

① 〔德〕黑格尔:《法哲学原理》,北京:商务印书馆,2014 年版,第 143 页。
② 〔古罗马〕奥古斯丁:《论自由意志》,转引自赵敦华《基督教哲学 1500 年》,人民出版社,1994 年版,第 168 页。
③ 〔古罗马〕奥古斯丁:《上帝之城》,转引自罗秉祥文,载何光沪、许志伟主编《对话:儒释道与基督教》,北京:社会科学文献出版社,1998 年版,第 490 页。
④ 〔美〕尼布尔:《人的本性与命运》,转引自罗秉祥文,载何光沪、许志伟主编《对话:儒释道与基督教》,北京:社会科学文献出版社,1998 年版,第 489 页。

亚当和夏娃在伊甸园背叛了神的诫命后,他们与上帝的关系就破裂了,他们就用无花果的叶子遮住身体,逃避而不敢见上帝。随之而来的是,他们在道德上的丑恶就表现出来了,亚当将犯错的责任归咎于夏娃,夏娃又将责任推卸给蛇(《创》3:12—13)。这与之前亚当宣称夏娃是他"骨中的骨,肉中的肉"那种纯真的爱,真可谓是判若两人。所以,人之恶的行为与品德的出现,不仅是与上帝关系的破裂直接相关,而且是其直接的后果。可以说,恶源于罪,恶乃是罪的必然结果。

20世纪最伟大的神学家卡尔·巴特,从巴别塔事件中看到了人类罪性的本质的另一面:渴望在上帝面前宣告人类的权柄和能力。巴特指出,巴别塔是一种象征,象征人类渴望依靠自己来掌握有关上帝的知识,他们非但没有等候上帝凭借主权选择启示自己,反倒相信自己能够掌控事情,可以照自己的喜好而窥视天堂的面貌。然而,人类自身所拥有的这种控制欲本身却是虚无的根源。每当我们想主导的时候,我们似乎总是把事情弄糟。①

人何以离开上帝就产生了道德之恶呢? 德国神学家潘能伯格(Wolfhart Pannenberg)指出,一个人的自我认同,是透过肯定自己和向外开放之间的张力平衡而形成的。然而,当人不向上帝开放自己,同时又不以外在的世界作为投放对象的时候,就会很容易将反馈的自我扭曲、过分膨胀甚至推向无限化。② 这种自我扭曲的理解、自我无限化的欲求,正是令人容易倾向形成自恋情结的关键因素③。一个自恋的人,在消极意义上表现为自私或把自己理想化,对其他人及外部世界不但冷酷,而且要操控;如果严重的话,当这种自恋的自我受到威胁的时候,

---

① 〔英〕阿里斯特·E.麦格拉斯:《基督教概论》,孙毅、马树林等译,上海:上海人民出版社,2013年版,第170页。

② Wolfhart Pannenberg, *Anthrology in Theological Perspective*, Philadelphia: Westminster, 1985, pp. 80 - 94.

③ Alexander Lowen, *Narcissism: Denial of True Self*, New York: Simon & Schuster, 1985, pp. 47 - 74.

就会特别容易产生妒忌的情绪;进一步发展下去,就可能出现反社会的甚至攻击性的行为。① 也就是说,当人拒绝上帝,不以无限永恒的上帝作为他终极关怀的投放对象,而以有限的事物去取代的时候,扭曲的欲望所引发的焦虑和自我膨胀,更容易推动人产生恶的意欲。②

2. 现实中的恶——对情欲的放纵

既然人是由上帝所创造的,人们就应当坚定地信奉上帝,无条件地服从上帝的诫命,自觉遵守各种规条,按照上帝的要求对自己的生理欲望作出合理的节制。但是现实中的人却没有做到。正如同保罗在《罗马书》中所指出的:"没有义人,连一个也没有!"(《罗》3:10)"没有行善的,连一个也没有。"(《罗》3:12)现实中人们是存邪僻的心、行不合理的事情,他们心中"装满了各种不义、邪恶、贪婪、恶毒,满心是嫉妒、凶杀、争竞、诡诈、毒恨,又是谗毁的、背后说人的、怨恨神的、侮慢人的、狂傲的、自夸的、捏造恶事的、违背父母的、无知的、背约的、无亲情的、不怜悯人的"(《罗》1:29—30)。更为可恶的是,他们明明知道神会给这样的人判死罪,但是他们仍然这样做,还喜欢别人去做。

为什么恶行普遍存在呢,保罗认为,一方面是"因为世人都犯了罪,亏缺了上帝的荣耀"(《罗》3:23),另一方面是,现实中人道德的恶与超自然的邪灵——魔鬼撒旦的诱惑密切相关。人们放纵肉体的私欲,不能克制自己而任意妄行,背后的推动力就是藏在我们心中的"邪灵"——魔鬼撒旦(《弗》2:2—3)。③ 我们从非宗教的观点来看,实际上

---

① Alexander Lowen, *Narcissism: Denial of True Self*, New York: Simon & Schuster, 1985, pp. 75-170.

② 温伟耀:《成圣、成仙、成佛、成人》,香港:明风出版社,2015年版,第124页。

③ 学者阮炜提出,保罗在《罗马书》中,将罪用一个拟人化的魔鬼或邪恶之神来表示,是源于为了不在罪的由来问题上使上帝显得故意与人类作对,便诉诸二元论,但是为了不违背犹太教一神信仰,又不得不将二元论大大变形。在希伯来传统中,撒旦是上帝所创造的,它本是天使,因为骄傲而堕落,它只有灵而没有身体,为了欺骗人类,用了蛇的形体。参见许志伟、赵敦华主编:《冲突与互补:基督教哲学在中国》,北京:社会科学文献出版社,2000年版,第287页。

就是人滥用自由意志的结果。

保罗承认,面对普遍存在的罪恶,人自己是无能为力的,因为要对抗魔鬼撒旦的力量,仅仅靠自我约束控制是不够的,必须要依靠超自然的力量,这就是耶稣基督的圣灵。现实中人性的罪恶呼唤神的拯救,正如麦格拉斯多指出的:人性原本是上帝创造的高峰,现在却变成废墟,因此需要上帝彻底地重塑和内在更新。上帝存在于人类本性之中,他能够使陷入罪和死中的一切得以复兴、恢复和重建。所以,上帝"道成肉身"进入人类的处境中,进入人类的世界和历史,实施拯救,把人类带入天堂。[①]

三、遵行律法远离邪恶

保罗认为,遵行律法既可以预防恶的发生,也可以惩罚人的恶行,可以让人远离邪恶,但是律法也有它的局限性,它不能让人摆脱罪的束缚,不能拯救人。

1. 律法可以预防和惩罚恶行

律法作为一种行为规范和准则,它规定出什么是善,什么是恶,什么可以做,什么不可以做。所以律法发挥了规范和约束人的作用,它可以预防人犯罪;对于犯了罪的人,律法可以标识出他们所犯的错误,并且给予他们相应的惩罚,即定他们的罪。当人与律法相对照来检讨自己时,律法就像一面镜子反照出内心的污秽,让人活在一种罪恶感之中。

在此意义上保罗说,律法让人被定罪,活在罪恶感之中,如同一项沉重的债务,又好像我们在孩童时管束我们的"师傅和管家"(《加》4:1—5),同时它也是难以担当的重轭(《加》5:1)。可见,由于律法的存在,可以让人知道什么是应当做的,什么是不应当做的,从而使自己行

① 〔英〕阿里斯特·E.麦格拉斯:《基督教概论》,孙毅、马树林等译,上海:上海人民出版社,2013 年版,第 171 页。

善避恶。对于已经行恶事的人,律法可以促使人反省自己的过错,避免再次干犯。

2. 律法的局限所在

律法没有能力使人摆脱罪的辖制,也没有能力叫人过上称义的圣洁生活。因为律法,只能把罪显明出来,只能定人的罪。如保罗所说,"律法本是叫人知罪"(《罗》3:20),"罪的权势就是律法"(《林前》15:56)。我们的本性既是邪恶的,有违反律法的倾向,律法就必然会牵引出那本性,像磁石吸引钢铁一样,让潜藏在我们本性中的恶发动出来。

但是律法只能惩罚人而不能拯救人,因为律法改变不了人的旧性情。遵循律法的生活,远比活出真正的义要容易得多。律法是外在的,可以让人远离罪恶,但是不能给人带来新生命,保罗说它是叫人死的职事(《加》3:21)。我们可以说,仅仅能够遵守律法,以律法为人生原则的人是处于奴隶地位的,而能够以恩典为人生原则的人是自主自由的人。人的生命若要更新,依靠外在的律法做不到,仅仅依靠自己也做不到,必须要有一种内在的精神力量,这种力量只能来自神。保罗说:"我今日成了何等人,是蒙神的恩才成的。"(《林前》15:10)当一个罪人相信了耶稣基督,他就脱离了律法的诅咒(《加》3:10—14),而一旦信徒服侍神,律法公义的要求就被内在的圣灵满足了(《罗》8:1—4)。

仅仅遵行律法不能拯救人的罪,也不能让人得到救恩。在《加拉太书》中,保罗集中指出了律法的不足之处:凡有血气的,没有一人因行律法称义(《加》2:16),律法无法使罪人得着义(《加》2:21),律法也不能赐下圣灵(《加》3:2)、产业(《加》3:18)、生命(《加》3:21)和自由(《加》4:8—10)。总之,仅仅靠遵行律法无法脱离罪。正是在这一层意义上,保罗说:"义若是借着律法得的,基督就是徒然死了。"(《加》2:21)

保罗在《加拉太书》中还指出,上帝给亚伯拉罕的应许并不是因为他遵守了律法的结果(《加》3:17),而是由于信心的缘故,在亚伯拉罕时代还没有律法,"可见那以信为本的人和有信心的亚伯拉罕一同得福"(《加》3:9)。割礼只是一个外在表现,表明一个人要遵守《旧约》律法。

但是现在,由于耶稣所成就的,律法都变得是多余的了,割礼自然也就失去了它的功效(《加》5:2—12),最重要的事情是"使人生发仁爱的信心"(《加》5:6)。正如巴克莱所指出的,在保罗看来,"到上帝那里去的道路,并不借着他是某一国家的国民,也不借着某一规条说在他身上有某种记号;其唯一到上帝那里去的道路是相信上帝,相信他的话,这样使每一件事,不是依靠人的成就,乃是完全依靠上帝的恩典"①。保罗自身就是一个极好的例子,他原来是迫害基督教教会的罪魁,却因为信靠基督成为神的使徒,他是神的恩典能够改变任何罪人的明证。

四、借着恩典罪得赦免

保罗认为,遵行律法只能够让人知道什么是善,什么是恶,从而让人远离邪恶,但是却不能摆脱人的罪。要摆脱罪,必须通过信靠耶稣基督。因为上帝不仅创造了世界,他还支配着历史的发展。他派遣他的亲儿子耶稣基督来到世上,通过他的死与复活来拯救世界,就是为了救赎人的罪,让人成为神所悦纳的义人,重新实现与神和好的关系。

1. 罪人因信称义

我们先来看耶稣基督的含义。"耶稣",希伯来原文 Yeshua,字面意思是"上帝拯救"。"基督"这个词实际上是一个头衔,是一个希腊词,译自希伯来词"弥赛亚"(Messiah),它的字面意思是"受膏者",即被用油膏抹的人,在《旧约》中,受膏者指的是上帝为特殊的目的而拣选或兴起一个人,具有特殊的权力和作用。"受膏者"这个词的基本含义是"上帝所指定的以色列的王"。随着时间的推移,这个词渐渐地用来指一位拯救者,他是大卫的后裔,他将恢复以色列在大卫统治时期的辉煌。② 由此看来,耶稣基督就是犹太人心目中的弥赛亚,就是他们祈盼的拯救者。

① 〔英〕巴克莱:《新约圣经注释》,上海:中国基督教两会,2014 年版,第 1414 页。
② 〔英〕麦格拉斯:《基督教概论》,马树林、孙毅译,北京:北京大学出版社,2003 年版,第
　77、111 页。

保罗在书信中多次表达出,复活的耶稣在他生命中与他同在,让他得胜和彰显大能。"现在活着的不再是我,乃是基督在我里面活着。"(《加》2:20)从大马士革的路上遇到复活的耶稣那一刻起,保罗就意识到了,自己的全部生命已经由这位主来引领与指挥了,而且此后他的一切都是凭借着对耶稣的信靠而做出的。基督徒的生命乃是"在基督里"的生命(《林后》12:2),基督徒正是通过"在基督里",被基督的圣灵所充满,才能"向罪而死""向神而活",才能接受一个新生命,从而与上帝和好。这完全是圣灵带来的能力。保罗相信耶稣用他在十字架上的死,除去了人类的罪恶,打通了与上帝的隔绝。更重要的是,他后来的复活则使得所有信靠他的人,可以得享复活带来的荣耀。

保罗坚信,犹太人是因为对神的信靠而称义,而不是靠律法称义,因为亚伯拉罕是在未受割礼时被宣告为义的(《创》17:23—27)。神要亚伯拉罕行割礼,是因为割礼是记号,可以证明亚伯拉罕是属神的,提醒他如果人相信神的应许,神必然履行自己的承诺(《罗》4:11)。亚伯拉罕称义是因为相信神的应许,而不是因为遵行律法,因为当时神还没有借着摩西赐下律法。况且,神赐下律法也不是叫人借着律法得救,不是要以此取代他的恩典,而是向人表明他们需要救恩(《罗》4:15)。律法是暂时性的,恩典却是长久的。罪恶和死亡在以亚当为首的"旧创造"中作王,但是恩典和公义则在以基督为首的"新创造"中作王。这就是保罗"因信称义"思想。这个概念中的"信"包含两层意思,一指耶稣基督对上帝拯救计划的信实与服从,二指信徒对上帝在耶稣基督里的救赎之相信与接受。[①] 正如保罗所说:"上帝的义,因信耶稣基督加给一切相信的人。"(《罗》3:22,《加》3:22)

2. 借着恩典获得拯救

一个人要获得拯救,成为与上帝有约的亚伯拉罕属灵家族中的一

---

① Richard Hays, *The Faith of Jesus Christ: The Narrative Substructure of Galatians 3:1 - 4:11*, Grand Rapids: Eedmans, 2002.

员,就必须遵守《旧约》律法。但是仅仅遵守律法,不能在人们的精神生命中产生平安喜乐,不能让人获得拯救而脱离罪的束缚。要摆脱罪,必须通过信靠耶稣,相信耶稣作为活祭成就了神与人之间的新约法。这是上帝给予人的恩典。在《罗马书》中,上帝要求的义有两层意思:一是为人处世合乎上帝所定的伦理标准,二是时刻与上帝保持合宜的神人关系。① 显然,现实的人性软弱与外在诱惑都决定了,人仅仅通过遵守律法是无法达到上述要求的。要成为上帝所要求的义人,只能借着耶稣基督的死所成就的救赎,"基督既为我们受了咒诅,就赎出我们脱离律法的咒诅,因为经上记着'凡挂在木头上都是被咒诅的'。这便叫亚伯拉罕的福,因基督耶稣可以临到外邦人,使我们因信得着所应许的圣灵"(《加》3:13—14)。

在保罗看来,因为耶稣在十字架上的死亡与复活,基督徒的生命得以一种崭新的方式出现——生命得到更新,罪得到了赦免,内心有了平安喜乐,与上帝破裂的关系重归于好。"因为耶稣对上帝忠贞信实,顺服上帝的安排,甘心走上十字架,上帝的救赎计划才得以实现。同时,世人也必须以信心接受上帝这个安排,才能得到称义的恩典、得救的果效。"②也就是说,即便称义是上帝的恩典,是耶稣牺牲自己已经成就的,但是还需要人积极的回应,相信并接受上帝所赐的义。

保罗书信中用了很多的比喻,表达耶稣被钉十字架的重大意义:他被杀是献祭了(《林前》5:7);他是为我们的罪而死的(《林前》15:3);他舍己做了万人的赎价(《提前》2:6);他使信他的人称义(《加》2:16)。如果我们联系罪的来源来理解这些话,那么我们就可以得出这样的一个结论:在保罗看来,因为亚当的罪,众人全都成了罪人,并且与上帝隔离了,因为耶稣基督的义,众人得到了拯救,得以摆脱罪,重新恢复了与上

① Ernest Kaseman, *Commentary on Romans*, Grand Rapids: Eerdmans, 1980, pp. 91 - 101.

② 叶约翰:《新约圣经的人文精神》,载林鸿信编《跨文化视野中的人文精神——儒、佛、耶、犹的观点与对话刍议》,台北:台大出版社,2011 年版,第 111 页。

帝和好的关系,人因此可以成为神的义人。

3. 律法与恩典的矛盾及内在关联

《旧约》一直将遵守律法看成是令上帝喜悦的一个必要因素,保罗却相信单凭对耶稣的信靠就可以得救。如何解决《旧约》中律法的要求与新的信仰之间的矛盾呢? 保罗认为,《旧约》的确是上帝的话语,但只是来自上帝的临时性话语,"律法是我们蒙训的师傅,引我们到基督那里,使我们因信称义"(《加》3:24)。依靠信心接受上帝恩典的爱才是救恩的真正基础,就如同在亚伯拉罕的时代一样(《加》3:6—9)。亚伯拉罕是因信心,而不是因为服从律法得到拯救的。保罗以此说明,包括"摩西十诫"在内,没有任何外在的标准可以转变一个人的生命,唯有神的恩典。只有透过圣灵的工作才可以带来基督徒生命的荣耀,带来生命的自由和生命的敞开。圣灵改变我们的这一过程,仅仅依靠遵守律法绝对是不能实现的。

关于律法与恩典的内在关联,巴克莱指出:第一,律法告诉人罪是什么。如果没有律法,也就没有破坏律法,也就没有罪。第二,最重要的是律法催逼人趋向上帝的恩典。律法的难处是因为我们都是罪人,不能完全遵行律法。因此,其结果叫人看见他的软弱,使他绝望,深知他自己不能做什么,只有把他自己投入到上帝的怜悯与慈爱之中。律法肯定我们对自己不足的信念,迫使我们承认拯救的唯一办法是上帝的恩典。换句话说,律法是获得恩典的一个重要阶段。① 律法使人停留在不成熟的状态,不成熟的人必须依靠规条戒律来生活(《加》4:1—7)。

加尔文在比较《旧约》与《新约》时指出,律法与福音的区别是字句与灵意的区别,《旧约》律法缺乏圣灵所赋予的活力,而《新约》则能够传送这种能力。律法能够命令、禁止和承诺,却缺乏能够从根本上改变人性的必要资源;福音能够"改变或纠正天生存在于人里面的邪恶";律法

---

① 〔英〕巴克莱:《新约圣经注释》,上海:中国基督教两会,2014 年版,第 1681 页。

与福音唤起不同的情感,《旧约》使人恐惧战栗,使良心受到捆绑,而《新约》则产生自由和喜乐。《旧约》启示针对犹太民族,而《新约》启示针对普天下的人。① 这确实指出了律法的局限和福音恩典对律法的超越。

我们可以说,获得拯救的人与没有获得拯救的人,活在截然不同的生命状态中。没有得救的人随从肉体而活,心思集中在能够满足肉体的事情上,但是获得拯救的人有神的灵在他里面,他把心思全都投放在圣灵的事情上。没有得救的人肉身虽然活着,他却没有属灵的生命,他每天过着一种让自己快乐的生活;得救的人则是与神相和好,他每天过着一种可以让神悦纳的生活。

第三节　孟子与保罗人性论之异同

从表面看来,孟子秉承人性善,强调人的性可以不断完善,保罗倡导人的罪性,强调人的堕落性,似乎是截然相反的观点。孟子的性善论,相信圣贤与普通人出乎同类,都具有内在的善良本性,"尧舜与人同尔",每一个凡夫俗子都可以成就圣贤;而在保罗的原罪论中,上帝是造物主,人是上帝的造物,人不能依靠自己的力量摆脱背叛神的罪,必须依靠神的拯救。可见,两者之间存在着本质上的鸿沟。保罗相信耶稣是上帝道成肉身,是由神变成的人,而绝对不会相信人能变成神。新儒家学者蔡仁厚就质问基督教神学:"人皆可以成为基督么?"②

① 〔英〕麦格拉斯:《基督教概论》,马树林、孙毅译,北京:北京大学出版社,2003 年版,第 13—14 页。
② 蔡仁厚:《新儒家的精神方向》,台北:台湾学生书局,1984 年版,第 71—89 页。蔡仁厚在《关于宗教的会通问题》一文中提出了宗教会通的几个焦点:1. 人人可以成为基督么? 2. 耶稣是神而人,还是人而神? 3. 人不通过耶稣就不能得救吗? 4. 是耶稣独尊还是与孔子、释迦同尊? 5. 非基督宗教必须让位吗? 6. 是基督教中国化,还是中国基督教化? 蔡仁厚于文末表达了他的宗教会通的态度:互相尊重、互相观摩,然后各本真诚与信念,在不离失自己之本性原则下,充实自己,改进自己,来和不同性质的文化宗教相资相益、相融相摄以期导致一个"和而不同,交光互映"的人类文化之新境界。

从深层来看,两者又存在诸多会通之处。保罗的人性论——罪性,并不能简单地归结为堕落性。设想如果人的本性不可以改变和提升,没有可以完善完美的趋向,耶稣为什么要降世受苦拯救罪人呢?(《太》1:21)保罗又何必苦口婆心地劝勉信徒转化心意,活出基督的样式?(《罗》12:1)可见,强调人的性可以不断完善的性善论与强调人具有堕落性的原罪性有相通性,值得我们深入探究。保罗强调人的罪性,是要表明人的有限性与人性的亏缺,有行恶的可能性,因而必须要有神的拯救。与此相应,孟子则强调人的可能为善,只要通过对善的加强,就可以消除恶。显然,这是引领人避恶趋善的截然不同的进路,但是在人应当向善为善上是一致的。

孟子与保罗所代表的儒家与基督教人性论的不同,影响和决定了两个传统在道德修养论、生命价值论和生死超越论的诸多分歧。正如刘述先所说:"中国传统注重内心的修养,这是一种自力救赎的道理,与耶教之依赖耶稣基督以及上帝的信仰那种他力救赎的道理恰恰相反,这显然是根源于两个传统对于人性的了解之不同所导致。"①

一、孟子与保罗人性论之分野

孟子与保罗人性论在显性层面上的不同,首先表现在孟子秉承人性善,而保罗则强调人的罪性。之所以会有这种善性与罪性的分野,乃是因为二人分别从不同的角度界定人性:孟子从人与禽兽的区别这一视角,而保罗则从人与神的关系,从神的完善与人的不完善这一角度来述说;这种善性与罪性的分野,也决定了他们在恶的产生上的不同观点:孟子说恶是由于陷溺其心,而保罗则强调外在邪灵的诱惑导致堕落;在为善何以可能的问题上:孟子强调修身在己,而保罗则认为拯救只能依靠神。

---

① 刘述先:《由中国哲学的观点看耶教的信息》,载深圳大学国学院编《中国文化与中国哲学》,北京:东方出版社,1986 年版,第 510 页。

1. 善性与罪性

孟子与保罗人性论之不同,首先表现在:孟子认为人性具有与生俱来的向善趋向或萌芽,这是一种有待被发展壮大的端倪,是一种有待被实现的潜能,人若能存养充扩之,皆可以实现天人合德的圣人境界;而保罗强调人与生俱来的罪性,人对上帝的背离是恶行之源,人之原罪从亚当遗传而来,我们人人都是罪人,若摆脱罪,除非信靠耶稣基督,别无他途。二人的这一分野,源于他们是在截然不同的语境对人性进行描述与界定的。孟子是从人与禽兽的区别来分析人所具有的特殊性,从而得出人性善的结论。与此相反,保罗则是在神与人的关系下来分析人之不完善性,即人的罪性。

孟子认为"食色,性也"以及"口之于味也,目之于色也,耳之于声也,鼻之于臭也,四肢之于安佚也"(《尽心下》24),都是人与禽兽相同的地方,是一种生理本能。但是,人与禽兽还是有几希的差别!那就是人人都有的恻隐之心、羞恶之心、恭敬之心和是非之心。这是动物所不具有而唯独人具有的,是一种对他人苦难感同身受的心理,一种对他人给予关怀的心理倾向。"今人乍见孺子将入于井,皆有怵惕恻隐之心。非所以内交于孺子之父母也,非所以要誉于乡党朋友也,非恶其声而然也。"(《公孙丑上》6)这是人性善的根源。

保罗从人与神的关系中来定义人性。一方面,与全知全能全善的神相比,人是软弱的,是不完善的,是会堕落的。人是神的受造物,是由可以朽坏的泥土所造,因而具有有限性。另一方面,人是神照着自己的样子造的,"按照上帝形象"被造,意味着人类在宇宙万物中是独一无二的。亚当、夏娃受到蛇的引诱,无论是想追求知识获得智慧,还是怀疑和疑惑上帝的诫命,或者是好奇心,总之违背了上帝意志是原罪的来源。人滥用了自由意志,就能够自欺也能够欺骗上帝,就破坏了人与神原本和好的关系,人就堕落了,死亡就临到了众人。

孟子承认人性具有善端,必然高扬人的主体性。而保罗强调人的罪与神的拯救,必然导致消解人的主体性。如牟宗三先生所说,基督徒

"对自己的存在作彻底的否定,即作一自我否定(self-negation),然后把自我否定后的自我依存附托于一个在信仰中的超越存在——上帝那里"①。

2. 陷溺其心与外在邪灵的诱惑

恶是如何产生的,这是孟子与保罗人性论的第二点不同。孟子在人性善的前提下,认为人的恶乃是后天的,是人陷溺其心,放跑了原本善良的本心本性。而保罗则认为是由于受到邪灵的诱惑而导致人的堕落。

孟子列举了水、大麦等几个例子,来说明外在环境与条件对人性的影响。丰收的年景子弟多懒惰,而灾荒的年景子弟多强暴,这不是他们天生的本性不同,而是环境使他们内在的善心变化了,"非天之降才尔殊也。其所以溺其心者然也"(《告子上》7),是环境对人心产生了消极的影响。如果此时人缺乏能动性,就会陷溺其中,就会遮蔽自己善良本性的端芽,不能扩充为仁义礼智四种实有诸己的品德。保罗认为,基督徒每时每刻都生活在尘世上,他们会遭遇到各种犯罪的诱惑,基督徒必须一点一滴都不能放纵自己,"岂不知一点面酵能使全团发起来吗?你们既是无酵的面,就应当把旧酵除净,成为新团"(《林前》5:6—7)。

孟子虽然强调人性之善,但是他并不否认人性的阴暗面,恰恰相反,他痛斥统治阶级上下交相争利,他列举齐人有一妻一妾,都表明他对现实人性有着深刻洞察。他恰恰是要用人性之善来引领人,坚定人可以行善之信念,以此引领教化国君、大臣"以不忍人之心,行不忍人之政"。孟子坚信,即便是在充满暴政杀伐、人心不古的战争年代,人同样也有一份善心可以存养充扩。因而他要通过性善论给人以积极的正能量,启发人向上的自信,鞭促人努力修养提升自己。

保罗虽然强调人的原罪与现实人性的堕落,但是他也同样看到了人性向上的一面。他在《罗马书》中说:"我所愿意的善,我反不作;我所

---

① 牟宗三:《中国哲学的特质》,上海:上海古籍出版社,1997年版,第15页。

不愿意的恶,我倒去作。"(《罗》7:20)"我觉得有个律,就是我愿意为善的时候,便有恶与我同在。因为按照我里面的意思,我是喜欢神的律;但我觉得肢体中另有个律法和我心中的律交战,把我掳去叫我服从那肢体中犯罪的律。我真是苦啊! 谁能救我脱离这取死的身体呢?"(《罗》7:21—25)保罗内心的挣扎,是因为他本心并不想行恶,在他心中有一个去行善的愿望。他内心的苦楚,正是行善的道德信念与肉体堕落矛盾冲突的结果。所以他才要求人放弃自我,要求人应当委身于神。他坚信只要人相信神、模仿神,就可以得到救赎,就可以改变和提升人性。

孟子与保罗两种截然不同的人性论之产生,显然离不开思想家所生活的特定的社会根源、特定的自然地理条件。东西方这种自然地理环境和社会生产生活的区别,正如邓晓芒所指出,在中国是"群体意识内化和同化为个体意识",这种同化和内化表现为一种"乐感意识",西方人与此相反,"群体意识是个体意识的外化和异化",这种外化和异化表现为一种"罪感意识","你要融合在这种群体意识之中,你就必须放弃自己原来的任意妄为,就会和你的个体意识形成冲突,所以,充满了罪感与痛苦"。①邓晓芒的分析确实指出了问题的关键所在,人具有善性与人具有罪性,这两种理论产生于不同的社会背景。

3. 修身在己与拯救靠神

孟子与保罗人性论的第三点区别,是人性如何改变提升的问题。用孟子的话语表达就是,如何彰显人异于禽兽的那一点区别;用保罗的话语表达就是,人如何摆脱身上的罪性,与神实现重新和好。换言之,孟子与保罗在人性提升路径上有着显然的区别:前者强调修身在己,而后者强调拯救在神。

孟子认为,通过"存养充扩"人心固有的四个善良端芽,克服外在环境的消极影响从而成就善良的品德,关键是修身在己和择善固执。孟

---

① 邓晓芒:《中西文化心理比较讲演录》,北京:人民出版社,2013 年版,第 25—26 页。

子说"人皆可以为尧舜""人人有贵于己者",就是承认每一个体都有自身的价值,每个人都蕴含着完善自我的能力。无论是外在的成就功业,还是内在的德性修养,自我都起着主导的作用,完全取决于我们"为与不为"。人之异于禽兽者几希,人之善性只有不断存养充扩,才能得到保存与发展,否则"饱食暖衣,逸居而无教,则近于禽兽"。人挺立道德主体,进行修养的过程就是"尽心知性知天"和"存心养性事天"的过程。孟子的根据何在呢?是因为人与禽兽的几希之异在于"心之四端",这四端是开始和端芽,需要人之存养充扩,才可以体现为具体的善行。"尽心"就是要反身而诚,满足四端之要求。因而每一个都可以体悟到,人性之善既是人本心固有的要求,又是根源于天,是"天之所与我者",进而努力争取完成人的使命,走向"与天地参"的天人合德境界。

虽然有志向的君子可以不受外在环境影响,走上择善固执的人生正途,"豪杰之士,虽无文王而兴"(《尽心上》10),但是对于凡民而言,外在的环境对人的影响还是非常大的,尤其是外在的教育不可缺少。孟子举了楚国大夫让他儿子学习齐国话的例子,目的在于表达:我们学习尧舜之道走上人生正途,同样需要外在环境的配合,尤其是不可缺少外在的道德教化。孟子认为,在国家和社会层面上,实行适宜的经济政治政策,保证老百姓不饥不寒之后,必须进一步用礼义教育老百姓,"谨庠序之教,申之以孝悌之义"。其中"先知先觉"的士君子,必须发挥"草上风偃"的模范作用,才能化育"后知后觉",普遍提升民众的道德水平。

与孟子不同,在如何摆脱罪性,如何恢复与神的和好成为义人方面,保罗强调神的拯救。他不是像孟子一样强调自我的内在力量,而是承认自我的软弱,要虚空自己,要做神的器皿,坚信神的大能。通过与神同工,靠圣灵来改变自己,来成就一个新人。保罗坚信,人不能自救源于人的软弱性,因为组成人的材料是软弱的泥土。保罗把人比喻成瓦器(《林后》4:7—12),这样的人既不能靠自身也不能靠遵守律法得到拯救,得救的路径只有一条,那就是信靠基督的拯救。

保罗在《加拉太书》第3—5章指出,律法的消极作用是要把人圈在罪中,而律法的积极功用,是像训蒙的师傅一样把人带到基督那里。但是当人到了基督面前,他就不再需要律法了,乃是依靠恩典。保罗说,信徒只是一个瓦器,是那藏于瓦器之中的宝贝让瓦器变得珍贵(《林后》4:7—12)。我们是器皿,为的是让神可以使用我们;我们是泥土所造的瓦器,为的是让我们依赖神的能力,而非自身的能力。正如巴克莱指出:保罗坚决主张无论我们做什么都不能获得上帝的赦免;只有上帝为我们所做的,我们才能获得。因此与上帝发生良好关系的路途,并非借着我们所行的,做出疯狂、拼命、注定无效的尝试,以求罪得赦免;这在乎谦卑、忏悔、接受上帝在基督里所赐给我们的慈爱与恩典。①

显然,要依靠上帝来拯救必须认识到自己的软弱,相信神的大能。所以,保罗在强调神拯救的同时强调人的信靠,强调没有信就没有拯救。在保罗看来,回归上帝,与上帝重新建立和好的关系,让上帝介入到人的精神生命之中,是一个人能够为善去恶的关键因素,也是获得拯救的关键。人对上帝的信靠,以及由此产生的奋发有为,必须与神的拯救相配合。在这样一个相互作用中,人对神的信靠和对神的旨意的顺服最为重要。保罗举例说,亚伯拉罕也是借着信心而称义的。我们如果像亚伯拉罕一样"因信称义",以信为本,就可以同亚伯拉罕一同得福。诚如巴克莱所指出:"只有一件能消除日益严重的人与人之间的分裂;当众人都接受上帝的恩典,众人都在基督里,只有在那个时候,众人才合而为一。这不是人的力量;这是上帝的爱——只有它能统一分裂的世界。"②

通过上述比较,我们可以看到,孟子从人禽之别立论,强调人与禽兽的区别在于人天生具有四善端,但这还不是实有的品德,所以人性提升成为必要;人的这一善性是根源于天,是"天之所与我者",所以人性的提升成为可能;通过自我修养,就可以存养充扩,使之成为现实。保

---

① 〔英〕巴克莱:《新约圣经注释》,上海:中国基督教两会,2014年版,第1409页。
② 同上,第1697页。

罗从神人之间的关系立论,强调由于人的罪破坏了神与人本来和好的关系,产生了道德上的恶。而要恢复人神关系,不能靠人自身,也不能靠遵守律法,只能依靠神的大能。所以,人性的改变与提升,只能信靠耶稣基督的福音,等待神的拯救,而别无他途。

二、孟子与保罗人性论之会通

孟子与保罗的人性论,虽然在显性层面上有着云泥之别,如马克斯·韦伯(Max Weber)所说:"儒家……没有任何原罪概念……那里有这种不言而喻的前提,基督教传教士要想在那里唤起有罪感只能白费力气。"①但是两者在隐性层面上,仍然有着诸多的契合点,可以对话和会通。比如二人都承认人性具有一个超越性的根源,都承认人性的变易性,承认人性应当向上提升。

1. 人性的超越性根源

无论是孟子还是保罗,都坚信人性背后具有一个超越性根源,这是人性区别于他物的内在根据:在孟子是人与禽兽之区别,在保罗则是人与神的区别。同时这一超越性也是人性能够提升的根据所在。这个形上的根据,在孟子那里就是天道,在保罗那里就是神。

第一,超越性根源是人性之所由来。正如牟宗三先生所说:"天命与天道既下降而为人之本体,则人的'真实主体性'立即形成。这个主体是形而上的、体现价值的、真实无妄的主体。孔子所说的'仁',孟子所说的'性善'都由此真实主体而导出。"②孟子引用《尚书》中"天生烝民,有物有则。民之秉彝,好是懿德"来说明人道来源于天道,人德来源于天德。《中庸》提出"天命之谓性",同样是认为人之性来源于天。

孟子把人性看成是天之所命,是天所赋予人的一种道德品质,这种

---

① 〔德〕马克斯·韦伯:《儒教与道教》,洪天富译,南京:江苏人民出版社,1993 年版,第281 页。

② 牟宗三:《中国哲学的特质》,上海:上海古籍出版社,1997 年版,第 18 页。

品质就是"诚"。"诚之者,择善固执者也",可见,这个"诚"与"善"是相通的,人通过坚持善行可以使自己达到诚的境界。我们可以说,诚是内在的性,而性则是诚的外在表现。动物的任何行为都是出于本能,没有诚与不诚的问题,它不会做出违背本性的行为,而人是唯一可以做出虚伪欺骗的。就善恶而言,动物的行为出于本能,不能用善恶来评价和判断,而只有人的行为才有善恶。所以,以诚为性实际上就是以善为性。民国杨大膺指出,所谓性、命、理本来都是一个东西,所以有名称上的分别,完全是就表现方式的不同而说的,叫作命是因为是天所命令的;叫作性是因为这命里所包含的东西,从人的生时起已经表现于人的身体中了;所谓命也、性也都是人生行为里的东西。命是就人生行为的来源说的。性是就人生的行为能力说的。至于孟子主张性善说和天命说,那又是从行为的来源及行为的能力加了一种估计。[1]

同样的,在保罗的心中,人的原罪性也有一个超越性的来源,那就是神,是上帝。上帝按照自己的形象创造了人,人具有神的形象,人与神具有和好的关系,这种原初的人性是好的。但是当亚当、夏娃滥用神给的自由,违背神的诫命,偷吃了禁果,开始逃避神,就破坏了人与神原本和好的关系。这就犯了原罪。所以,人对上帝的背离是罪恶之源。

第二,这种超越性是人性得以提升的依据。孟子认为,人之善性是人所异于禽兽的"几希",人独有而禽兽没有。这善性是源于天,"天之降才尔殊"。也正因为有着这样一个超越性根源,人之善性才可以存养充扩,不断向上提升达到"与天地和其德"的境界。这种境界也就是孟子所说的,经过不断地修养可以达到的"知天事天"的境界。关于达到这一境界的路径,孟子指出,"诚"是天道,"思诚"是人道,通过反身而诚,不断完善自己,人就可以追求天道之诚。

天道作为道德之善的形上根源,后世衍生出性、命与理等诸多范畴,思想家们从不同层面进行了阐述。其内在关联,正如余敦康指出,

---

[1] 杨大膺:《孟子学说研究》,上海:中华书局,1937 年版,第 59 页。

儒教的"性命之理"外在于人而言谓之"理",就其内在于人而言则谓之"性"。"理"是客观性的原则,"性"是主观性的原则。天人之间的沟通,关键在一个继字,继是继承继续,继之则善,不继则不善。如果人不继承天道之阴阳,就没有本源意义的善。如果人不发挥主观能动性去实现此本源意义的善,就不可能凝成而为性。所以,"继善成性"是一个主客观契合的过程,包括"穷理"与"尽性"两个方面。① 我们可以说,人性提升的过程也就是人发挥自己的主观能动性,继承天道天德,发扬光大天道天德,把天道天德转变成自己的内在品德的过程。

保罗认为,人是上帝所创造的,人具有上帝的形象,人要服从上帝的诫命,要把自己奉献给上帝。基督徒应该活在感恩神、效法神、荣耀神和盼望神的生命状态中。具体而言,就是要与神同工,要做神的器皿,要荣神益人,要荣耀基督。人只有和这个具有超越性的神同在,才能得到上帝的救赎,才能称义,才能获得死后的天国和永生。这是人的最好结局,也是最后的目的。

第三,这一超越性的根源是玄奥神秘而不可测度的,人永远处于对这一形上本体的认识当中,但是又永远不能达到对它的彻底认识。在孔孟那里,对于天道天命的表达充满了神秘感。孔子说自己"五十知天命",是隐隐约约地可以与天道取得一种默契,却永远不可能达到一种完全的掌握,所以对天命和天道永远持一种敬畏之心。孟子引《尚书》"维天之命,於穆不已"就是在表达天道的神秘。孟子告诉万章,尧舜拥有天下是天授予的,"天不言,以行与事示之而矣"(《万章上》5)同样也有天道神秘的意思。孟子还举例说,尧舜禹三个人做君王的时间长短不一,尧和舜的儿子品德都不好,而禹的儿子品德好。像这种事情都不是人的能力所能够左右的,而是天造成的,是命中注定的。那么神秘的天命到底是什么呢? 怎么解释呢? 孟子最后总结为"莫之为而为者,天

① 余敦康:《知识论——儒教观点》,载何光沪、许志伟主编《对话:儒释道与基督教》,北京:社会科学文献出版社,1998 年版,第 25—26 页。

也;莫之至而至者,命也"。没有人做那个事情,那个事情还是发生了,让那个事情发生的那个神秘的东西就是天;人没有让那个东西来,那个东西却自己来了,让它来的那个神秘的东西就是命。天和命所具有的神秘性,是人所不能抗拒的。政权的转移,是传给贤人,还是传给自己的儿子,这种事情就是由天所决定的命在冥冥之中掌控着。

保罗也有对于神和上帝神秘性的表达。比如对神的敬虔的奥秘,保罗曾说:"大哉!敬虔的奥秘,无人不以为然,就是神在肉身显现,被圣灵称义,被天使看见,被传于外邦,被世人信服,被接在荣耀里。"(《提前》3:16)在《罗马书》中,保罗表达了神的大能具有神秘性:"自从造天地以来,神的永能和神性是明明可知的,虽是眼不能见,但藉着所造之物就可以晓得,叫人无可推诿。"(《罗》1:20)在保罗看来,神派他的真儿子耶稣道成肉身,死而复活,来拯救人类的罪,成就了神与人的新约法,这种神秘性更是人所不能理解的。在保罗的书信中,这一思想在多处都有表述。

2. 人性的软弱性与变易性

人性既不同于动物的本能,也不同于神的全善,可以说是介于动物与神之间。动物的本能是代代遗传,是永恒不变的。神是全知全能全善的,也是永恒的。而人却相反,无论是孟子强调人具有善性,还是保罗强调人向下堕落的罪恶性,其实都是在说人性是不稳定的,具有软弱性与变易性,既可以弃恶从善向上提升,也可能向下堕落,这恰如《尚书·大禹谟》中所说的"人心惟危"。

在孟子的人性理论中,虽然人人都具有先天向善的"四心",但是,现实的人性既可能向上提升,也可能向下堕落:人如果不断反身而诚,"存养充扩"这四个善的端芽,用大体统帅小体,用理性节制和约束感官欲望,就可以向上提升人性达到圣贤境界;但是如果人放跑了本性,或者说陷溺其心,又缺乏外在的教育,再加上外在环境的消极影响,如物质利益和富贵名利地位的诱惑,人就会堕落如同禽兽一样,过着本能的生活,"饱食,暖衣,逸居而无教,则近于禽兽"。对于一般人而言,如果只知道满足口腹耳目之欲,而不懂得仁义礼智忠信,必然堕落到禽兽的境界。

保罗认为,当上帝创造人类的时候,他给予人的最大尊严就是人有选择的自由。人可以选择去爱上帝,遵从上帝的诫命,也可以选择背叛上帝,去作恶。上帝是无所不能的,但是在人可以自由选择这个环节,上帝限制了自己的能力,没有对人进行干涉和控制,这既是人性的超越性根源,也是人的原罪得以产生的原因。人的堕落就是源于人的自由,源于人具有选择为善或作恶的能力。人的软弱性源于构成人的材料——人是瓦器,身体是由泥土做的,因而是软弱的可变易的。保罗非常了解人性的软弱,容易受到私欲的诱惑,他说:"我也知道,在我里头,就是我肉体之中,没有良善。因为,立志为善由得我,只是行出来由不得我。故此,我所愿意的善,我反不做,我所不愿意的恶,我倒去做。"(《罗》7:18—19)即便是"因信称义"的人,内心同样会有罪恶的引诱,同样会有圣灵与情欲的搏斗,使人夹在其中左右为难。如果顺从情欲,就会堕落;如果顺从圣灵的指引,就能克服情欲的诱惑,结出圣灵的果子,形成"仁爱、喜乐、和平、忍耐、恩慈、良善、信实、温柔、节制"(《加》5:22)等品质。可是,如果人疏远了神,以自己或者受造物为对象,自我骄傲,崇拜偶像,就会堕落。相反,如果人选择信仰耶稣基督,就可以获得拯救重新接近神,借着耶稣基督到神那里去。

我们可以说,人性具有一种不完善性,具有一种自由的或者开放的本质。人是未完成的,是生成中的人,"人永远处于过程之中,处于从过去向未来,从可能性向现实性,从实然向应然,从事物向理想,从实存向存在的过渡中"①。人的自由本身虽然受到种种内在或外在条件的限制,但是它永远向往完善,追求无限。"它乃是有限的真善美向着至真、至善和至美前进的过程,乃是有限的自由、心智和创造追求圣道、圣智、

---

① 许志伟、赵敦华主编《冲突与互补:基督教哲学在中国》,北京:社会科学文献出版社,2000年版,第231页。

圣爱的趋势。这种过程和趋势,用儒家术语来说就是'赞天地之化育'的'赞',用基督教术语来说,就是'为上帝同工'的'为'。尽管这种过程和趋势在具体的人身上由于滥用自由而被颠倒,但是向两种方向,即向上升华和向下堕落的动态,恰好都说明了人性的'变易性'"。①

3. 致力于提升人性

孟子的人之善性与保罗的人之罪性,虽然存在诸多分歧,但是他们都承认人性具有的巨大潜能,那就是人性可以提升、可以完善。而且他们的整个理论都是致力于阻止人性的堕落与沉沦,极力发掘人性中的积极因素,引领人弃恶从善。这一终极目标上的相通,弥合了他们巨大的差异。

孟子讲人人具有四善端,具有向善的本性,并且这一善性是"天之所与我者",通过存心养性的功夫就可以事天。"存其心",就是让心之四端如"火之始然,泉之始达";"养其性",就是要满足和成全自己内心向善的本性要求,让它如牛山之木一样日益丰茂。孟子的尽心知性知天的修养论,正如牟宗三先生所说:"孟子道性善,言存养充扩,尽心知性,此所言者,无一不是工夫。又孟子言养浩然之气,则更是工夫之著者。"②钱穆先生也曾指出:"恻隐羞恶辞让是非之心,人类心理高尚之表现也。孟子即指人类高尚之心的表现,以明示人人有超人高尚之可能也。此即暂推久以证明性善之说也,故孟子论性善,在于举一人以推之于人人,指一时以推之于时时,实为吾人立一最高之标的,而鼓励吾人尽力以趋赴之者也。"③

保罗虽然强调人有原罪,但是同时认为人是照着神的模样造的,这是人能够被拯救的一个前提。从现实来讲,人可以通过对耶稣基督的信仰,而让圣灵入住人的内心;通过圣灵做工,来克服私欲的诱惑;通过

---

① 许志伟、赵敦华主编《冲突与互补:基督教哲学在中国》,北京:社会科学文献出版社,2000年版,第231—232页。
② 牟宗三:《中国哲学的特质》,上海:上海古籍出版社,1997年版,第74页。
③ 钱穆:《孟子研究》,上海:开明书店,1948年版,第84页。

与神同工,通过做神的义器,来使自己发生转变,变成一个新造的人。这样通过神的恩典,就改变和提升了自己,就与神重新和好,成为了一个神所欢喜的义人。

孟子虽然讲人具有先天之善,但同时强调人具有耻辱感。"人不可以无耻,无耻之耻,无耻矣。"(《尽心上》16)①耻辱感来自于人我对比之中,发现自己不如他人之处而产生耻辱感。一个人没有羞耻感,可能有两种原因:一是玩弄权谋诡计的人,他们为了达到某种目的而不择手段;二是放弃自己,根本不在乎自己不如别人(《尽心上》17)。这种耻辱感促使人向善,是提升自己的一个重要的内在动力。与此相对,保罗的罪感则是存在于人与上帝的对比之中,人之罪源于人违背上帝的诫命,源于人的不完善性,源于人的狂妄自大,最终导致人与上帝之和好关系的破裂。这是孟子的耻辱感与保罗之罪感的区别所在。

保罗既讲人之罪性,又讲神的爱与神之救赎的大能。在保罗看来,上帝不仅与基督徒有对话式的直接沟通,而且还会亲自以无限他者的身份,以圣灵的方式内住在基督徒的心灵之中。② 这种他者进住的心灵状态是基督徒生命得以发生改变的关键。保罗在《哥林多后书》第五章第17节以"新造的人",在《罗马书》第六章第1—11节中以"死而复生"来描述基督徒内心所发生的这种转化。

作为一个无神论者,对于孟子所说的耻辱感我们深有体会,但是对于保罗所说的圣灵入住的神秘宗教体验,我们不得而知。笃信基督宗教的学者温伟耀从知识悟性、情感和感受体验、意志意愿、能力以及品格等五个方面概论了基督徒这种内心改变的表现。③ 简言之,基督徒

① 台湾学者傅佩荣认为,"无耻之耻"可以有两种译法,一是翻译成没有羞耻的那种羞耻,那真是没有羞耻啊;另一种译法是把没有羞耻当作耻,那就不会有耻辱了。傅佩荣坚持后一种译法,并认为后者更有积极意义,要人由无耻走向有耻。参见傅佩荣:《解读孟子》,上海:上海三联书店,2007年版,第227页。

② Lucien Cerfaux, *The Christian in the Theology of St. Paul*, London: Geoffrey Chapman, 1967, pp. 295–311.

③ 温伟耀:《成圣、成仙、成佛、成人》,香港:明风出版社,2015年版,第145—146页。

有了圣灵内住而发生生命改变,就能够更加明白上帝的真理和上帝的启示;就能够更加体验到上帝的爱而充满平安喜乐;就能够更加愿意遵从上帝的旨意和指引;就能够有新的力量去实践更高的道德要求;就能够实践出仁爱、忍耐、良善、温柔和节制等品德。

通过上述比较,我们可以看到,在使人生命境界得以发生改变的内在机制上,保罗与孟子是截然不同的。正如温伟耀所指出,儒家和中国的人生哲学的重心是"发现自己",而基督教信仰的独特之处在于鼓励我们"发现他者(上帝)"①。另一点是,在孟子那里,人人都可以成为圣贤,所有的圣贤都是人所成就的。而在保罗那里,却不是人人都可以成为基督,基督也不是人所成就的。恰恰相反,基督乃是上帝道成肉身,耶稣基督是神变成了人来到世间实施拯救,成为了人与上帝相沟通的中介,所有的人终究要借着耶稣才能到神那里去。

4. 孟子与保罗对人性的简约化理解

无论孟子所说人性先天是善的,还是保罗所说人性先天具有罪性,都是从宏观层面上就整个人类一般意义上而言,而没有从微观具体层面提及人之具体行为与品德的善恶,没有关切个体的自由选择与品德善恶的内在关联。黑格尔在这一点上就有非常深刻的洞见,他说:"善就是作为意志概念和特殊意志的统一的理念","善就是被实现了的自由,世界的绝对最终目的。"②"恶的根源一般存在于自由的神秘性中,即自由的思维方面,根据这种神秘性,自由必然从意志的自然性中走出,而成为与意志的自然性对比起来是一种内在的东西。"③也就是说,无论是善还是恶,都不是某种自然性的东西,也不是人的本性就固有的东西,而是与人的自由意志密切关联的,是人运用自由意志作出抉择的结果。

---

① 温伟耀:《成圣、成仙、成佛、成人》,香港:明风出版社,2015 年版,第 38 页,第 133 页。
② 〔德〕黑格尔:《法哲学原论》,范扬、张企泰译,北京:商务印书馆,2014 年版,第 132 页。
③ 同上,第 143 页。

刘述先曾经指出儒家对于人性的简单化理解,"在儒家思想的规模之中,超越的讯息往往不够明显;而对人的过分信心使人对于人性阴暗面的照察不够鞭辟入里;而且对现世的肯定态度也可以使人产生出一种逆来顺受的性格,以至反而不能使生的精神充分发扬,而在现世没法开创出按理应该可以开创出来的更伟大的成就"①。因此他提出,当代新儒家应该吸收和借鉴基督教的积极因素。

就基督教而言,人具有罪性,也是一般意义上的陈述。就一个具体的人而言,人性的善恶非常复杂,既可以善良崇高,也可以卑鄙丑恶,这正是人性的吊诡之处。温伟耀提出,如果从具体的道德行为产生的动力来看,推动产生道德行为的是两个不同层次的因素:一是道德信念,一是道德意欲。但是产生具体行为的动机不是信念,而是内心的意欲。因此,孟子人性善的推理是不能成立的。人性本善——相信人性从本质上是完善的,并且具备足以实现一切为善的能力——并不是一个认知性的陈述(congnitive description),而只是一种引导性(prescriptive)的实践倡议;因为性善并不是一个可以观察到的经验事实,而是一种作为实践善的奋进过程中的支撑信念、信仰。② 保罗的罪性理论,也存在同样问题。所以,温伟耀认为,无论是中国传统道德对人性的了解,或者基督教对人性和道德的了解,都有一种化约主义(reductionism)的危险,它们对很多不同的情况、复杂和多元表现的善恶道德行为,只赋予一种单一的原因,企图以此解释一切。③ 温伟耀的看法确实是看到了孟子与保罗,乃至儒家与基督教对人性的简约化理解。

深刻理解孟子与保罗的人性理论,对于我们进行卓有成效的道德

<hr>

① 刘述先:《由中国哲学的观点看耶教的信息》,载深圳大学国学院编《中国文化与中国哲学》,北京:东方出版社,1986年版,第512—513页。
② 温伟耀:《成圣、成仙、成佛、成人》,香港:明风出版社,2015年版,第92—96页。温伟耀认为儒家人性本善的论证方法不能成立,并且提出了自己这种看法的诸多论据,而且援引了刘述先和袁保新的观点以及安乐哲的相关论述。具体可以参阅上书第207—209页的注解。
③ 同上,第98页。

教育非常有启迪。因为影响人的道德行为的善恶因素相当复杂,无论是行善还是行恶的根基都呈现出复杂多元的动力轨迹。所以我们从事道德教育要引领人为善去恶,就不能仅仅着眼于弘扬与栽培人的善性,还必须正视人内心深处的阴暗面,正确面对和根除产生恶行的诸多根源;同样的,我们也不能仅仅着眼于人性的阴暗面,注重防范限制,而忽略了人性具有的善良和可以向上提升的一面,疏于正面的引导和引领。只有扬善和抑恶同时并举,才能实现人性的拯救与提升。

第四章　孟子与保罗生命价值论之比较

孟子在收徒讲学、推行仁政和著书立说中度过其一生。他认为，圣人之徒一定要走出家庭进入社会，肩负起社会的责任，要不断地修养和提升自己，成就历史的功业，实现生命的价值。他自己一生都在践行这一理念，把平治天下和传承孔子圣学作为自己的毕生追求。保罗在大马士革路上皈信基督以后，则是在传播福音、建立教会、牧养教会中度过一生的。他坚信，一个基督徒应当在信仰神、感恩神和荣耀神的信念下，通过被圣灵所充满，通过与神同工，将自己的身心完全献给神来实现自身的生命价值。孟子与保罗的生命价值理论虽然在显性层面上截然不同，但是在隐性层面上又有诸多相通之处。

第一节　孟子的生命价值论

孔子用"修己以安人""修己以安百姓"（《论语·宪问》）来表达修身立德与成就外在功业的关系，用"士志于道，而耻恶衣恶食者，未足与议也"（《论语·里仁》）"君子谋道不谋食""君子忧道不忧贫"（《论语·卫灵公》）来阐明士君子应当将实现仁义作为己任，而不是满足于一己之吃穿享用。孟子继承和发扬了孔子的这一理念。孟子云："人有恒言，皆曰'天下国家'。天下之本在国，国之本在家，家之本在身。"（《离娄上》5）只有在为天下国家的奉献中，才能实现自己的生命价值。即首先是修养完善自己，肩负起家庭的责任，进而走出家庭，进入社会国家，肩负起社会的责任，最后达到遥契天道，完成天命。这个过程也是从自然生命到社会生命乃至道德生命的提升过程。

在生命价值的实现途径与条件上,孟子既强调生命价值的实现有待于自我的觉醒与奋斗,也承认生命价值实现的外在条件性与制约性。天命既呼唤人,给人提供外在条件,也制约人。面对不可抗拒的外在天命,人应当坦然接受。

一、生命价值实现的场域与途径

孟子提到了人生有三乐,"父母俱存,兄弟无故,一乐也;仰不愧于天,俯不怍于人,二乐也;得天下英才而教育之,三乐也"(《尽心上》20)。这三个方面的快乐,其重要性甚至超过了称王天下。究其内在原因,正如傅佩荣指出,父母兄弟的存在,随时可以唤起人的孝悌之心与仁义之行;俯仰无愧,是因为存心养性,可以满足成全向善要求;教育英才,则保障了斯文传承。[1] 孟子三乐,同时也标明了他生命价值实现的途径与场域。那就是,个人的修身进德离不开家庭和社会,个人之生命价值要在家庭和社会中实现。

1. 修身进德成就独立人格

《大学》有言:"自天子以至于庶人,一是皆以修身为本。"修身是治国平天下之本,一个人所具有的道德品格,是其能够肩负家庭与社会使命的前提。

修身进德,就是持存长养扩充扩大"四心"的过程。孔子说:"为仁由己,而由人乎哉?"就是承认人人心中都内在地存有仁义。孟子说人人都有恻隐、辞让、恭敬和是非这"四心",不仅肯定了每一个人都有善性的端芽,有其自身的内在价值,并且也承认每一个主体都有完善自我、成就自我价值的能力。更重要的是,他把成就自我的品质,实现自己生命的潜能,看成是一个人首要的职责。这就是儒家始于孔子而一直强调的为己之学。当今的西方学者,比如狄百瑞(William Theodore

---

[1] 傅佩荣:《天人合德论——对古典儒家人性论最高理想之诠释》,载台大哲学系主编《中国人性论》,台北:东大图书公司,1990年版,第147页。

de Bary)也承认儒家精神传统的精粹在于"为己之学",每一个人都可以在自己的生命内部找到价值的源泉。① 在孟子看来,修身立德就是"存养充扩"人固有的善良本性,使之充沛蓬勃。

修身进德就是养浩然之气的过程。当公孙丑问何为浩然之气时,孟子说:"难言也。其为气也,至大至刚,以直养而无害,则塞于天地之间。其为气也,配义与道;无是,馁也。是集义所生者,非义袭而取之也。行有不慊于心,则馁矣。"(《公孙丑上》2)可见,浩然之气不仅关乎人与内在自我的关系,也关涉人和宇宙之间的关系,它是一种超越道德的价值,是人和宇宙融为一体的气概,因此孟子说它是"塞于天地之间"。浩然之气作为一种特殊的气质和心理状态,它表现的是人的精神世界所具有的磅礴气度,是一种坚忍不拔、顽强不屈的意志,是一种人的内在品质与德性。浩然之气要用正直的品德来滋养,用长期的自觉践行符合道义的行为来培养,而不是偶然合乎道义的行为所能成就的。培养浩然之气,不仅要提高人对于道的领悟,还要不断地积义,坚持不懈地做合乎道义的事情,两方面相结合才是"配义与道"。相反,如果做了违背道义、对不起良心的事情,它就萎缩了。

修身进德就是要成就大丈夫品格。大丈夫是相对于没有主见、没有独立人格的"贱丈夫"和"妾妇之道"而言的,张仪、公孙衍之流为了个人的官位与利益,完全听凭君主的意思,就不能算作是大丈夫。真正大丈夫是"居天下之广居,立天下之正位,行天下之大道。得志,与民由之;不得志,独行其道。富贵不能淫,贫贱不能移,威武不能屈"(《滕文公下》2)。大丈夫应当居仁由义,不管志向能否实现,都对自己的志向坚信不疑。即便是获得了高官厚禄,即便是处于贫穷卑贱的困境,即便是权势和棍棒加身,也绝不放弃自己的理想信念。这种独立的人格,以为天下苍生谋求福祉为毕生追求。李泽厚先生说,这种理想人格"是中

---

① William Theodore de Bary, *Learning for one's self: Essays on the Individual in Neo-Confucian Thought*, New York: Columbia University Press, 1991.

华民族特别是知识分子的人格理想。很明显,这种理想的道德人格并不是宗教性的精神,而是具有审美性灼灼光华的感性现实品格;它不是上帝的'忠实的仆人',而毋庸是道德意志的独立自足的主体"①。浩然之气与大丈夫精神是内在统一的。大丈夫精神主要在于揭示大丈夫的内在心志,浩然之气则是源于内在心志在容貌、体态上的表现,相当于现代人所说人的气质。

修身进德就是要通过"践形"来实现形体生命的潜能,达到天人合德的圣人境界。孟子说"惟圣人然后可以践形"。为什么通过"践行"可以成为圣人呢? 傅佩荣认为原因就在人性向善,人的自然生命里面内含着价值生命的源头,两者一起运作发展;满足成全自然生命,就须一并满足成全其向善的潜能,亦即实践仁义礼智,成就完美人格。换言之,满足成全自然生命(践形),就是成就价值生命(为圣人)。人生具有一种使命:要以他的自然生命为凭借,来完成他的价值生命。②

如果我们仅看自然生命的外在形态,即使是圣贤尧舜与普通人也没有什么区别,"尧舜与人同耳"(《离娄下》32),真正的差别在于内心志向与德行修养的不同。但是圣贤都是由凡人不断修养所成就的,"人皆可以为尧舜",所以,每一个人都应当以圣贤为典范,不断地修养自己,争取达到与天地参的圣贤境界。每个人都应当相信:只要自己不断努力,就一定不会比别人差,一定能够达到完美的境界,"舜何人也? 予何人也? 有为者亦若是"(《滕文公上》1)。

2. 孝养父母的家庭责任

人是社会关系中的人,修身进德是在家庭和社会中进行的。一个人不管是贫穷还是发达,是得志还是不得志,首先必须肩负起家庭的责任。从另外一个角度来看,处理好家庭事务也是治国平天下的一个重

---

① 李泽厚:《新版中国古代思想史论》,天津:天津社会科学出版社,2008 年版,第 42 页。
② 傅佩荣:《天人合德论——对古典儒家人性论最高理想之诠释》,载台大哲学系主编《中国人性论》,台北:东大图书公司,1990 年版,第 152 页。

要组成部分——"人人亲其亲、长其长,而天下平"(《离娄上》11)。具体而言,家庭责任包括侍奉父母、抚恤妻子和传承后人。一个人在家庭中首先要肩负起"仰足以事父母,俯足以恤妻子"的责任。孟子鄙视有一妻一妾的齐国人,因为他只知道自己享受,不顾妻儿老小,没有家庭责任意识(《离娄下》33)。

孟子为匡章所做的辩论,集中表达了孝养父母之责任的具体要求。匡章的父亲杀死了他的母亲,他因为对父亲有意见而得罪了父亲,背上了不孝顺的罪名,世人都不与匡章来往。但是孟子不仅与他交往,还很尊敬他,"夫子与之游,又从而礼貌之"。当公都子询问原因时,孟子阐述了他对于孝道的理解——首要的是赡养父母,如果不管不顾父母的生活就是不孝。"世俗所谓不孝者五,惰其四支,不顾父母之养,一不孝也;博弈好饮酒,不顾父母之养,二不孝也;好财货,私妻子,不顾父母之养,三不孝也;从耳目之欲,以为父母戮,四不孝也;好勇斗狠,以危父母,五不孝也。章子有一于是乎?"(《离娄下》30)

在照顾好父母的生活之外,还应当顺从父母的意志。孟子以曾子养曾皙和曾元养曾子的不同来说明,要让父母真正快乐,不仅要养口体,还要养心志。孟子认为,舜是赡养父母的典范,"大孝终身慕父母",他对父母既抱怨又思慕,时时秉承着"父母爱之,喜而不忘;父母恶之,劳而不怨"(《万章上》1)的态度,世间的一切,名利财富美色都不在意,唯独感激生养自己的父母,"惟顺于父母可以解忧"(《万章上》1)。但是,孟子也并不主张一味地顺从父母,他引用《诗经》中的《凯风》和《小弁》,就是要表明,父母有了小过错不应当抱怨,而父母有了大过错就应当抱怨,因为这样有助于父母收敛改正(《告子下》3)。

实现生命的传承是孝道的一个重要内容。孟子盛赞舜不告而娶的权变行为,"不孝有三,无后为大。舜不告而娶,为无后也"(《离娄上》26)。东汉赵岐的注是"于礼有不孝者三,谓阿意曲从,陷亲不义,一不孝也;家贫亲老,不为禄仕,二不孝也;不娶无子,绝先祖祀,三不孝也。

三者之中,无后为大"①。舜不告而娶是因为"告则不得娶。男女居室,人之大伦也。如告,则废人之大伦,以怼父母,是以不告也"(《万章上》2)。也就是说,如果禀告父母,就没法娶妻生子,就不能实现家庭生命的传承。就会破坏人之大伦,结果将会怨恨父母,所以就不禀告。孟子盛赞大舜:"舜尽事亲之道,而瞽瞍厎豫。瞽瞍厎豫,而天下化,瞽瞍厎豫而天下之父子者定,此之谓大孝。"(《离娄上》28)舜的至孝是天下人的楷模。

孟子继承了孔子"生,事之以礼,死,葬之以礼,祭之以礼"(《论语·为政》)的孝道思想,把对父母送终的责任也囊括在孝道责任中,而且认为送终比平时奉养更为重要。"养生不可以当大事,唯送死可以当大事。"(《离娄下》13)当孟子厚葬其母亲,弟子以为棺椁衣衾过于华美时,孟子提出"君子不以天下俭其亲"(《公孙丑下》7),办理丧事必须尽心,做到不留遗憾。别人批评他"后丧逾前丧"(《梁惠王下》16)时,他也不以为然。因为他认为,殡葬的规制没有什么固定的标准,而应当是在遵从礼法的前提下,视具体的家庭条件而定,孝子能否尽心是最为关键的。对于居丧期间逾越礼法的不恭敬行为,孟子非常地愤慨,"不能三年之丧,而缌、小功之察,放饭流歠,而问无齿决,是之谓不知务"(《尽心下》46)。齐宣王想要缩短丧期,孟子也给予了批评(《尽心上》39)。比之于孔子对殡葬的论述,孟子不仅看到了殡葬的家庭和社会功能,还看到了殡葬具有的政治功能,他指导滕文公操办滕定公的丧礼,就很好地发挥了政治作用(《滕文公上》2)。

3. 平治天下的社会使命

把孟子放回他生活的特定历史情境中,我们会发现,孟子心中念兹在兹的是百姓的生死存活,是如何使天下定于一统,早日使人民解除倒悬之苦,是谋求让"天下之民举安"。孟子认为,要实现这一目标,士君子必须立志拯救苍生于水火之中,积极参与政治,肩负起平治天下的

---

① 焦循:《孟子正义》,北京:中华书局,1987 年版,第 532 页。

使命。

孟子始终把平治天下作为自己的使命与担当。他颠沛流离,到处奔走呼号推行仁政,不是为了自己升官发财,而是为了普天下的老百姓能够安居乐业,免遭涂炭之苦。对于个人名利富贵,他始终持淡薄态度。齐宣王提出授予孟子室,养弟子以万钟,但是却不能让孟子实现理想,孟子断然拒绝他而离开(《公孙丑下》10)。孟子离开齐国的时候,之所以在边境的昼地滞留了三个晚上,仍然是希望齐宣王能够改变态度,采纳他的施政理想(《公孙丑下》11—12)。

孟子反对法家苏秦、张仪之流,批评他们汲汲于追求富贵、求取名利的"贱丈夫"作为。孟子尤其反对作为臣子助纣为虐,"长君之恶其罪小,逢君之恶其罪大"(《告子下》7)。"今之大夫皆逢君之恶",是陷害诸侯的罪人,"今之所谓良臣,古之所谓民贼也"。孟子批判当时国君不能立志行仁道,臣子们设法拼命为他们打仗是帮助夏桀(《告子下》9)。孟子认为,真正的士大夫从政,应当用自己的知识智慧去纠正君王的错误——"格君心之非",督促劝勉君王走上仁义之路。

孟子盛赞伊尹、大禹和后稷以天下为己任的使命感。他称赞伊尹"思天下之民匹夫匹妇有不与被尧舜之泽者,若己推而内之沟中,其自任以天下之重也"(《万章上》7,《万章下》1)。他颂扬禹稷"禹思天下有溺者,由己溺之也;稷思天下有饥者,由己饥之也,是以如是其急也"(《离娄下》29)。禹稷的人溺己溺、人饥己饥的精神正是孟子"乐以天下,忧以天下"的理论来源。孟子以天下为己任,正是以伊尹、禹稷为理想范型的。简言之,孟子始终秉承着为天下苍生创造美好生活的理想,积极主张仁政,呼吁通过王道来实行天下太平,极力反对战争,反对霸道暴力,并以此作为毕生的追求。

4. 传承圣学的文化使命

孟子大约从 30 岁开始都在收徒教书。在周游列国时,他走到哪里,学生就跟到哪里,他把"得天下英才而教育之"作为自己人生的一大快乐。在孟子的晚年,他和学生们一起著书立说。无论是教书时,还是著书时,始终以传承孔子圣学、教化后知后觉为己任。在孟子看来,作为孔子圣门之人,必须肩负起文化传承的使命,那就是批判杨朱、墨翟的异端学说,用孔子圣学教化后知后觉。

当学生公都子问孟子为什么喜欢与人辩论时,孟子回答说是不得已,因为当时"圣王不作,诸侯放恣,处士横议,杨朱、墨翟之言盈天下。……杨墨之道不息,孔子之道不著,是邪说诬民,充塞仁义也。……我亦欲正人心,息邪说,距诐行,放淫辞,以承三圣者;岂好辩哉?予不得已也"(《滕文公下》9)。由此可见,孟子站在维护孔子圣学的立场上,把当时百家争鸣的学说统统看成是"处士横议",把与孔子思想不相符合的观点一律说成是邪说淫辞,批判杨朱的极端个人思想,驳斥墨子的极端利他思想,贬斥他们是无君无父的禽兽,以此来捍卫和传承孔子的仁义学说,并希望通过教育英才来实现圣人思想的传承。孟子尤其主张,先知先觉者应当自觉肩负起教化后知后觉的责任,他就伊尹之口说出了自己的伟大抱负:"天之生此民也,使先知觉后知,使先觉觉后觉也。予,天民之先觉者也;予将以斯道觉斯民也。"(《万章上》7)极大地影响了后世儒家知识分子,将此种担当作为自己责无旁贷的使命。

在教书育人方面,孟子继承孔子言传身教的传统,认为教育者首先应当具有高尚的人格,形成巨大的精神感召力来熏陶影响人。"闻伯夷之风者,顽夫廉,懦夫有立志;闻柳下惠之风者,薄夫敦,鄙夫宽。"(《尽心下》15)在伯夷、柳下惠高尚人格的熏陶影响下,贪婪者能够变得清廉,懦弱者可以变得刚强,刻薄的人可以变得厚道,心胸狭窄的人可以变得宽宏大量。其次,作为教育者,必须在道德学养上努力提高自己,而绝对不能故步自封,处处以老师自居,"人之患在好为人师"。在教育人的过程中,教师必须是把自己明白领悟的道理传授给别人,"贤者以其昭昭使人昭昭",若"以其昏昏使人昭昭"只能误人子弟。总之,无论是修身立德成就自己,还是传承圣学教育后人,都是一个永无止境的不断攀升过程,正如"孔子登东山而小鲁,登泰山而小天下,故观于海者难为水,游于圣人之门而难为言"(《尽心上》24)一样。

二、生命价值实现的条件与制约

人之生命价值的实现,既需要主体有立志圣贤的伟大抱负,存心养性的实践工夫,养浩然正气来成就大丈夫品格;又同时需要外在的环境与条件,离不开外在的天命。天命的呼召既是实现生命价值的条件,也构成了对主体的约束与限制。

1. 存心养性　立志圣贤

人之生命价值的实现,首要的是自身要有希望成就圣贤(希圣希贤)的志向,有平治天下的使命与担当。孟子这一对于主体意识的突出强调,源于他的性善论。人之性善是能够实现"尽心知性知天"和"存心养性事天"的必要前提。

人人内在的善性是个体得以安身立命的根本,也是能够成就内圣外王人格的必要前提。徐复观先生说"孟子性善之说,是人对自身惊天动地的伟大发现"[①],因为"有了这一伟大发现后,每一个人的自身,即是一个宇宙,即是一个普遍,即是一个永恒。可以透过一个人的性、一个人的心,以看出人类的命运,掌握人类的命运,解决人类的命运。每一个人即在他的性、心的自觉中,得到无待于外的、圆满自足的安顿,更用不上在夸父逐日似的物质生活中,在精神陶醉中去求安顿"[②]。杜维明先生也指出,孟子的性善论为人禽之辨、夷夏之辨和义利之辨建立了形而上的基础,彰显了人类的本质、文化的特色和道德的灵魂;归根究底,还是在充分证实人人皆可通过主体意识所发动的实践理性,来充分展现"尽心知性知天"的全幅内涵。否则,"万物皆备于我矣,反身而诚,乐莫大焉,强恕而行,求仁莫近焉"便成虚脱。[③]

---

① 徐复观:《中国人性史论·先秦篇》,台北:商务印书馆,1988 年版,第 70 页。
② 同上,第 182 页。
③ 杜维明:《孟子:士的自觉》,载李明辉主编《孟子思想的哲学探讨》,台北:台湾"中研院"文哲所,1995 年版,第 14 页。

孟子从性善论出发,不仅主张人应当立志圣贤,而且坚信人能够不断完善自己,把自己的内在潜能不断开发出来,达到完美的境界。孟子借着成瞷和颜渊的口讲出"彼,丈夫也;我,丈夫也;吾何畏彼哉?""舜,何人也? 予,何人也? 有为者亦若是。"(《滕文公上》1)在希望成为圣贤(希圣希贤)的志向下,在存心养性的修身实践中,生命的内在潜能不断地得以发掘出来,生命的内在善性得以不断展现。

2. 天命的呼召与限制

人之生命价值的实现离不开外在条件。在诸多外在条件中,神秘莫测的天命既是对人之活动的制约,也是对人的一种呼召,赋予人使命与责任。"莫之为而为者,天也;莫之致而至者,命也。"(《万章上》6)天命有其自身的规律安排,不以人的主观意志为转移。对于人而言,命运所导致的结果具有不可预测性和偶然性。民国杨大膺认为,应当把孟子的性善说与天命说合而用之,因为性善说能鼓励人生向前的努力;天命说能安慰人生努力的失败。[①] 他确实是看到了孟子天命观中有限制约束人生的意思。但是,天命还有命运呼唤和时代要求的意思。

第一,天命的制约。在先秦时代,天命代表了人不能认识不能掌控的、外在于人的超越力量。孔子认为,国家的治乱兴衰是由神秘天命所决定的,"道之将行也与,命也;道之将废也与,命也"(《论语·宪问》)。孟子讲:"莫之为而为者,天也;莫之致而致者,命也。"(《万章上》6),也是在说天命超出人的认识和掌控范围,为人的行为划定了界限。君子立志创立基业、传下典范,是为了可以继承下去,至于将来能不能成功,是取决于天命的。"君子创业垂统,为可继也。若夫成功,则天也。"(《梁惠王下》14)当孟子欲见鲁平公而遭到臧仓从中作梗,孟子并没有将原因完全归结于臧仓一人,而是看到了背后的诸多因素——"非人所能也。吾之不遇鲁侯,天也。臧氏之子焉能使予不遇哉?"(《梁惠王下》

① 杨大膺:《孟子学说研究》,上海:中华书局,1937年版,第65页。

16)外在的名利以及人的贫富夭寿,同样是"求之有道,得之有命",因为对于人而言,这些内容具有很大的不确定性,并不是努力追求就能够得到的,它属于"莫之为而为"和"莫之致而致"的天命范围,截然不同于在道德领域。人对于德性的追求,是完全取决于个人的自由选择,如孔子所说"我欲仁,斯仁至矣"(《论语·述而》)。人之品德是内在于人的东西,是"求则得之,舍则失之",只要是自身努力求取就可以得到。孟子虽然承认天命,但是他并没有让人屈服于这种外在的必然性和不确定性,而只是告诉人,要认识到这是人的行为必然受到的一个外在限制。

关于孟子的天命,以前的学者更多地是把它理解为一种命定论,一种由外在神秘力量所决定的,人所不能改变的外在限制。但是,美国夏威夷大学安乐哲认为,孟子《尽心上》第 2 章所说的"莫非命也"不是在鼓吹像西方犹太—基督教传统那样的严苛决定论。相反,它说的是人不得不受自然社会和文化环境的制约。人总是处于一定情势下,因而这样那样不同程度地受到制约。人的选择是有限的,但是,人会适当或不适当地在他所处的条件中生活。适当意味着无非是按照自己的条件度过一生——"尽其道而死",决定论的——"桎梏而死"——被认为是不适当地在所处的条件中生活而被否定了。①

孟子高度评价颜回——"禹、稷、颜回同道。禹思天下有溺者,由己溺之也;稷思天下有饥者,由己饥之也,是以如是其急也。禹、稷、颜子易地则皆然。"(《离娄下》29)就是因为孟子看到了,大禹和后稷处在政治清明的时代,可以建功立业,可以把人溺己溺、人饥己饥的理想抱负付诸实现。与此相反,颜回虽然也有禹稷的抱负,想要服务社会实现自我,但是拘囿于时代的限制,却无法实现伟大的理想,而只能居于陋巷,但是他仍然秉承他人不堪其忧,自己不改其乐的理想与志向。孟子认

---

① 安乐哲:《孟子哲学与秩序的未决性》,载李明辉主编《孟子思想的哲学探讨》,台北:台湾"中研院"文哲所,1995 年版,第 70 页。

为这就是孔子所秉持的"进以礼,退以义,得之不得曰'有命'"的态度(《万章上》8),因此给予高度评价。

第二,天命的呼召。命运外在于人具有偶然性,"莫之为而为者,天也;莫之致而至者,命也"(《万章上》6)。天命对于人而言难以测度,有时候是消极无奈的,有时候又是积极的,它会使人在不经意间成功或者失败。人在这样一个既定条件下,必须积极回应天命的呼召,尽自己最大的努力,而对于结果则不必执着。孟子在相信并肯定天命存在的同时,也承认了人有理解和顺应这个天命的能力。一个人,只要真诚地在内心省察,就可以觉悟到人的心之四端,然后努力行善避恶,就可以通过修养领悟上天赋予的使命,从而成就自己内在的品德。

一个人实现自己的人生价值,可能会遭遇顺境和逆境两种情况。面对不同的境遇,士君子应当"穷不失义,达不离道。……得志,泽加于民;不得志,修身见于世。穷则独善其身,达则兼善天下"(《尽心上》9)。身处逆境之时,绝不逃避放弃,绝不背离正道,而是坚持理想信念不动摇,并且从自己的理想信念中获得精神动力,同时也给世人作出榜样;而当处于顺境可以实现自己理想的时候,就善用时机多为老百姓做好事,勇于担当天下的使命。总之,无论处在何种情况都崇尚和坚持道义,做到"穷不失义,达不离道"。甚至当道义、人格与生命发生冲突不可两全的时候,能够勇敢地舍生取义,而决不苟且偷生。"天下有道,以道殉身;天下无道,以身殉道。"(《尽心上》42)天下政治清明合乎正道,就让正道帮助我生命的实现,让正道来成就我的生命;天下政治不合乎道义,就让我牺牲生命以成就正道。

3. 心、性和天的统一

孟子的心、性与天是内在统一的,后世儒家的外在天理与内在心性也是统一的。余敦康指出,儒家的天人之学,言天必及于人,言人必上溯于天,一方面援引天道来论证人道,另一个方面又按照人道来塑造天道,是一种循环论证,但是儒家这种循环论证是合情合理的。因为他们对于天道的研究,目的是为人道寻找合理性的根据,所以往往按照人道来塑造天道,极力使天道符合人道的理想;但是另一方面,为了证明人道的理想不是主观臆想,而是符合天道的自然法则,所以往往援引天道来论证人道,极力使人道具有如同与天道那样的客观确实性的根据。[①]孟子的性、天命和天理也是内在统一的,其实质上说的是一回事。之所以有名称上的区别,"完全是就表现的方式不同而说。所以叫做命,因为是天所命令的……叫做性,乃是因为这命里所包涵的东西,从人的生时起已经表现于人的身体中了"[②]。

孟子的心、性与天的内在统一,集中体现在《孟子·尽心上》第1章。"尽其心者,知其性也。知其性,则知天矣。存其心,养其性,所以事天也。夭寿不贰,修身以俟之,所以立命也"。钱穆先生的注解是:"心者,身之主也。非极吾心之善端,则不知性之善也;故曰尽其心者,知其性也。性为天之所赋予我者,非知我之性,则不足以知天;故曰知其性则知天矣。心不存则放,性不养则戕,我之心性赋于天,故存心养性所以事天也。夫极乎我心之量而达乎性之至善,任则至重也,道则至远也,死而后已者也。故夭寿不贰,修身以俟之矣。此虽天之所以命我者,而尤贵乎我之能自立其命,此之谓立命也。"[③]钱穆先生的诠释清晰地阐明了孟子的思维进路,即仁义理智道德根源于心,人如果能真切地体知本性原具的良知良能,必能领悟天的本质。杜维明先生则指出,"尽心、知性、知天"属本体论的陈述,也就是由人心通向天道是不假外求的自知自证,但在现实世界里,人和天本有不可逾越的界域,实践理性并不能保证行道功夫的圆满自足;能做存养工夫才能奉天而不违背先验的秉彝。存心、养性、事天属存在论的教言,即使穷困潦倒,不能享受天年,也以虔诚恭谨的态度,努力提升自己的品德,"不怨天,不尤人",以

① 余敦康:《知识论——儒教观点》,载何光沪、许志伟主编《对话:儒释道与基督教》,北京:社会科学文献出版社,1998年版,第29—30页。
② 杨大膺:《孟子学说研究》,上海:中华书局,1937年版,第59页。
③ 钱穆:《孟子研究》,上海:开明书店,1948年版,第107—108页。

坚韧的意志"全其天之所付,不以人为害之"①。

命运的神秘莫测,就在于外在必然性与偶然性相互混杂,但是这也恰恰是人的自由意志得以发挥的一个不可缺少的前提。从实践的层面来看,我们说"谋事在人,成事在天",在命运面前采取"尽人事听天命"的态度,失败了归之于命运,能够让人心安理得坦然处之;在道德层面,在遵循外在天命不可违背的情况下,心存敬畏的态度,在明知不可行的情况下"知其不可而为之",即便注定要失败也要尝试,也要尽自己最大的努力回天造命,这样才能问心无愧。

寿命长短同样是受到必然与偶然多重因素影响的,不是个人所能决定的。只有"修身以俟之",用修身养性来对待自己的命运,才可以找到安身立命之所。即,把自己的生命安立在持存长养扩充扩大心之"四端"上,诚心诚意地追求放跑了的本心本性。当我们把修身立德做好了,就可以面对任何的命运,面对任何充满偶然与必然的神秘,无论是祸是福都不惊恐害怕,无论是成功还是失败都不后悔,觉得此生值得。这样才达到了"从心所欲不逾矩"的天人合一境界,即外在的天命与主体的心性合而为一。

概言之,孟子继承了孔子"士志于道"和"君子谋道不谋食""君子忧道不忧贫"的内在品格,主张人之生命应当在修身立德的基础上,善尽家庭孝道责任,更重要的是要把实现仁义之道作为自己终生追求,肩负起拯救天下苍生的历史使命,无论穷达夭寿都矢志不渝,必要时甚至可以牺牲生命。这正是孟子性善论的宗旨所在,如钱穆先生所言:"人能善择最高之标准,而孜孜焉勉以为之;又能反求诸己,而知此标准为吾心之所固有所可能,而慎思焉以即吾心而充之;则孟子性善之旨也。读者求明《孟子》性善之说,当努力于此二者,以求自证自悟焉。若以空论

---

① 杜维明:《孟子:士的自觉》,载李明辉主编《孟子思想的哲学探讨》,台北:台湾"中研院"文哲所,1995年版,第34页。

反复,则终不足以明《孟子》性善之说也"。[1]

第二节　保罗的生命价值论

保罗的生命,是在做神的仆人、传播神的福音过程中度过的。保罗认为,基督徒首先要树立一个神圣的生命态度,那就是要感恩神、效法神、荣耀神和盼望神。用神圣生命态度指导自己的生活,让圣灵充满自己,通过与神同工来转化自己的世俗生命,用神的话语决策现实生活中的疑难,克服挑战与诱惑,只有这样,才能活出一个神圣的基督徒所应当具有的生命。

一、感恩救赎的生命态度

保罗认为,每个人都是罪人,都不能摆脱自己身上的罪。上帝派自己的儿子耶稣基督牺牲自己,赦免了人的罪,使人得到了救赎,使人得以与神重新和好。所以,基督徒必须活在一种感恩神之救赎的生命态度中:以耶稣为效仿的目标,以身体作为活祭,来荣耀神,并且满怀对死后复活与天国的盼望。

1. 感恩神

保罗坚信,上帝是天地万物和人的造物主,基督是上帝的爱子,是那看不见之神的像,天地万物都是借着他造的,也是为他造的,上帝让一切的丰盛在他里面居住(《歌罗西》1:15—19)。上帝是生命的来源,耶稣在十字架上的受死不仅救赎了人类的原罪,使得人类被上帝所接收,与上帝重新恢复和好,他还战胜了死亡,使得人们可以侍奉永生的上帝。"他在基督里曾赐给我们天上各样属灵的福气。就如神从创立世界以来,在基督里拣选了我们,使我们在他面前成为圣洁,无有瑕疵。"(《弗》1:3—4)更重要的是,信靠上帝和接受耶稣就可以得到永久

---

① 钱穆:《孟子研究》,上海:开明书店,1948年版,第94页。

的救恩,永远活在神的恩典中。因此,基督徒首先应当具有的态度,就是感恩神。

保罗认为,感恩神最重要的一个前提,就是承认上帝已经通过耶稣基督的降生、受死和复活实现了对人类的救恩。"这恩典是他在爱子里所赐给我们的。我们借这爱子的血得蒙救赎,过犯得以赦免,乃是照着他丰富的恩典。这恩典是神用诸般智慧聪明,充充足足赏给我们的"(《弗》1:6—8)。通过对耶稣基督的信靠,上帝将圣灵注入到基督徒的生命中。当他们亲身经历圣灵在自己身上的巨大能力时,他们就被带到了一个充满友爱的团契中。这种爱就是通过回应上帝的爱而形成的彼此之间的爱。尽管基督徒的社会、政治经济与教育背景不同,但是有一点相同,就是他们都借由圣灵的感动,分享了耶稣本人的生命与能力,通过圣灵做工,上帝改变了他们的生命。

应当感恩神派遣耶稣基督来到世间,彰显了神的大能大爱,使得各邦各族的界限得以泯灭,在上帝当中合为一体。大家都是神的儿女,再没有种族的区别,没有主人与奴隶的分别,没有对妇女的歧视。基督福音的"奥秘就是外邦人在基督耶稣里,借着福音,得以同为后嗣,同为一体,同蒙应许"(《弗》3:6)。神的伟大安排和历史目标就是"在日期满足的时候,使天上地下一切所有的,都在基督里面同归于一。我们也在他里面得了基业"(《弗》1:10—11)。这就是上帝的普世之爱。感恩神的具体做法,就是要以耶稣作为仿效的对象,用自己的身体作为活祭,来荣耀神。

2. 效仿神

保罗认为,基督徒应当以耶稣作为追求和效仿的目标。他广博的爱,他舍己拯救世人的德性,他对上帝信靠,他的所有作为都是基督徒效仿的对象。基督徒仿效神,就是要以基督耶稣的心为自己的心,以耶稣基督的态度为自己的态度。

耶稣基督"他本有神的形象,不以自己与神同等为强夺的,反倒虚己,取了奴仆的形象,成为人的样式。既有人的样子,就自己卑微,存心顺服,以至于死,且死在十字架上"(《腓》2:6—8)。在罗马帝国时代,钉死在十字架上是最羞辱最残忍的,也是最不人道最痛苦的一种死亡方式。耶稣基督作为上帝的化身,屈尊从天上下到这个堕落的世界,自愿承受这世界的苦难、痛苦与折磨,最后在各各他上了残酷的十字架,为的就是救赎和更新这世界。他的死而复活赋予了苦难以尊严和正向意义。所以每个人都应当效仿耶稣,"以基督的心为心",存谦卑的心,不可以贪图虚浮的荣耀。应当存舍己救人的心,不可以自私只顾自己的事。

因为耶稣基督的死拯救了人类,赎了人类的罪过,使得人与神的关系重新和好,更新了人类的生命。所以效仿神,就应当以他的德行作为追求的目标,使自己的生命具有创新的本质,将神的生命与人的生命合为一体,具有神性的光辉与高贵,充满平安喜乐。所以保罗说,唯一值得夸口的就是神,是耶稣,是耶稣的十字架。耶稣在十字架上受难牺牲来替世人赎罪,表现了"第二亚当",即人的新生、获救。圣子在此以一种自我牺牲的神圣之爱而象征着上帝的尽善尽美及对人的眷顾、仁爱和恩宠。①

当基督徒被圣灵充满而发生彻底转变,他们就沉浸在上帝给予的爱和自我对上帝的爱之中。上帝的意志就融入了他们的生命中,成为了他们的目的与意志,这就是"与神同工"和"做神的器皿"的生命体验与感受。借由此一转变,基督徒身上出现了一种新的精神,就是上帝的精神借由耶稣基督的圣灵入住了人的内心,上帝的意志成为了信徒行动的支配力量。我们可以说,此时,基督徒放弃和否定了自由自在的自我意志,把自己的灵魂完全交给了上帝。实现了这一生命历程的转变,基督徒就活出了敬虔的生命,见证了自己是神的选民,如保罗所说"在他面前成为圣洁的,无有瑕疵"(《弗》1:4)。

---

① 何光沪、许志伟主编:《对话:儒释道与基督教》,北京:社会科学文献出版社,1998 年版,第 294 页。

3. 荣耀神

在保罗看来,人的生命来源于神,死后要归于神,生死的权力都在神身上。尤其是耶稣的死而复活,使人摆脱了原罪,得到了拯救,获得了与神永远在一起的永恒生命。因为耶稣的伟大作为,"所以神将他升为至高,又赐给他那超乎万名之上的名,叫一切在天上的、地上的和地底下的,因耶稣的名无不屈膝,无不口称耶稣基督为主,使荣耀归于父神"(《腓》2:9—11)。所以,基督徒不仅要赞美上帝的伟大恩赐与事工,更应当意识到自己是基督用重价买来的,应当在"身子上荣耀神",把自己的身体当作"圣灵的殿"供神使用。

在《格林多前书》中,保罗把基督徒比作基督的身体、肢体和圣灵的殿,集中表达了应当作"活祭"来荣耀神的观点。他批判哥林多信徒的荒淫和性道德败坏,警告他们:"身子不是为了淫乱,乃是为主;主也是为身子。"(《林前》6:13)"你们的身子是基督的肢体。"(《林前》5:15)"岂不知你们的身子就是圣灵的殿么?这圣灵是从神而来,住在你们里头的;并且你们不是自己的人,因为你们是重价买来的,所以要在你们的身子上荣耀神。"(《林前》5:19)所以,"你们或吃或喝,无论做什么,都要为荣耀神而行"(《林前》10:31)。在《罗马书》中,保罗提出基督徒应当"将身体献上,当作活祭,是圣洁的,是神所喜悦的"(《罗》12:1—2),同样是在表达基督徒应当以身体荣耀神作为使命。

保罗在传教过程中,始终以荣耀神作为自己的目标。从大马士革路上受到圣灵呼召得救的那一天,保罗开始作为神的仆人服侍耶稣,就以"把神的福音传到地极",让福音拯救万邦万族的人为己任。他始终把自己的生命当作一个"活祭"来献给基督,从来没有考虑个人的安危和舒适,而是心系如何更好地传扬主的真道,使外邦人可以得救。对于离弃他的朋友们,他祷告神饶恕他们,甚至对于审讯他的敌人,保罗也寻找机会谋求拯救他们。保罗自述他最大恐惧不是死亡,而是怕做羞辱主名的事情。在写作《腓立比书》时,保罗正被监禁在罗马,他祷告"无论是生是死,总要叫基督在我身上照常显大。因我活着就是基督,我死了就有益处"(《腓》1:20—21)。保罗说,当时他情愿离世与基督同在,但是考虑到腓立比和其他教会的基督徒,为了他们在所信的福音上站立得稳,保罗选择坚定地活着,来帮助他们"在所信的道上又长进、又喜乐"(《腓》1:24—25)。

保罗认为,基督徒的奉献是荣耀神的一种方式。奉献是基督徒之间相互联结的一种方式,表明基督徒生命发生了转变,更是神的恩典在人心中动工收获了爱的结果。奉献金钱是一种对神的服侍,能够带来基督徒之间亲密的关系,是因为奉献"不但补圣徒的缺乏,而且叫许多人越发感谢神"(《林后》9:12)。当我们奉耶稣的名向神献上物质财富时,我们就在神的面前成为"属灵的祭物"(《腓》4:10—20)。保罗认为信徒的奉献会给他们自己带来祝福(《林后》9:6—11),"你们给人,就必有给你们的"(《路》6:38)。神用"十足的升斗"量给我们的不论是金钱还是物质财富,永远多过我们所给出的。奉献不只是我们所做的事情,它更能彰显出我们生命的本质,"少种的少收,多种的多收",我们在神的事工上投入越多,就会有越多的果子归到我们天上的账户(《腓》4:10—20)。保罗鼓励信徒们慷慨奉献,这不仅是一种责任,也是作为对上帝的爱的一种回应。因为耶稣进入信徒们的生命中是上帝白白的恩典,"你们知道我们主耶稣基督的恩典;他本来富足,却为你们成了贫穷,叫你们因他的贫穷,可以成为富足"(《林后》8:9)。所以信徒也应该用同样的态度来对待别人的需要。

保罗在三封教牧书信——《提摩太前、后书》和《提多书》中提出,教牧人员要对自己提出更高的要求,要具备坚韧、忍耐、和善、善待老弱、体恤孤寡等圣洁的品质,通过自己的教牧事工,来荣耀神,做基督徒的道德楷模。在《提摩太前书》,保罗描述了要想成为长老、监督、执事和牧师需要具备的 16 种品格。比如,牧师绝对不能离婚和再婚;管理自己婚姻和家庭的能力是管理好教会的前提;合格的执事应当庄重、不一口两舌,不好喝酒,不贪不义之财,固守真道的奥秘,接受神的试验却没有可责之处,拥有虔敬的家庭,乐意服侍,等等(《提前》3:8—13)。显然,教牧人员只有具备这些品格才能从事荣耀神的事业,对于一般基督徒才能发挥着规范和引领作用。

为主而活,为主而死,要在身子上荣耀神,这一观点的实质就是通过荣耀神来达到有益于人。在基督徒的团契中,基督徒对上帝的服侍实质就是他们之间的服侍,基督徒对上帝的爱最终落实在基督徒之间的爱上。基督徒效法神、荣耀神的行动,为救恩而工作,实质就是帮助此时此地受压迫受苦难的人。保罗提出基督徒的身体是主耶稣基督的殿,基督徒应当负责任做事情,用身体荣耀上帝,做上帝的活祭,凡事为荣耀神而行。这些要求的最终目的乃是"凡事都叫众人欢喜,不求自己的益处,只求众人的益处"(《林前》10:33)。这是基督徒应当具有的生命品格,也是从事荣耀神的事工之后,必然会产生的结果。

4. 盼望神

保罗认为,主耶稣满怀对上帝的信靠,对死后复活与天国的盼望,忍受一切苦难,死在十字架上并且三天后复活了,回到了天上并且坐在神的右边。所以,基督徒应当效法主耶稣,忍耐苦难与耻辱,靠主知足常乐,相信并热切盼望永生与正义审判的到来。这是保罗在传教中能够历尽艰难险阻的精神力量,也是他始终教导基督徒应当具有的生命品格。

第一,对神的盼望克服艰难险阻。保罗在狱中写作的《腓立比书》,表达的主题是终末论。但是全书的基调是喜乐平安,表现出保罗作为一个真正基督徒面临苦难和死亡无所畏惧的乐观精神。在《提摩太后书》中,保罗对提摩太说,自己传福音、做使徒受了许多的苦难,但是他却不以为耻(《提后》1:11—12)。他还劝勉提摩太"不要以给我们的主作见证为耻,也不要以我这为主被囚的为耻。总要按神的能力,与我为福音同受苦难"(《提后》1:8)。保罗在传道过程中所经历的苦难,正如同他在《哥林多后书》中自己所说的:"多受劳苦,多下监牢,受鞭打是过重的,冒死是屡次有的。被犹太人鞭打五次,每次四十,减去一下;被棍打了三次,被石头打了一次,遇着船坏三次,一昼一夜在深海里。又屡次行远路,遭江河的危险、盗贼的危险、同族的危险、外邦人的危险、城里的危险、旷野的危险、海中的危险、假兄弟的危险。受劳碌、受困苦,多次不得睡,又饥又渴;多次不得食,受寒冷,赤身露体。"(《林后》11:23—27)即便是这样,保罗也从来没有在苦难和耻辱面前退缩,而是一直活在对神的盼望当中,以被神呼召成为使徒为荣,以能够为神作见证为荣。

保罗从来没有认为苦难是坏事,反而认为在经受苦难中,神塑造我们属神的品格。对于委身于神的基督徒来说,身体是基督的殿,是神在这个世界中用来完成拯救计划的工具。人生的路上充满了磨难,神纵然爱我们也不会荫庇我们,叫我们不用经历生命中的困苦。因为这些困苦,能促进人属灵的精神生命成长,"患难生忍耐,忍耐生老练,老练生盼望,盼望不至于羞耻;因为所赐给我们的圣灵将神的爱浇灌在我们心里"(《罗》5:3—5)。所以忍受苦难就是接受神的试炼,不仅能够叫自己得着益处,也能叫神得着荣耀,因而即便是在患难中也要欢欢喜喜。保罗把自己克服困难的勇气全部归功于基督,他说,克服困难的信心、秘诀就是放在"平常的瓦器"中"属灵的宝贝",是活着的基督在他里面,这让他感受到出于上帝的"这莫大的能力"(《林后》4:7)。

第二,存永生的盼望度在世的日子。保罗在《帖撒罗尼迦前、后书》中阐述了主耶稣基督再来的思想。在《前书》中,保罗称耶稣基督不久就会来到,那日子像夜里的贼一样突然而至,死了的基督徒必先复活,活着的基督徒将"被提到云里,在空中与主相遇",并与他进入新的境界,和主永远同在(《帖前》4:16—17)。所以,信徒们不必过多地考虑来世,只要做好平常的事情,尤其是要坚持信仰,彼此相爱,届时盼望就一定能够实现。针对《前书》所引起的混乱——有人惶惶终日,游手好闲,不肯做工,保罗在《后书》中又劝告信徒"要站立得稳",要坚守所领受的教训(《帖后》2:15),"若有人不肯做工,就不可吃饭","要安静做工,吃自己的饭"(《帖后》3:10—11)。即,既要心存对永生的盼望,又要积极做工,绝对不可以荒淫度日。

简言之,保罗认为,所有的基督徒都应当存永生的盼望,度我们在世上的日子,靠主站立得稳,靠主知足常乐,让神在我们身上的恩典不至于徒然。在"那日子到来"的时候,天上地下都在基督里同归于一,万人万有在基督里成为一家,上帝的恩赐将与基督徒永恒在一起,历史一定会达成上帝的这一旨意。保罗这一"主将再来"的思想激励了基督徒追求虔敬的生命,加深了他们的爱心,增强了他们的信心,激发了他们在苦难中的忍耐与忠诚。更使他们坚信,基督再来之时,公理正义必然得到伸张,恶人仇敌必然得到惩罚。

二、世俗生命转化为神圣生命

保罗认为,作为一个基督徒要实现自己的生命价值,不仅要在态度上发生转变,还要在行动上发生根本的转变,那就是要通过信靠基督,来做神的义器,通过被圣灵充满,与神同工来达到荣神益人。在现实生活中,用神的话语决策生活中的疑难,对待生活中的诱惑与挑战。只有这样,才能将我们的世俗生命转化为神圣生命。

1. 信靠基督做神的义器

保罗坚信,通过信靠基督可以被圣灵所充满;通过做神的义器,可以荣耀神。这是将世俗生命转化为神圣生命的唯一途径。保罗自身就是一个最好的范例,他恰恰是由于对耶稣的信靠,从一个迫害教会的拉比成为了一个积极传播福音的信徒。

我们的身体是有朽的、卑贱的、软弱的和不圣洁的,我们人人又都是有罪的,亏欠了神的荣耀,所以必须依靠神的圣灵,通过做神的义器,来转化我们的生命,成为新造的人。保罗以支帐篷为生,所以他以帐篷来比喻,我们当前在地上的身体是不牢固、暂时的,没有美感可言,但是我们将要得到的荣耀身体是永恒的、美好的,永远不会有衰败和软弱的迹象(《腓》3:20—21)。保罗还把人的身体看成一个瓦器(《林后》4:7),但是这个瓦器有一个贵重的宝贝(《林后》4:7—12),这个宝贝就是圣灵,是它让瓦器变得珍贵。在《提摩太后书》中,保罗提出,人应当自我洁净，脱离卑贱的事情，"做贵重的器皿，成为圣洁，合乎主用，预备行各样的善事"（《提后》2:21）。保罗把人说成是器皿，为的是让人晓得我们可以让神使用，把人说是泥土所造的瓦器，为的是让人知道自己的软弱，必须要依赖神的能力。

保罗在《哥林多前书》中多次表达了基督徒应当"与神同工"和"作神的义器"的观点。他劝勉基督徒一定要牢记，"你们是神所耕种的田地，所建造的房屋"，"你们是神的殿"（《林前》3:9—16），所以凡事都应当是为荣耀神而行。实际上，荣耀神最终乃是为了人的益处，"凡事都叫众人欢喜，不求自己的益处，只求众人的益处"（《林前》10:33），这样的人才是新造的人，才是得到拯救的人。

保罗以自己信仰耶稣前后所发生的转变为例，现身说法，让人知道神恩拯救罪人的神奇与伟大实在是不可测度。"我从前是亵渎神的，逼迫人的，侮慢人的，然而我还是蒙了怜悯……并且我主的恩是格外丰盛，使我在基督耶稣里有信心和爱心。'基督耶稣降世，为要拯救罪人'这话是可信的，是十分可佩服的。在罪人中我是个罪魁。然而我蒙了怜悯，是因耶稣基督要在我这罪魁身上显明他一切的忍耐，给后来信他得永生的人作榜样"（《提前》1:13—16）。

2. 正确对待生活中的诱惑与挑战

在现实生活中，基督徒如何面对肉体欲望的诱惑？保罗在《提多书》中说，神拯救我们的恩典已经显明出来了，就是要"教训我们除去不敬虔的心和世俗的情欲，在今世自守、公义、敬虔度日，等候所盼望的福，并等候至大的神和我们救主耶稣基督的荣耀显现。他为我们舍了自己，要赎我们脱离一切罪恶，又洁净我们，特作自己的子民，热心为善"（《多》2:12—15）。其中，基督徒如何面对金钱财富的诱惑，是关乎生命转化的关键。

第一，现世的财富并不是真正的财富。保罗继承了耶稣贬低世俗财富、崇尚天上财富的观点。耶稣说："不要为自己积攒财宝在地上，地上有虫子咬，能锈坏，也有贼挖窟窿来偷；只要积攒财宝在天上，天上没有虫子咬,不能锈坏,也没有贼挖窟窿来偷。"(《太》6:19—20)保罗在《提摩太前书》第六章阐述了对于财富的态度。他警告提摩太"要嘱咐那些今世富足的人,不要自高,也不要倚靠无定的钱财;只要倚靠那厚赐百物给我们享受的神。又要嘱咐他们行善,在好事上富足,甘心施舍,乐意供给人,为自己积成美好的根基,预备将来,叫他们持定那真正的生命"(《提前》6:17—19)。

第二,现世的财富并不能带来内心的满足。保罗提出,外在的财富不能永存也不能带来知足,真正的知足来自于内心的虔敬。我们基本的需要是必需的,也很容易得到满足,但是对财富的过分渴望却会把人引向罪。事实证明,财富常常是个陷阱,它给人带来捆绑而不是自由,不是满足感而是更大的贪欲。所以保罗劝告人"只要有衣有食,就当知足。但那些想发财的人,就陷在迷惑、落在网罗和许多无知有害的私欲里,叫人沉在败坏和灭亡中。贪财是万恶之根。有人贪恋钱财,就被引诱离了真道,用许多的愁苦把自己刺透了"(《提前》6:8—9)。

第三,财富本出于神,也应当用于神,这是保罗对于世俗财富如何归属与使用的态度。财富是神所赐予的,人只是财富的管家而不是所有者。"你要记念耶和华你的神,因为得货财的力量是他给你的。"(《申》8:18)我们拥有财富乃是出于神的良善,而不是因为我们有任何的功劳。因此拥有物质财富的人应当心存谦卑,并且归荣耀于神。人有可能"在今世富足"(《提前》6:17),却在来世贫穷;也有可能在今世贫穷,却在来世富足。耶稣也曾经谈到过这两种情形(《路》16:19—31)。如果一个基督徒用他所有的来荣耀神,他不但可以在今世富足,也可以在来世富足(《太》6:19—34)。

因此,正确的态度应当是,要以神厚赐的为荣耀。生命总有一天会终结,所以应当善用神所赐的财富,并与有需要的人分享,让钱财发挥最大的作用。只有这样,我们才会在属灵上富足,并投资在永恒中(《路》16:1—13)。"这样他们可以持定永生"(《提前》6:19)。单独物质财富的满足可以引诱一个人进入肤浅享乐的虚幻世界之中,只有物质财富的满足加上神的旨意,才能够引导人进入真实的生命和服侍神的永恒事工之中。

3. 活出真正有价值的生命

保罗认为,一个基督徒只有做到了信靠福音,以爱为标准,行事为人处处与蒙召的恩相称,他才在主里活出了真正有价值的生命。

第一,信靠福音,活出敬虔的生命。要活出有价值的生命,不能靠遵守律法,而是靠福音。律法只教给人知道应当做什么,不应当做什么,而没有教给人去做的力量。福音将圣灵赐给人,能够使人与放纵情欲、随顺肉体的欲望争斗,教导我们不是随从肉体,而是随从圣灵,并且结出圣灵的果子,如仁爱、喜乐、和平、忍耐、良善、温柔等,来荣耀神(《加》5:22)。"以律法为人生原则的人是出于奴隶的地位;以恩典为人生原则的人是自主的人。"①所以,基督徒要活出敬虔的生命,来见证自己是神的选民,要在神面前成为圣洁无有瑕疵,必须信靠神。

保罗从得救的那一天起就开始服侍耶稣,把自己的生命当作一个活祭献给了基督,人生充满了无畏的热情和属灵的动力,为信徒树立了一个属灵的、敬虔生命的楷模。保罗在三封教牧书信——《提摩太前书》《提摩太后书》和《提多书》中,对教牧人员提出,必须具备坚韧、忍耐、和善、善待老弱、体恤孤寡等品质,警告他们切莫贪财,要坚定信念防备异端渗入,这对于基督徒如何活出敬虔的生命发挥了引领的作用。关于敬虔的奥秘,保罗在《提摩太前书》中说:"大哉! 敬虔的奥秘,无人不以为然,就是:神在肉身显现,被圣灵称义,被天使看见,被传于外邦,被世人信服,被接在荣耀里。"(《提后》3:16)保罗在这里歌颂的就是耶稣对于上帝的敬虔。

第二,以爱为标准。保罗既强调爱神,也强调爱人。之所以要爱神,是因为神先爱我们;之所以爱人,是因为所有的人都是神的儿女,基督徒之间的爱是对神的爱的一种回应,只有互相之间真诚相爱才是真

---

① 〔英〕巴克莱:《新约圣经注释》,上海:中国基督教两会,2014 年版,第 1702 页。

正的爱神。保罗在《哥林多前书》第 13 章集中论述了爱的伟大所在，"知识教人自高自大，唯有爱心能造就人"。关于爱之重要，保罗说："我若能说万人的言，并天使的话语，却没有爱，我就成了鸣的锣、响的钹一般。我若有先知讲道之能，也明白各样的奥秘、各样的知识，而且有全备的信，叫我能够移山，却没有爱，我就算不得什么。我若将所有的周济穷人，又舍己身叫人焚烧，却没有爱，仍然与我无益。"(《林前》13：1—13)

关于何为爱，保罗指出："爱是恒久忍耐，又有恩慈；爱是不嫉妒，爱是不自夸，不张狂，不作害羞的事，不求自己的益处，不轻易发怒，不计算人的恶，不喜欢不义，只喜欢真理；凡是包容，凡事相信，凡事盼望，凡是忍耐。爱是永无止息。"(《林前》13：4—8)"如今常存的有信，有望，有爱；这三样，其中最大的是爱。"(《林前》13：13)关于爱在现实生活中的体现与落实，保罗要求夫妻互爱，父子互尊，主仆互敬(《西》3：18—4：1)。上帝的选民"要存怜悯、恩慈、谦虚、温柔、忍耐的心……彼此包容，彼此饶恕"(《西》3：12，13)，而"最妙的道"就是"爱"。在《提摩太前书》第五章中，保罗论述了要用爱心对待年老的寡妇和年轻的寡妇等。通过这些我们可以看出，基督徒透过爱神的百姓来爱神，在充满爱的团契(教会)中，可以活出在主里的生命，可以活出属灵的新生命。

第二，行事为人要对得起主，要与蒙召的恩相称。保罗多次表达了这样一个思想，就是基督徒行事为人要对得起主，要以荣耀神作为一生的目标。在《以弗所书》中，他以为了主被囚禁的使徒的口吻，规劝信徒"既然蒙召，行事为人就当与蒙召的恩相称。凡事谦虚、温柔、忍耐，用爱心互相宽容，用和平彼此联络，竭力保守圣灵所赐合而为一的心"(《弗》4：1—3)。在《歌罗西书》中保罗教导信徒"行事为人对得起主，凡事蒙他喜悦，在一切善事上结果子，渐渐地多知道神，照他荣耀的权能，得以在各样的力上加力，好叫你们凡事欢欢喜喜地忍耐宽容，又感谢父，叫我们能与众圣徒在光明中同得基业"(《西》1：10—12)。"行事为人要对得起主，要与蒙召的恩相称"，也就是要基督徒以自己的行为荣耀上帝,把自己的身子当作圣灵的殿,让神来彰显他的大能,来实现他的拯救计划。

第三,脱去旧人成为新人。在《以弗所书》第四章中,保罗劝勉信徒既然听了耶稣的道,领了耶稣的教,学了他的真理,就不能再像外邦人那样存虚妄的心行事,与神所赐的生命隔绝,而应当"脱去你们从前行为上的旧人,这旧人是因私欲的迷惑渐渐变坏的。又要将你们的心志改换一新,并且穿上新人,这新人是照着神的形象造的,有真理的仁义和圣洁"(《弗》4:22—24)。保罗同时指出,基督徒既然在神的教会中已经开始了新的生活,就应当遵循新的生活守则。要弃绝谎言,与邻居说实话,不应当偷窃,不可以说污言秽语;行事为人应当像"光明的子女"(《弗》5:8),"要谨慎行事,不要像愚昧人,当像智慧人;要爱惜光阴,不要作糊涂人,要明白主的旨意如何;不要醉酒,酒能使人放荡,乃要被圣灵充满。"(《弗》5:15—18)在第六章,保罗进一步提出用"穿戴神所赐的军装"来抵挡魔鬼的诡计(《弗》6:11)。总之,只要摒弃一切从前的不良品德,将心志改换一新,效法耶稣舍己作为活祭献给神,一切凭爱心行事,就能够活出在圣灵中的新生命。

第三节　孟子与保罗生命价值论之异同

孟子在性善论的基础上指出,每一个人都应当修身立德,在家庭和社会中肩负起自己的责任,士君子应当辅佐君王拯救天下苍生于水火之中,圣人之徒则必须以辟邪说暴行、弘扬孔子之仁义思想、教化后知后觉为自己的使命。这样,才能实现自己的生命价值。与此相对,保罗则是在继承《旧约》人有罪的前提下,强调耶稣的死而复活成就了上帝与人订立的《新约》,无论是犹太人还是外邦人,无论是主人还是奴隶,无论是男是女,都可以通过信靠耶稣基督,通过耶稣基督的圣灵入住,通过与神一同做工,而转变自己的生命。进而通过在基督中的爱和各种品德,成就自己的新生命,在奉献神的事工中,实现自己的生命价值。

每一个基督徒应当像耶稣那样,将自己的身体当作活祭献给神,服务于神的拯救事业。

孟子与保罗的生命价值论,虽然在显性的层面,即实现场域和实现途径上,存在着世俗社会与神圣教会的不同;但是在隐性层面,即在倡导生命的神圣以及生命的使命与担当上,则有诸多的共通之处。尤其是在职业之于人生的重要意义、生命苦难具有的积极价值等方面有着诸多相似的论述。由此,我们可以洞见中西哲人对于生命之关切的普世性。

一、孟子与保罗生命价值论之分野

生命价值论内含两个问题。第一,人生的终极目标是什么? 或者说,这一终极目标赋予人之生命何种意义与价值。第二,人应当如何追求这一目标? 或者说,在追求这一目标的过程中怎样实现自身的生命价值。关于这两个问题,孟子与保罗用自己的生命做出了截然不同的诠释。

1. 内圣外王与神的义人——终极目标不同

孟子认为,作为圣人之徒,生命的终极意义与价值所在,一是成就内圣的品格,一是成就外王的事业。通过不断地修养自己成就圣贤的品德,这一点是完全取决于自己的,是求则得之的。而成就外王的事业,则需要许多外在的条件。

人首先是一个具有血缘关系的社会存在物。所以一个人必须首先肩负起家庭的责任,成为一个孝子。如果身体懒惰、博弈好饮酒、好财货私妻子而不管不顾父母的生活就是不孝,如果没有留下后人来传承生命也是不孝。在社会中,一个接受过圣贤教育的士大夫,其道德的追求就是成就圣贤品格,其事业的追求就是成就尧舜一样的伟大功业。孟子用“大丈夫”这一概念来表达不管人是否得志,不管外在的贫富贵贱,人都应当通过自我的努力来完善自己的品格,提升自己的生命层次和境界。

孟子认为，成就内圣的品格与外王的功业是统一的。士要"尚志"，仅仅能够修养自己还不够，还要有利及苍生的伟大志向，肩负起服务社会的责任。个人的生命价值是在为社会服务与奉献中实现的，"得志，泽加于民，不得志，修身见于世"（《尽心上》9）。如果由于外在原因而使理想得不到实现，那也应当保持自己高尚的品格与情操。大禹和后稷处在政治清明的时代，可以把理想抱负付诸实现。与此相反，颜回虽然也有禹、稷的抱负，但是拘囿于时代的限制只能居于陋巷。所以，孟子依然高度赞扬颜回的品格——"禹、稷、颜回同道"，"禹、稷、颜子易地则皆然"（《离娄下》29）。他自身也效法禹、稷、颜回，不畏艰难奔走于各个诸侯国之间，推行自己的仁政学说，将拯救天下苍生作为自己的毕生追求。即便是到了晚年，仍然通过讲学收徒来影响社会和国家，通过传承圣学来教化天下苍生，以期实现"黎民不饥不寒，老者衣帛食肉"的理想社会。

与孟子相对，保罗的人生价值则充满了神圣的色彩。比之于孟子"大丈夫'的人格，保罗则始终把成为"神的义人"作为理想的品格。要成为神的义人，就要去掉自己身上的罪性，成为圣洁。而要达到这一目的，必须通过信靠耶稣的赎罪与拯救。比之于孟子所主张的圣王功业，作为神的仆人的保罗，则始终将成就神的伟大拯救事业，彰显神的大能作为自己人生终极目标。要实现这个目标，就要积极传播神的福音，让更多的人了解神的福音，进而通过信仰神，来加入教会成为神的儿女，接受圣灵的入住；通过做神的宫殿，做神的肢体，与神同工，被神的圣灵所使用来荣耀神。只有这样的人，才是神的义人。

2. 经世济民与天国义路——实现的场域与途径不同

孟子内圣外王的终极目标是在家庭、国家与社会这样一个场域中来实现的，实现的途径主要是通过教育。孟子作为一个伟大的教育家，把全天下的人都当作了自己的教育对象。

孟子教育君王要坚信人性之善良，发扬光大人之不忍人之心，心怀天下苍生的疾苦，远离战争和暴政，体恤鳏寡孤独，爱惜民生民力，发展生产,以不忍人之心行不忍人之政,进而实行经济政治文化和教育各方面的变革;他教育士君子传承圣学仁义道德之精神,拒斥杨朱、墨翟之邪说淫辞,远离杨朱的极端利己思想和墨家不切实际的利他思想;教育百姓在生活富足之后要践行孝悌礼义,最终实现"父子有亲,君臣有义,夫妇有别,长幼有序,朋友有信"(《滕文公上》4)的美好社会;他教育自己的学生不能为了吃喝,为了一己之私利,而应当官守言责,辅助国君行仁义。

与孟子相反,保罗则是通过传福音、建立教会来实现自己人生价值的。保罗一直秉承一个信念:自己是受神呼召的使徒,应当传福音于外邦人,让神成为全天下的神,用神的话语拯救一切的人。只有这样,自己作为一个神的仆人,一个受命传福音的使徒,才可以成为神所喜欢的人,才是实现了自己生命的价值。正如他自己所说"无论是生是死,总要叫基督在我身上照常显大"(《腓》1:20)。所以保罗一生都致力于到处传扬福音,建立与牧养教会,反对各种异端邪说,保证各地教会信仰的纯洁。在这样的活动中,保罗度过了自己的一生,遭遇了各种艰难困苦,经历了各种磨难,但是却终生不悔,反倒是觉得这是对主的最好的交代。因为他始终秉承着无论做什么,"都要为荣耀神而行"(《林前》10:31),无论做什么,都是从心里作"像是给主作的,不是给人作的"(《西》3:23)。

3. 仁心推扩与神的拯救——依靠的力量不同

孟子与保罗所追求的人生价值不同,实现人生价值的场域途径不同,自然就决定了他们实现人生价值所依靠的力量也截然不同。

孟子把实现内圣外王的根本动力,归因于人人都具有的向善本性,归于人人都具有成就自己的内在潜能。内圣外王的目标能否实现,关键取决于自我。孟子打比方说,麒麟、凤凰、泰山、江海、圣人都是"出于其类,拔乎其萃"的,都是从平凡中超越出来而达到伟大崇高境界的。每一个人都应该效法这种精神,踏踏实实地修炼自己的学养,日久功深,一定会出现不平凡的成就。孟子特别指出,孔子也同样是源于一个平凡人,从"学而不厌,诲人不倦"逐渐升华到"从心所欲不逾矩"的境界。"圣人之于民,亦类也。出于其类,拔乎其萃。自生民以来,未有盛于孔子也。"(《公孙丑上》2)如果能够坚信圣人与我同类,不断存养充扩四心,自我挺立道德主体,就能够发生由凡人到圣人的转变,由孝子到忠臣的转变。诸侯国君,如果能够坚信自己内在的圣贤之心,又积极把这一仁心向外推扩,去实现仁政,就可以实现天下太平、国家一统的局面。

在孟子看来,正是因为人人都具有这种内在的向善和从善的力量,"凡人与圣贤同类",圣人是由平常人经过道德修养而成。所以,我们每一个人都应当立志修养自己,并借助外在的圣贤教育,成就自己的品德,成就一番事业。至于笃信孔子仁义学说的圣人之徒,应当不待外在教化,自我激励成就自身。

保罗则在人有罪的前提下,强调任何人都不能摆脱自己身上的罪性,因为这罪性是从亚当遗传而来,使得人远离了神,破坏了人与神之间的正当关系。要摆脱人身上的原罪,恢复与神的和好,人自己是无能为力的,唯独依靠神。因为人是属于肉体的,而神是属灵的。保罗打比方说,基督徒是"神所耕种的田地,所建造的房屋",基督徒是"神的殿"(《林前》3:9—16)。人的身体是一个瓦器,里面有一个贵重的宝贝(圣灵),是那宝贝让瓦器变得珍贵(《林后》4:7—12)。

耶稣基督是上帝道成肉身,是神亲自介入了人类历史,来拯救人类。他的死而复活就成就了神与人之间的新约法。现在我们通过信靠他不仅可以获得拯救,可以摆脱罪而成为义人,更为重要的是,依靠神救赎的大能,我们才能找到自己生命的意义与价值所在。保罗多处举例说,只有通过信靠神,让神的灵入住我们的内心,我们才会与神结合,成就神的意思。播种的是人,浇灌的是人,但是决定生长的是神(《林前》3:6—7)。人是有朽易碎的瓦器,而神是永恒的灵,人的生命是有限的,而神是永生的。终有一死的人只有通过信靠神,通过与圣灵融为一体才可以实现自身的意义与价值,才可以死后永生。

二、孟子与保罗生命价值论之会通

孟子和保罗从各自不同的文化背景与人生经历出发,都主张生命的神圣与人格的平等,强调生命的责任与担当。他们都看到了,每一个人都是通过自身所从事的职业和工作来实现生命的价值,因而强调了职业对于人之生命的重要性。他们都强调艰难困苦具有的正面价值,同时给了人们面对苦难的智慧与勇气。

1. 生命神圣与人格平等

孟子和保罗都主张生命的神圣和人格的平等,但是二人的论说角度是不同的。孟子从"天生蒸民"和"民为贵"的角度,强调每一个生命都应当得到尊重与保障;而保罗则是从上帝造人和基督拯救的角度,强调每个人都是神所创造的,都是基督拯救的对象,都可以活出圣洁的生命。

孟子不仅主张生命有其内在的价值与尊严,主张每一个生命和人格应当受到尊重,而且尤其强调了普通老百姓生命应当得到保障。在战乱频仍、苛捐肆虐的战国时代,孟子鲜明地提出"民为贵,社稷次之,君为轻"的口号,呼吁统治者要尊重和保障每一个老百姓的生命。他批判战争是"率土地食人肉",批判暴政是"率兽食人",反对合纵连横的杀伐战争,提出"不嗜杀人者能一之"和"仁者无敌"的思想,高标"行一不义,杀一无辜,而得天下,不为也"的政治理念。孟子还提出恢复井田,提出"制民之产"等一系列保障民生的政治经济措施。他倡导"人人有贵于己者",每个人的人格都是平等的,都可以经由存养充扩,而成就自己的道德人格。"人皆可以为尧舜","圣贤与我同类",只要不断修养进取,人人皆可以成就圣贤品格。这些思想都极大地彰显了生命神圣性,彰显了人格的尊严。

保罗的生命神圣与人格平等表现在两个方面:第一,每一个人都是神所创造的,而且是神照着自己的样式所造的,都具有神的形象,但是同时也都是由泥土所造的,因而生命是神圣的也是平等的。由于亚当、夏娃违背了神的诫命,偷吃了禁果造成了原罪,死就进入了人的身体,并且遗传给每一个人,"罪由一人进入世界""罪的代价乃是死"。所以,每个人都是罪人,每个人都是有死的。没有任何人可以夸口,凭自己的能力恢复人与神之间的和好关系。在这一层意思上,我们看到了生命来源的神圣与平等——所有的人都是神造的,都是有死的受造物,生命无贵贱。同时,人又都是罪人,都亏缺了上帝的荣耀,在这一点上也是平等的。第二,上帝派他的独生子耶稣基督取了人的模样,即道成肉身来到人间,与人类担当起苦难与死亡。上帝眷顾每一个人,耶稣基督为了拯救每一个人脱离罪,脱离死的束缚,耶稣基督的死而复活就成就了人与神的一个新约,每一个人,不论他是犹太人外邦人,不论他是男是女,是主人是奴隶,在耶稣基督里都是平等的,都是神的儿女。因为"不拘是犹太人,是希腊人,是为奴的,是自主的,都从一位圣灵受洗,成了一个身体,饮于一位圣灵"(《林前》12:12—15)。所以信徒不再有"犹太人、希腊人、自主的、为奴的、或男或女"的区分,而是"在基督耶稣里都成为一了"(《加》3:28)。在福音书中,过去饱受歧视的女人成为了神的见证者,成为了教会的执事;原来不被当作人来看待的奴隶也成为了主内的弟兄姊妹。大家共同侍奉主,彼此相爱,与神同工,活出在基督中的圣洁生命,用自己的事工来彰显神的大能。

保罗不仅强调所有的人一律平等,都是上帝的儿女,给不受人尊重的女人和奴隶以尊严,他还告诉人们,即使他们不受到世俗社会的注意,在权贵眼中也算不了什么,但是天上的父却万分眷顾他们,甚至牺牲他的独生子为他们赎罪,来拯救他们。教会的圣餐就是基督徒真正平等的一个重要体现。在早期的教会中,有这样一个习俗,称为"爱佳箔"(Agape)或"爱筵"(Love Feast),全体基督徒把他们的食物放在一起,不论阶级民族种族,不分贫富,不分男女,大家都聚集在一起享用圣餐。巴克莱援引了一位教会史家的话来高度评价圣餐的重要意义:"在他们自己的范围之内,几乎完全解决了当时罗马和现代欧洲仍然困扰的问题。他们提高妇女地位,恢复劳工神圣,废除乞丐,消灭奴隶的痛苦。这种革命的秘诀是在主的晚餐中,一切种族及阶级的自私,完全都已忘了；同时也在乎社会的新的基础——这基础是建造在人（基督为众人死）里面可以看见的上帝的形象的爱上。"①

2. 生命的责任与使命

在生活中，孟子和保罗都勇敢地肩负起了自己的责任与使命。作为被后世所尊奉的圣人和导师，他们都给予了门徒弟子诸多的人生教诲，这些思想虽历经久远，仍为后人所传扬。

孟子认为每个职位都有应尽的义务与责任，如果没有尽到自己的职责就应当辞职。"有官守者，不得其职则去；有言责者，不得其言则去。"（《公孙丑下》5）人的言行要与他的身份角色相配合，尤其是担当公职的人，无论是一般官员还是王侯国君，决不能尸位素餐。孟子在平陆用"持戟之士一日而三失伍"和"受人之牛羊而为之牧之者"（《公孙丑下》4）的譬喻，批评了孔距心和齐宣王没有尽到本职的罪过。当齐宣王问卿的责任时，孟子告诉他，贵戚之卿的责任是"君有大过则谏；反覆之而不听，则易位"，异性之卿的责任是"君有过则谏；反复之而不听，则去"（《万章下》9）。接受过圣贤教诲的士君子的职责就是"格君心之非"，辅助君王行仁政，利济苍生。"先知先觉"的士君子还应该发挥"草上风偃"的模范作用，担当起化育"后知后觉"的历史使命。

孟子在与梁惠王和齐宣王谈话中，多次谈论了国君的职责。一国之君要把国家治理好，使四境之内国泰民安，避免"上下交征利"（《梁惠王上》1）"狗彘食人食而不知检，涂有饿莩而不知发"（《梁惠王上》3）的现象发生；要绝对避免侵夺民时，造成百姓"不得耕耨以养其父母，父母冻饿，兄弟妻子离散"的悲剧现象；要通过"制民之产"的政策实现"居者有积仓，行者有裹粮"，"内无怨女，外无旷夫"（《梁惠王》下 5）；通过"谨庠序之教，甚至以孝悌之义"来实现"颁白者不负戴于道路"，"老者衣帛食肉，黎民不饥不寒"（《梁惠王》上 7）。否则，人民就有权革命，有权变置社稷推翻旧政权。

① 〔英〕巴克莱：《新约圣经注释》，上海：中国基督教两会，2014 年版，第 1572 页。

在保罗看来,对自己民族的传统大有热心,积极传承本民族的信仰与文化,是一个忠实的拉比必须肩负的责任。无论在早期迫害教会的时候,还是积极传教时候,保罗都有这样一种责任感与使命感。在《罗马书》第十五章,他阐明了自己作为神的仆人的宣教使命:是神给予他恩典,差使他做奴仆去外邦人那里传教,"作神福音的祭司,叫所献上的外邦人,因着圣灵,成为圣洁,可蒙悦纳。除了基督借我作的那些事,我什么都不敢提;只提他借我言语作为,用神迹奇事的能力,并圣灵的能力,使外邦人顺服"(《罗》15:16—18)。保罗关注的从来都不是他个人的安危和舒适,而是传扬主的道,使外邦人可以得救,并且"立了志向,不在基督的名被称过的地方传福音,免得建造在别人的根基上"(《罗》15:20)。他毕生都致力于把福音传到地极西班牙去,以此践行他荣耀神的使命。

基督徒的责任,就是要以自己的行为荣耀上帝。保罗告诫他们:"岂不知你们的身子就是圣灵的殿么?这圣灵是从上帝而来,住在你们里头的;你们不是自己的人,因为你们是重价买了来的。要在你们的身子上荣耀上帝。"(《林前》6:12—20)保罗还强调,在家庭中不同角色具有的不同责任。他要求老年人要有节制端庄的美德,要用善道教训人;他劝勉少妇要爱丈夫、爱儿女、顺服丈夫,劝少年人要谨守,劝仆人顺服主人等(《多》2:2—9)。保罗还论及了作为教会执事应当肩负的责任和必须具备的品质,比如应当无可指责,不任性,不暴躁,不因酒滋事,不打人,不贪不义之财;乐意接待远人,好善、庄重、公平、圣洁自持(《多》1:5—9)。教会长老要阻止假道理的传播,使信徒"不听犹太人荒谬的言语和离弃真道之人的诫命"等(《多》1:10—16),他也论及了基督徒对社会的责任:顺从当权者,遵守其命令,做善良的公民,不要因律法而辩论争吵、分门结党(《多》3:1—11)。

3. 职业(工作)对于生命的意义

孟子和保罗都强调了工作和职业的重要性:任何人任何时候都要工作,都不能白吃饭,不劳动就不得食;各种职业和工作都是社会所不可缺少的,没有高低贵贱之分,社会的分工与合作乃是必然要求;职业和工作不仅是个人实现自身价值、发挥自己潜能的途径与手段,也是成就他人的手段;职业和工作所创造的财富不仅仅是为了满足个人,也是为了全社会,用来保障所有人的生存权益。

首先,社会上任何职业和工作都是必不可少的。纵然民以食为天,耕田最重要,但是社会是需要分工合作的,必须有手工业——百工之事,必须有商业来"通功易事",必须有知识分子——来管理公共事务。当公孙丑问"君子不耕而食"的合理性时,孟子告诉他:"君子居是国也,其君用之,则安富尊荣;其子弟用之,则孝悌忠信。"(《尽心上》32)可见君子在社会上的功劳是最大的,是最不白吃饭的,"君子不耕而食。不素餐兮。孰大于是?"当彭更怀疑孟子及弟子们传食于诸侯是否过分时,孟子指出,商人的作用在于"通功易事,以羡补不足",读书人的贡献与价值在于教育人们"入则孝,出则悌,守先王之道,以待后之学者"(《滕文公上》4)。社会只有分工合作才能够创造出更多的价值,只有通工易事才能互通有无,只有教育才能保证社会有序与文化传承。

孟子反驳了农家徐行提出的"贤者与民并耕而食,饔飧而治"的思想(《滕文公上》4),区别了大人之事与小人之事、劳心者与劳力者的不同分工与作用。关于孟子的"劳心者治人,劳力者治于人"素来争议颇多,以前许多人认为是孟子宣传剥削有理的思想,有歧视劳动人民的立场等。在今天看来,这种从阶级对立和阶级斗争出发得出的看法非常荒谬。孟子从社会分工的角度来立论,在于提出每一种职业都有它存在的价值,社会离不开分工合作。"有大人之事,有小人之事,且一人之身,而百工之所为备,如必自为而后用之,是率天下而路也。"(《滕文公上》4)正如杜维明先生所指出的,孟子的这种提法不仅具有历史价值,而且至今还有深刻的现实意义。细扣文脉,孟子标出大人之事和食于人(靠人吃饭)的劳心者,是针对"君子不耕而食"或"士无事而食"之类经济主义而发的。说穿了,徐行的"神农之言"也是一种不顾社会的意义结构,甚至对服务阶层的功能也懵然无知的唯劳动生产是问的极端思想。①

其次,孟子论述了各个职业都有其特定的职责,尤其强调了士君子读书人要以得君行道为职责,通过服务于国家和社会来造福天下百姓,同时还要肩负起对百姓进行教化的责任,使社会达到"父子有亲,君臣有义,夫妇有别,长幼有序,朋友有信"(《滕文公上》4)这样一种和谐有序的状态。对于官员而言,不论官位大小,在国家遇到危难的时候,都应当与国君共赴国难。子思在卫国担任地方小官员,齐国人来进攻,有人劝子思尽快离开是非之地以防不测。子思却说:"如汲去,君谁与守?"孟子对子思坚守职责的行为大加赞赏——"曾子、子思同道","易地则皆然"(《离娄下》31)。

第三,孟子以制造铠甲的函人与制造弓箭的矢人的职业特殊性为例,说明了不同职业会影响人的生命气质和性格。"矢人岂不仁于函人乎?矢人唯恐不伤人,函人唯恐伤人。巫匠亦然。故术不可不慎也。"(《公孙丑上》7)制造箭的唯恐不能射伤人,而制造铠甲的唯恐人被射伤;治病的巫医希望能够救活人,而生产棺材的匠人则希望人死。所以,孟子提醒人选择谋生的职业需要慎重。不同的职业,由于不同的利益会产生冲突,不同的职业心理也可能导致人背离正常感情。这其中暗含着一种警醒,人不要受行业特殊性的影响,不可以因为行业的原因而失去仁爱之心。在诸多的行业当中,以教育学生为职事的教师更有助于培养人之善良德性,所以孟子以教育英才为自己的毕生职业追求,并视为人生三乐之一。

与孟子极为相似,保罗首先论述了这样一个职业观念:在教会中,所有的基督徒没有高低贵贱之分,没有民族种族之别。在主里面,所有工作都是必不可少的,都是平等的,都是互相效力的,都是荣耀神的工作。每一种工作都是基于神的分派,没有哪一种工作比另一种更为重

① 杜维明:《孟子:士的自觉》,载李明辉主编《孟子思想的哲学探讨》,台北:台湾"中研院"文哲所,1995年版,第8—9页。

要更有意义,同样是我们荣耀神的手段。"眼不能对手说,我用不着你;头也不能对脚说,我用不着你。"(《林前》12:21)

在《格林多前书》第三章,保罗批判了信徒各自夸耀自己功劳的错误,他指出:"栽种的算不得什么,浇灌的也算不得什么,只在那叫他生长的神。"(《林前》3:7—8)基督徒都是"与神同工的",是"神所耕种的田地,所建造的房屋"(《林前》3:9)。基督并不是分开的,所有传扬福音的人譬如"一个身体上的许多肢体",尽管分工不同,但是工作性质都一样,都是在耶稣基督的根基上建造工程。因此任何人都不能骄傲,都应当存谦卑的心,以自己的行为荣耀上帝。

在使徒保罗看来,任何职业都是神所安排的,我们从事的工作是与神同工的,是为了荣耀神,所以"无论作什么,都要为荣耀神而行"(《林前》10:31),"无论作什么,都要从心里作;像是给主作的,不是给人作的"(《西》3:23)。人们在世的一切活动,归根到底是为了荣耀上帝而行。这一观念被后世宗教改革家马丁·路德和加尔文所继承,并将其发展成为"天职",鼓励人们辛勤工作赚更多的钱来荣耀上帝,不仅解决了宗教信仰与世俗生活的矛盾,还赋予了世俗活动以崇高的宗教意义,论证了追求财富的合理性,并认为这是荣耀上帝的最大的义。

保罗以自己的传教工作为例,说明了工作的真正报酬并不是金钱,而是从工作带来的满足。他在《哥林多前书》中说,神"叫传福音的靠着福音养生,但这权柄我全没有用过"(《林前》9:14—15)。他坚信自己心甘情愿传福音,就必定有上帝的赏赐,那就是自己传福音的时候,"叫人不花钱得福音,免得用尽我传福音的权柄"(《林前》9:17)。可见,保罗传福音不计任何个人报酬,考虑的完全是接受福音者的利益,要避免人滥用传福音的权柄危害信徒。保罗说,凡是自己所行的,都是为了福音的缘故,为了要与人同得福音的好处(《林前》9:23)。所以他白天从事传道,晚上织帐篷以谋生,拒绝教会的奉养,唯恐人们怀疑他是为了得利而传福音。

保罗的行事为人树立了勤劳和审慎的榜样,也证明了这样一个真理:即便是普通的手艺技能也是上帝的恩赐,上帝不仅能让人通过做工来养家糊口,通过奉献他人来荣耀神,还能够让人在工作中得到神所赐予的智慧和技能。保罗不分昼夜地做工,不仅仅是为了供养自己,也是为了帮助他的同工。他帮助过路加,也帮助过提摩太,甚至为了救助别人而自己忍饥挨饿。因为他坚信,他这一切都是从心里为主而做的,都是为荣耀神而行的。

4. 艰难困苦对于生命的正面价值

孟子和保罗都是在社会动荡的时代,在饱受困苦的生活中度过一生的。他们都从自身的经历出发,清晰地感受到了苦难经历所具有的正面价值。

没有人可以一生不经历苦难。苦难可能来自于自然的灾难,比如山崩海啸地震等;也可能源于社会原因,源于人类的罪恶,比如战争和社会的动荡等;也可能是源于自己的过失,源于自己所犯的错误。不管怎么说,人生的苦难是不可避免的,但是苦难的作用并不都是消极负面的,还有积极正面的,"苦难的经验经常可以令一个人对自我、对周围的人、对价值有一种突破性的发现"①。

孔子出生在社会动荡时期,家庭贫寒,一生历尽艰辛,所以才有"多能鄙事"的生活本领,才有十五岁立志求学的志向。孟子与孔子一样,出身贫苦家庭,成长历尽艰辛,年少时母亲以织布为生。正是源于自己的苦难经历,形成了他对于人生苦难意义的深刻洞见。孟子从舜、傅说、胶鬲、管仲、孙叔敖和百里奚等一系列圣人经历苦难而成就的事例,得出了千古流传的伟大真理:"故天将降大任于斯人也,必先苦其心志……所以动心忍性,曾益其所不能。……然后知生于忧患而死于安乐也。"(《告子下》15)

孟子首先把苦难归之于天的考验,是天将要降临重大责任而对他的考验。恰恰是在这种苦难中人得到了历练,"人之有德慧术智者,恒

① 温伟耀:《上帝与人间的苦难》,香港:明风出版社,2013 年版,第 76 页。

167

存乎疢疾。独孤臣孽子，其操心也危，其虑患也深，故达"（《尽心上》18）。由于历经灾难，人才具备了德行、智能、见识和谋略，那些孤立之臣和庶孽之子，正是他们内心警惕不安，考虑祸害比较深远，所以才通达事理。在危难不安中，人的内在潜能才得到发挥。当然，这种外在的磨难转化成行为主体的才干，必须能够唤起主体内心的醒觉，才能发愤图强努力提升自己，也就是"动心忍性，增益其所不能"的过程。一个人乃至一个国家如果始终不经历忧患苦难，而长期安逸享乐，结果必然是走向灭亡。"生于忧患，死于安乐"，个人如此，国家也是如此。

保罗在传播福音的过程中，经历了千难万险，但是他始终坚信苦难是神的试炼，患难中必定有神安慰，在苦难经历中能够成就属灵生命的成长，短暂苦楚可以成就将来永恒的荣耀。在《哥林多后书》第十一章16—33节，保罗自述了自己的苦难经历。他认为自己经历的鞭打、沉船、饥饿、赤身裸体等都是神对自己的考验。在第十二章第7—8节，他提到了身上的刺带给自己的痛苦。保罗身上的刺到底为何物？巴克莱列举了学者多达八种可能性的猜测[1]，由此，我们可以想见保罗的苦楚。在被押赴罗马的航海途中，遇险后在狂风中飘荡14天，他完全不考虑自己的安危，而是鼓励众人的信心。

保罗之所以具有这样一种精神，正如他自己所说的，是出于神，而不是出于自己，是由于有耶稣基督的灵"这个宝贝"放在自己这个"瓦器"的身体里，所以"四面受敌，却不被困住；心里作难，却不失望；遭逼迫，却不被丢弃；打倒了，却不至死亡"（《林后》4：7—9）。保罗坚信：对于一切相信神的人，神都会亲自赐下他的安慰："我们在一切患难中，他就安慰我们，叫我们能用神所赐的安慰，去安慰那遭各样患难的人。"（《林后》1：3—4）只要相信"我们这至暂至轻的苦楚，要为我们成就极重

---

[1]〔英〕巴克莱：《新约圣经注释》，上海：中国基督教两会，2014年版。巴克莱指出：加尔文认为是灵性的试探，路德认为是反对与逼迫，还有肉身的引诱、保罗其貌不扬的外貌、癫痫症、头痛病、眼疾和疟疾等共八种。具体参看第1667—1668页。

无比永远的荣耀"(《林后》4:17),并且靠着这种信心生活,就不会在苦难面前丧胆,外在的身体虽然可能毁坏,但是内心却可以一天新似一天,同时在苦难中可以生出忍耐,生出爱,生出对神的无限信靠。苦难对于生命的正面意义和价值,就在于苦难可以带来生命的磨炼与成熟。[①]

在保罗的眼中,上帝纵然是万能的,人间也依然会有苦难。基督爱我们,但是神不会荫庇我们,叫我们不用经历生命中的困苦,因为这些困苦,能促使我们属灵的生命成长(《罗》5:3—5)。神向我们保证,生命中的困苦是为我们效力,而不是要针对我们的。神容忍试炼临到,我们就能够利用它们叫自己得着益处,并叫神得着荣耀,我们因为神的缘故忍受试炼(《罗》8:36)。所以,我们既接受苦难为正常而忍受,又相信在神的帮助下,既积极面对不逃避,又正视接纳不可改变的事实,谋求补救的方法。尤为重要的是,我们相信上帝与人一起承担苦难并且战胜苦难与死亡,上帝与人类共同背负十字架,使我们看到了十字架背后的胜利、上帝的荣光与大能。

保罗这一对待苦难的态度源于这样一个事实:上帝道成肉身采取了人的模样,来到人世间生活,接受了极为痛苦的死亡方式——死在十字架上,并且三天以后又复活了,这给予每一个处在苦难中的人以一种崭新的视域。让基督徒可以从过去、当下和将来三个维度来面对自己所遭受到的苦难。[②] 基督教的这种对待苦难的态度,正如神学家尼布尔

——————————

① 温伟耀在《上帝与人间的苦难》书末注中,援引了希克的名著 Evil and the God of Love 中提出的苦难的"心灵塑造历程"理论,详细阐述了这个问题。希克认为,既然是上帝创造了具有自由和独立意志的人类,那么人的认知就必然地与上帝的认知有差别。人就必须经历学习的过程,才会逐渐在思维上及道德上成长、成熟而趋近上帝。这个历程必然包括人要接受挑战、要冒险,才可以发挥出创意和孕育出美德。故此在这样的人生路上,吉凶际遇的交织是在所难免的。苦难存在的教育意义就在于此。具体内容参见上书第 175 页。

② 温伟耀认为,基督教的核心信仰,耶稣在十字架上的死而复活可以是基督徒从过去、当下和将来三个时间的视域维度来面对自己所遭受的苦难:1. 从过去的维度,使基督徒知道在十字架上痛苦至死的是上帝自己,上帝的这种痛苦已经囊括了人间的一切痛苦,也包括了我今天所受的苦,所以基督徒知道,天地的主宰体会过也明白我（转下页）

(Reinhold Niebuhr, 1892—1971)的祈祷文所说的:"上帝啊,求你赐给我稳静的心境,去接纳那些我不能改变的事实;又求你赐给我勇气,去改变那些我仍然可以挽救的情况。更加重要的是,求你赐给我智慧,去判断两者之间的分别。"①

(接上页)的苦楚,所以我并不孤单。2.从当下的维度讲,因为耶稣基督死后三天就复活了,现在仍然活在永恒的象限中。所以他并不是一位过去了的历史人物,他对痛苦的体验与我的痛苦之间的关系,并非只是一种凭吊过往、以怀念去共鸣的慰藉而已。我当下在苦难中,可以向他倾诉、祈求他赐我勇气和力量去面对。3.从将来的维度看,复活的耶稣基督确定了上帝胜过死亡和痛苦的事实,而且他这种胜利的能力一直延展到永恒的将来。所以当我遥望前路的时候,我不会绝望。苦难终于会过去的,生命的终端并不幽暗,而是光亮的明媚。摩尔特曼所著的 *The Crucified God* (London:SCM, 1974)是经典之作。参看温伟耀:《上帝与人间的苦难》,香港:明风出版社,2013年版,第182—183页注38。

① 转引自温伟耀:《上帝与人间的苦难》,香港:明风出版社,2013年版,第55页。英文原文是"God, grant me the serenity to accept the things I cannot change; the courage to change the things I can; and wisdom to know the difference."见174页。

第五章　孟子与保罗生死超越论之比较

在生死超越理论上,孟子要解决的核心问题是人的心性与天的关系,而保罗要解决的核心问题是人与上帝的关系。孟子通过尽心知性知天和存心养性事天的一系列修养功夫来克服个体之私欲,达到"夭寿不贰,修身以俟之"的超越生死境界,通过建立历史的功业,"为法于后世",超越肉体生命的有限性,来实现在历史中不朽。而保罗则强调对神的信仰,对神的委身,通过与神同工,通过做神的义器,依靠神的圣灵的永恒性,来实现人的超越性。与孟子不同,保罗所要实现的超越与不朽,不是在历史中实现,而是通过死后复活,在天国里成为属灵的"新造的人"来实现。

第一节　孟子的生死超越论

孟子的生死超越是围绕着天人之间关系展开的。人性的善良端芽来自天道天命,通过"存养充扩"的修养功夫,人之性可以与天道天命相互贯通实现天人合德。体悟出天道作为无限超越性的存在,乃是人之道德的根源。同时人通过尽心知性和存心养性的道德实践,不仅能够超越自然本能,还能够超越天人之不可逾越的隔阂,而实现"知天事天"。是为超越生死。

一、人禽之别与天人合德

人的生命提升何以可能?人如何能够超越动物本能而具有道德性,甚至超越肉体生命的有限性,坦然地面对死亡与化解死亡的虚无?

这一问题是伴随人类历史的终极问题。在孟子看来,人之所以有别于禽兽,就在于人所具有的独特性。那就是人的心性道德是来源于天的,人可以通过尽心知性来体悟出这一道理,进而通过存心养性的道德实践来实现人德与天德相契合,即"天人合一"或"与天地参"的道德境界。人禽之别,即人能够超越动物本能的内在物质基础与心理结构,奠定了人之生命提升的起点。天人合德则解决了人性的来源与归属问题,论证了人性与超越本体的一致,解决了个体生命的有限性与宇宙无限性的矛盾。

1. 人禽之别——人之生命可以提升的起点

孟子多次表达了这样一个思想,即,人与禽兽是有一点点区别的,这个区别就是人有"四心"——恻隐之心、辞让之心、羞恶之心与是非之心。用现代语言来表达,这"四心"就是一种向善的心理倾向,或者说是人能够做出道德行为的物质基础与先天心理结构,这是任何禽兽动物所不具有的。同时,孟子进一步表达出,这种心理结构或倾向不仅是人皆有之,而且是人本身所固有的,是"天之所与我者",是"天之降才"。但是天所赋予人的"四心"却是潜在的和不稳定的,非常容易丧失,尤其是庶民百姓。人一旦失去这"四心",就与禽兽无异了。所以需要外在的教化与礼义,来确保这种善良的本性不致丧失,来确保这种善良的本心能够存养充扩,发展成为现实的仁、义、礼、智四种品德。

2. 天人合德——人之生命提升的来源与终极目标

在孔孟儒家那里,人的生命可以向上提升的超越性来源与归宿就是天,或者说是天道。因为人内在的心性是来源于外在的天命,是天之所与、天之所赐、天之所命。所以,人就可以通过一系列修养方法,来体悟和证成"天人合德"或"与天地参"的境界。现代新儒家牟宗三先生用"天道性命相贯通"来表达人之精神生命可以贯通天道天德的超越境,他说:"孔、孟都有超越意义的'天'的观念,此由诗书所记载的老传统而传下来者。至孔子提出'仁',则是践仁以知天,至孟子则是尽心知性以知天,其义一也。"①因为人之生命是禀受天道天德,人心人性之特殊性也都是来源于天,"天生烝民,有物有则"。所以人之精神可以提升到与天地参的境界。可见,天人合德既是人之生命可以提升的形上来源,也是其归宿与终极目标。

在殷商时代,"天"这个概念,在很大程度上是人格神意义的天。到了孔子时代,天的主宰作用已经转向非人格化,有点接近自然法则的意思了。"天何言哉?四时行焉,百物生焉,天何言哉?"(《论语·阳货》)四时和万物都是按照天道来运行生化的。孟子继承了孔子的思想,进一步削弱了天主宰万物的人格神含义,代之以自然万物的必然性,而且更加强化了天的道德意义,强化了天与人在品德上的内在关联。人之恻隐、辞让、羞恶、是非"四心"都是"天之所与我者"。这样,人性就具有超越性的根据,同时又内在于人心之中——"万物皆备于我"。因而,人只要尽心知性、存心养性就可以达到"知天事天"。

追求天人合德境界的过程,也就是实现内圣外王的理想的过程。外王——外在的历史功业能否成就是受制于客观条件,但是内圣——内在品德的提升却完全取决于自身的努力,是属于"为长者折枝"之类,是一个人凭自身不假外求就可以实现的。孟子勇敢地担当起"平治天下,舍我其谁"的历史使命,但是他很清楚,必须秉持"得志,与民由之;不得志,独行其道"(《滕文公下》2)的人生准则。"独行其道"就是要成就一个大丈夫,做到"富贵不能淫,贫贱不能移,威武不能屈"(《滕文公下》2)。就是要养其大体,居仁由义,存养扩充心之四端,使身心合一,最终达到天人合德的圣人境界。

二、诚身明善与践行仁义

天道天命虽然是神秘莫测的,但又是在人伦日用之间体现出来的,是通过人的社会实践活动得以弘扬和显明的——"人能弘道,非道弘

---

① 牟宗三:《圆善论》,台北:台湾学生书局,1985 年版,第 132 页。

人"。因此对天道的体认与证成需要人的实践工夫,正如黄俊杰所说,不是"天命"先于人而决定了人的存在,而是人经由自己主动的努力,实践生命的伦理道德责任,才能证成"天命"实存在于人的心中。① 这种在人伦日用之间,证成天命实存的道德实践,就是从"诚身明善"和"践行仁义"的修养工夫开始的。

1. 诚身明善

孟子曰:"诚身有道,不明乎善,不诚其身矣。是故诚者,天之道也;思诚者,人之道也。"(《离娄上》12)"万物皆备于我矣。反身而诚,乐莫大焉。强恕而行,求仁莫近焉。"(《尽心上》14)天之道诚实无妄,无伪无欺,人的心性道德又是来源于天道,所以,人就应当以诚作为事天的态度,由诚达到天人合德。当人反省自己使自身完全真诚,就会发现内心的一种向善力量,从而产生莫大的快乐,努力实践推己及人的恕道,从而走上人生正途,乃至最终实现天人合德的至诚境界。诚身明善,就是不断努力使自己内心不受到遮蔽与扭曲,做一个表里如一的人,使自己内在天赋的善良本性之光明得以显露。

傅佩荣指出,孔孟儒家认为得自天命的人性本身即是向善的。只需诚之,或反身而诚,即可知此性。所谓"自诚明,谓之性;自明诚,谓之教"(《中庸》21 章)。由诚身而明善,是为本性;由明善而诚身,是为教化。到了"至诚如神"的地步,则是"祸福将至,善,必先知之;不善,必先知之"(《中庸》24 章)。只要一个人忠于自身(诚),将在本性中发现内在光明;人借此光明可以明辨善恶,并自觉有责任依循这种向善的本性。人若因循这种本性到达完美的地步,则将可以参赞天地之化育,达成天人合德的理想。②

"诚身明善"的过程,就是孟子所说的"尽心知性知天"和"存心养性

---

① 黄俊杰:《东亚儒家传统中的人文精神》,载林鸿信编《跨文化视野中的人文精神——儒、佛、耶、犹的观点与对话刍议》,台北:台大出版社,2011 年版,第 14 页。

② 傅佩荣:《天人合德论——对古典儒家人性论最高理想之诠释》,载台大哲学系主编《中国人性论》,台北:东大图书公司,1990 年版,第 158 页。

事天"的过程。通过反身而诚何以能够明善并达到天人合德境界呢？因为"万物皆备于我矣。反身而诚，乐莫大焉。强恕而行，求仁莫近焉"（《尽心上》4）。我们可以说，心是身体的主宰，如果不能够深刻反省我们内心本来具有的善性端芽，则不知人之性可以为善。因为这一善性又是天所赋予我的，所以，不从反省体悟自己内在之心性出发，则不能知道天道之诚，不可理喻人之心性与天道相贯通，当然也就更不可能践行"存心养性以事天"了。人如果能够充分反省自己的恻隐、辞让、羞恶、是非之心，发挥向善本性，实行忠恕之道，就能够具有仁义之品德。因为这样的道德修养和生活实践，可以逐渐消除人的自我中心和自私欲望，消除自己与他人的矛盾，消除人与天地万物的区别。日久功深，就可以实现个人与宇宙融为一体，达到孟子所说的"万物皆备于我"的境界。

2. 践行仁义，完成天命

尽心知性知天、存心养性事天的过程，就是修身养性、充扩仁爱之心的过程，就是体悟天道的过程，也是在求道中践行仁义，完成天赋使命的过程。

要完成自己的天赋使命，不仅主观上要有希圣希贤的动机，还必须落实在立人达人的客观行动上，通过忠恕之道来践行仁义。"尽己之心为忠，推己及人为恕"，尽己之心是对自己的道德要求，推己及人是用一种同情共感的心，把自己的道德体会和感受推展出去，同时将其他人也纳入到自己的生命世界中。也就是孟子所说的"亲亲而仁民，仁民而爱物"（《尽心上》45）。这一推广扩充扩大的过程，是"以其所爱及其所不爱"（《尽心下》1），是以其"所不忍达之于其所忍"，以其"所不为达之于其所为（《尽心下》31)的过程。正如冯友兰先生所指出的，孔子对忠恕之道的解释只是限于个人品德修养的范围，而孟子则把它推广到政治和治理国家的范围。孔子解释这一原理时，只讲到内圣，孟子则把它推广到外王的范围。①

---

① 冯友兰：《中国哲学简史》，赵复三译，北京：世界图书出版公司，2011年版，第66页。

孟子多次强调君子应当效法禹稷，急民众之忧苦，心系天下苍生的福祉，具有人溺己溺、人饥己饥的情怀。"禹思天下有溺者，由己溺之也；稷思天下有饥者，由己饥之也"（《离娄下》29），孟子高度称赞伊尹以天下为己任的情怀，传承圣贤教化后知后觉的使命，"思天下之民匹夫匹妇有不被尧舜之泽者，若己推而内之沟中。其自任以天下之重也"（《万章上》7，《万章下》1）。孟子正是以天下为己任的使命感所驱使，肩负起传承圣学的历史责任，批驳杨朱、墨翟的邪说淫辞，端正人心以承三圣。

　　牟宗三先生将孔孟这种生命超越路径名之为"超越而内在"，以区别于基督教的外在超越。"天道高高在上，有超越的意义。天道贯注于人身之时，又内在于人而为人的性，这时天道又是内在的。因此，我们可以康德喜用的字眼，说天道一方面是超越的（transcendent），另一方面又是内在的（immanent）。天道既超越又内在，此时可兼具宗教与道德的意味，宗教重超越义，而道德重内在义。"①郑家栋认为，牟宗三先生对儒家心性理解得比较笼统，事实并非如牟先生所说的简单，孟子说"尽心知性知天"，但是却没有明确地说出心性与天是合一的，不过是为人们指出一个在实践上所努力的方向。宋明儒家将《论语》《孟子》和《中庸》《易传》的思想融合为一并加以发展，彻底打通了天人的界限，将天道性命通而为一。我们固不可以轻易断言宋明儒家背离了孔孟的真精神，但确实对先秦儒家有一转向。在某种意义上可以说，他们是把天道观完全隶属于心性论，将天道的超越性归结于心性本身的超越性，天人之间的距离及某种程度上的紧张关系完全消失了。②郑家栋先生的

① 牟宗三：《中国哲学的特质》，上海：上海古籍出版社，1997年版，第21页。
② 郑家栋：《神性论——儒教观点》，载何光沪、许志伟主编《对话：儒释道与基督教》，北京：社会科学文献出版社，1998年版，第231页。郑家栋专门写文章批评当代新儒家似乎过于在天人合一处用心，片面地强调即内在即超越、即人即天的一面，把儒家思想讲得圆而又圆。由此所导致的问题是"内在与超越两不足"；一方面对人性中有限、虚无乃至荒谬的层面，缺乏应有的认识；另一方面，对超越理想的贞定和神圣的追求，似亦缺乏坚实的基础和应有的力度。同上书，第233页。

提法是中肯的,在道德修养的行动层面上,孟子的天道和人的性命确实难以达到如牟宗三先生所说的那么合一,而只是遥遥隐隐地契合,外在的天对于人而言,总是让人感到神秘而不可测度。

三、存心养性与知命立命

主体有了对天道性命相贯通的体认,再通过持续不断地道德修养,努力使自己的心性合于天道,就可以达到超越生死的境界。这个过程一方面要求主体通过存心养性来"知天事天",不断加深对于天命的理解,另一方面也要求主体希圣希贤、知命立命,自觉地肩负起上天赋予的历史使命。因为天命是神秘莫测的,人的认识能力是有限的,所以,人对于天命的体悟,是一个"死而后已"的永恒过程。正是这种永恒的使命感遮蔽和冲淡了死亡,超越了个体生命的有限性。

1. 存心养性——知天事天

超越生死之境界的达成,首先是道德主体通过尽心知性和存心养性,来不断证悟我们内在的向善之性,不断满足成全向善之性的要求,提升自己生命的过程,也是不断体悟外在的天道与人的内在心性之间的关系,最终能够明白天之所以为天和人之所以为人的意义的过程。

第一,"存心",就是持存保养、扩充扩大人本有的恻隐、辞让、是非、羞恶这"四心";"养性",就是保养人所固有的善性。可见,存心与养性是统一的,是一回事。牟宗三先生指出:孟子主性善是由仁义礼智之心以说性,此性即是人之价值上异于犬马之真性,亦即道德的创造性之性。你若能充分体现你的仁义礼智之本心,你就知道了你的道德创造性之真性。[1]

袁保新从海德格尔存在论视角提出,孟子的"性"是指人所以为人的"存有","心"也不是指人所具有的一种超过、多过一般动物的机能,而是指唯有人能够"明于庶物,察于人伦"地存活在世界之中。"心"在

---

[1] 牟宗三:《圆善论》,台北:台湾学生书局,1985 年版,第 132 页。

这里是指一种存活的能力(ability-to-be),旨在凸显天地万物只有人具有领会、诠释自我的可能性。"天"主要担负的是人在历史的律动中所遭遇的各种事件、情境的最终解释。袁保新认为,孟子已将《诗》《书》中"形上天"的信仰存有论化了,转换为明照生活世界中各种愈合之有无生灭的意义基础。它的丰盈不竭的意涵,早已渗透到人类文明的脚步中,只待吾人心性的觉醒与回应。"仁,人心也;义,人路也","仁"作为无限的感通原则,若不能通过"由命见义"的途径,进入生命具体的情境,仍然无法真正契接于穆不已、生物不测的"天道"。孟子"尽心"之教,若不能落实到"立命"的真实履践之上,则孟子的心性论不仅有"蹈空"之嫌,而且显然与孟子那种不惜与整个时代破裂的存在感受与历史使命感不符。① 概言之,孟子相信,心是"天之所与我者",只要操存本心,让心之四端如"火之始然,泉之始达",就可以发现我们内在的向善之性;如果我们能够满足成全向善之性的要求,让它如牛山之木日益丰美,就可以循此途径事天。也只有通过本心充分的实践,主体才可以最终觉解人之心性道德与天道的内在关联。

第二,"存心养性知天事天",就是"深造之以道"来满全人性之善,实现天道性命相贯通的过程。钱穆先生说,深造就是"进而不已之意",此在吾之努力也;道则在外之标准也。自得之,则自我之与标准,欣合而为一矣,即所谓自证之而自悟之也。② 焦循在《孟子正义》中说:"虽生知之圣,必读书好古,既由博学而深造之以道,则能通古圣之道,而洞达其本原,而古圣之道与性相融,此自得之,所谓如性自有之也,故居之安。凡之字皆指所学而言。未能自得,则道不与性融,不能通其变而协其宜。道与性隔,性与道暌,故居之不安。既自得而居之安,则取于古圣之道,即取乎吾之性,非浅袭于口耳之间,非强拟于形似之迹,故资之

---

① 袁保新:《尽心与立命——从海德格基本存有论重塑孟子心性论的一项试探》,载李明辉主编《孟子思想的哲学探讨》,台北:台湾"中研院"文哲所,1995年版,第194—196页。
② 钱穆:《孟子研究》,上海:上海开明书店,1948年版,第97页。

深也。"①简言之，只有通过对内在心性的不断反省与存养充扩，通过对外在天道不断地体悟，才能证成自我之心性乃是与天道相融合的，从而通晓古圣先贤之道与自我内在心性也是相融合的。

关于这一道理，中国台湾新儒家蔡仁厚曾经说，孔子的仁和孟子的本心善性，说的都是一种道德心性，这个道德心性既是内在的又是超越的。天道天命灌注到我们生命之中而成为我们的性，人有了这天所赋予的仁心善性，再通过尽心尽性的功夫，上达天德，与天道天命相合。在这一来一往之中，主观内在面的心性与客观超越面的天道天命，便通贯而为一，这就是所谓"天道性命相贯通"。儒家就是根据这个"既内在而又超越，既主观而又客观"的心性本体，来进行他们学问的讲论，来展开他们人生的实践，来完成他们价值的实现和创造。②

第三，"存心养性知天事天"的过程，就是养浩然正气成就大丈夫品格的自我修养过程。要培养浩然之气，一是要明道，提高人对道的领悟能力；二是要积义，也就是配义与道，坚持不懈地修养自己的内在心性以合于天道，才能产生浩然之气。李明辉认为，孟子的"知言"与"养气"这两种工夫都是以"心"为主宰，"知言"是以心定言，"养气"是以心御气，主要工夫均在"心"上作，其效果则分别表现在言和气上。③ 中国台湾的林启屏则指出，孟子将原始生命力的血气与存有的道德理性相结合，一方面透过道德理性的熏染，促使原始生命产生质变；另一方面，则由于有原始生命力的血气做道德理性的实践场域，人才不会在"道"的面前被化成"抽象的普遍"，成为失去血肉的抽象存在。也就在这样的结合下，"心"作为"气"的主宰才有意义。④ 简言之，孟子的"配义与道"

① 焦循：《孟子正义》，北京：中华书局，1987年版，第560页。
② 蔡仁厚：《新儒家的精神方向》，台北：台湾学生书局，1984年版，第96页。
③ 李明辉：《孟子知言养气章章的义理结构》，载李明辉主编《孟子思想的哲学探讨》，台北：台湾"中研院"文哲所，1995年版，第152—153页。
④ 林启屏：《孟子思想中道德与文学的关系》，载李明辉主编《孟子思想的哲学探讨》，台北：台湾"中研院"文哲所，1995年版，第307页。

和"集义"的道德修养,都是以心为主宰的,与心性的"存养充扩"是同一个过程。

　　2. 知命立命——死于正命

　　孔子有诸多关于命的论述,比如"五十而知天命","不知命无以为君子也","死生有命",又如"道之将行也与命也,道之将废也与命也"。孟子对孔子的"天命"做了进一步阐发,提出了知命、立命和死于正命的观点。"莫非命也,顺受其正。是故知命者,不立乎岩墙之下。尽其道而死者,正命也;桎梏死者,非正命也。"(《尽心上》2)一个人首先要知命,知道人之生命所受到的外在限制与束缚,远离各种威胁生命的外在危险,做到"不立乎岩墙之下"和"不桎梏而死"。反之,就是死于非命,就是非正命。在妥善保养自然生命的前提下,尽量去完成天道的使命,以成就自己的人文生命。这样的死,就是死得其所,就是死于正命。

　　何谓立命呢? 孟子说:"夭寿不贰,修身以俟之,所以立命也。"(《尽心上》1)焦循指出:死生穷达,皆本于天,命当死,而营谋以得生,命当穷,而营谋以得达,非知命也。命可以不死,而自致于死,命可以不穷,而自致于穷,亦非知命也。故子畏于匡,回不敢死,死于畏,死于桎梏,死于岩墙之下,皆非命也,皆非顺受其正也。知命者不立于岩墙之下,然则立岩墙之下,与死于畏,死于桎梏,皆为不知命。味色声臭安佚,听之于命,不可营求,是知命也。仁义礼智天道,必得志乃可施诸天下,所谓"道之将行,命也。"不得位,则不施诸天下,所谓"道之将废,命也"。君子以行道安天下为心,天下之命立于君子,百姓之饥寒囿于命。君子立命则尽其心,使之不饥不寒。百姓之愚不肖囿于命,君子立命则尽其心,使之不愚不肖。口体耳目之命,己溺己饥者操之也。仁义礼智之命,劳来匡直者主之也。皆尽其心也,故己之命听诸天,所谓"修身以俟之"。而天下之命任诸己,所谓"尽心",所谓"立命"也。于己则俟命,于天下则立命,于正命则顺受,于非命则不受,圣贤知命之学如是。①

────────────

① 焦循:《孟子正义》,北京:中华书局,1987 年版,第 881—882 页。

唐君毅先生指出，在孔孟学说中"吾人所遭遇之某种限制，此本身并不能说为命；而唯在此限制上，所启示之吾人之义所当为，而若令吾人为者，如或当见、或当隐、或当兼善、或当独善、或当求生、或当杀身成仁，此方是命之所存。唯以吾人在任何环境中，此环境皆若能启示吾之所当为，而若有令吾人为者，吾人亦皆有当所以处之之道，斯见天命之无往而不在，此命之无不正"①。袁保新对此做出进一步解释，认为唐先生"义之所在，即命之所在"，亦即命之有无取决于人能否在情境中体认此一情境中"当然之义"的召唤，则所谓"立命"之道，亦即"由命以见义"。换言之，面对人生无常多变的愈合，我们固然可以"枉道"而行，"无义无命"，但是，如果我们顺本心的感通原则，"由命见义"，在具体的生命情境中做出决断，则"居仁由义"的结果，不仅"尽心"与"立命"其实只是一事，就是"知天""事天"之事也必须在"立命"中完成。②

懂得知命、立命的君子，能够将自我生命的实现与天下正道的流行合为一体。"天下有道，以道殉身；天下无道，以身殉道。"(《尽心上》42)天下政治上轨道，就让正道辅助我的生命实现，比如大禹和后稷处在政治清明的时代，三过家门而不入，以人溺己溺、人饥己饥的情怀实现大道；天下政治不上轨道，就让我牺牲生命成就正道，如同颜回生于乱世居于陋巷，一箪食一瓢饮，人不堪其忧，回也不改其乐，用自己的生命成就了正道。所以孟子高度赞扬颜回，称"禹、稷、颜回同道"。

死于正命，就是要求人必须要以仁义为标准，来进行生死抉择。孟子曰："生我所欲也，义亦我所欲也，二者不可得兼，舍生而取义者也。"(《告子上》10)舍生取义，就是强调取义乃是生命的目的所在，价值生命乃是自然生命的目的，牺牲自然生命正是要成全价值生命。也就是以自己的品德合于天地，回归生命之本源。钱穆先生的诠释是："今有义不可

---

① 唐君毅：《中国哲学原论》(导论篇)，台北：台湾学生书局，1974年版，第525—526页。
② 袁保新：《尽心与立命——从海德格基本存有论重塑孟子心性论的一项试探》，载李明辉主编《孟子思想的哲学探讨》，台北：台湾"中研院"文哲所，1995年版，第193—194页。

以生,而背义以求全者,此之谓失其本性,谓不知性,即为不知命也。然使义可以生而自致于死,不能全生者,是未尽吾道而死,死于桎梏,死于岩墙之下,亦非知命也。故非尽其心尽其道者,皆非顺受,皆非正命也。"①尽力行道而死,就是舍生取义,就是用自己的自然生命成就价值生命。也正是基于此,钱穆先生提出:儒家虽非宗教,而实带有一种宗教的精神,而且是宗教中一种最高的精神。儒家是一种人文宗教,人性善是他们的最高宗教信仰,杀身成仁与舍生取义,是他们最高的宗教精神。②

3. 以心为主宰

在孟子的道德修养中,所有生命境界的转化都是以心为主宰的,身与心、心与性、心与气是统一的,养身、养性和养气的功夫也是统一的。

第一,以心为主宰,身、心、性、气是统一的。首先,身与心的关系是统一的。孟子认为人的生命有两个部分,一是会思考的心志,是主导身体抉择的统帅;二是意气,是有形可见的身体的活动能力。两者互相牵引,心志能决定和引导血气运作,意气也能带动心志。生命的不断提升就是要用心志统帅血气和欲望,也就是要不断地集义,不断地在事上磨练。其次,心性与气也是统一的。战国以前的"气"主要是自然意义上的,但是孟子却发展出具有道德理性的"浩然之气",并且继承了古代"心"居首位的信念,以"心"为"气"之主宰。而且孟子的"心"是具有自律自主作用的"道德心",不是自然生理意义上的心,因此"气"可以在"心"上获得安顿。"心"虽主宰"气",但是"心"在实践的过程中,也可能反动于"气",所以需要有"集义",亦即"持志"的功夫。林启屏也认为,孟子是在"心"与"气"的关系架构下,凸显了"心"的道德理性,从而建立了其"德性主体"的道德哲学,使"天人沟通"的旧传统获得理性的发展。③

① 钱穆:《孟子研究》,上海:上海开明书店,1948 年版,第 108 页。
② 钱穆:《中国思想史》,台北:台湾学生书局印行,1985 年版,第 36 页。
③ 林启屏:《孟子思想中道德与文学的关系》,载李明辉主编《孟子思想的哲学探讨》,台北:台湾"中研院"文哲所,1995 年版,第 308—309 页。

第二,以心为主宰,养心、养性、养气的功夫是内在统一的。孟子认为人之身有大体小体之分。养身是养小体,养心养性才是养大体。人所固有的"四心"是天之所赐,"存养充扩"人的善心善性与养气是内在统一的。养浩然之气,就是让一个人的正直真诚由内而发,让这种内在的生命力直接表现出来,融入天地宇宙境界。所以,养气要与义行和正道相配合。因为内在的集义,感觉到生命没有任何的诱惑困扰,内心坦荡而自得其乐,生命力才可能发挥到极限,达到与万物相通,充塞于天地之间。诚如李明辉所说,孟子"知言养气章"中,"义"即是"道",就主观面而言,谓之"义";就客观面而言,谓之"道"。孟子以心为义与道之根源,故"配义与道"即是以心为主宰,若不以心为主宰,而得义与道之配合,气便虚歉,而不成其为浩然之气了。[①]

孟子所描绘的"至大至刚,以直养而无害,则塞于天地之间"的"浩然之气"(《公孙丑上》2),其实质就是士君子由主体意识所引发的自强不息的天地精神。颜回虽然在物质生活上极端贫困,住在陋巷里,连温饱都得不到解决,但是却能具有"舜何人也?予何人也?有为者亦若是"这样一种强大的精神力量,正是因为具有这种天地精神。君子也只有饱含这种精神,才能提升自己,影响和教化他人,达到"夫君子所过者化,所存者神,上下与天地同流"(《尽心上》13)的生命境界。

第三,生命境界可以无限提升,臻至圣神境界。何谓圣神境界?孟子说:"可欲之谓善,有诸己之谓信,充实之谓美,充实而又光辉之谓大,大而化之之谓圣,圣而不可知之之为神。"(《尽心下》25)《易·乾·文言》上说:"夫大人者与天地和其德,与日月和其明,与四时和其序,与鬼神和其吉凶。"牟宗三先生认为:"此即圣格之规定。因圆果满,因果不二也。性有外,不得谓之因圆。践仁而不至与天地万物为一体,不得谓之果满。孟子直从心言性,此心性亦无外。'扩而充之,足以保四海',无

---

① 李明辉:《孟子知言养气章章的义理结构》,载李明辉主编《孟子思想的哲学探讨》,台北:台湾"中研院"文哲所,1995年版,第146页。

一物之能外。'不扩而充之,不足以事父母',无一物而非外。因心体无外,故曰'万物皆备于我矣。反身而诚,乐莫大焉。'"①牟先生进一步解释,"成圣"象征着心德性体这一理性的大海全部朗现,同时即表示全部生命朗润于这大海,彻底澄清,而无一毫之隐曲,此即宋儒所谓全部是"天理流行"。我们必须知理性是一大海,生命亦是一大海。理性大海全部朗现,生命大海彻底澄清,这便是圣。孟子说:"大而化之之谓圣。""大"是心德性体之全部朗现,扩而充之,至于其极。"化"是无一毫之粘滞、执着、冰结与限制,这便是圣了。也即是与天地合德,与日月合明,与四时和序,与鬼神和吉凶了,这就是理想的圣了。②

诚如孟子所言,作为普通人成就自身、提升生命的典范,所有的圣贤都是平凡人经过努力修养而成就的。荀子说"涂之人可以为禹",王阳明说"满大街都是圣人",与孟子所言"人人皆可以成为尧舜"本义是一样的,都是在强调,每一个人都有无限向善的可能性。这不仅是孟子思想的伟大之处,也是儒家思想的伟大之处。它启发我们应当树立远大的志向,充分利用各种受教育的机会,开发自己的生命潜能,不断提升自己的生命境界。

孟子道德修养论和生死超越论,围绕着人如何体现天道这一核心而展开,把人生看成是一个成就自己德性的过程,终极目的就在于成就圣贤品格,这在后世不断得到丰富与发展。如牟宗三先生所说,自孔子讲仁,孟子讲尽心,《中庸》《大学》讲慎独、明明德起,下届程朱讲涵养察识、阳明讲致良知,直至刘蕺山讲诚意,都是就如何体现天道以成德上展开其教义。③ 认识天道体现天道的过程是无限的,所以成就自己德性的过程也是无限的。因此黄俊杰先生说,孟子"正是在超越性的'天命'与浸润在历史文化之中活生生的'人'的密切互动与共生共感中",

---

① 牟宗三:《中国哲学的特质》,上海:上海古籍出版社,1997年版,第79—80页。
② 同上,第81页。
③ 同上,第101页。

"展现了一个既内在而又超越、既神圣而又世俗、既在历史之中而又'超历史'的人文主义的世界"[1]。

第二节 保罗的生死超越论

保罗指出了人之生死的特殊性:我们人类作为有限的受造物,是被衰残、败坏和虚空所辖制的,所有的人都会生病和死亡,这是必然的规律。但是人这一特殊的"受造之物仍然指望脱离败坏的辖制,得享神儿女自由的荣耀"(《罗》8:21),盼望那所看不见的永恒的生命。简言之,人的肉体生命是有限的,但是人又追求超越与无限,追求不死和永生。

秉承对上帝的无限信仰,保罗将肉体死亡看成是尘世生命的结束,同时又是新的属灵生命的开始。他认为,我们在地上的身体是一个不牢固、暂时的构造,将要得到的荣耀身体是永恒和美好的(《腓》3:20—21)。一个信徒死去了,他的身体虽然要进入坟墓,他的灵魂却会与基督在一起(《腓》1:20—25)。当耶稣基督再来的时候,那些已经死亡的人会从荣耀中复活,身体与灵魂将联合在一起,进入天国荣耀的永恒之中(《林前》15:35—38;《帖前》4:13—18)。

保罗认为,基督徒可以超越死亡而得到永恒的生命,并不是因为他们所行的义,"乃是照他的怜悯,藉着重生的洗和圣灵的更新。圣灵就是神藉着耶稣基督我们救主厚厚浇灌在我们身上的,好叫我们因他的恩得称为义,可以凭着永生的盼望称为后嗣"(《多》3:4—7)。简言之,超越死亡的力量来自对神的无限信靠,来自对永生的盼望和爱。因为,神拯救的大能,可以使人摆脱"向罪而死"的命运,可以使人享受在天国里与神同在的永恒生命。

---

① 黄俊杰:《东亚儒家传统中的人文精神》,载林鸿信编《跨文化视野中的人文精神——儒、佛、耶、犹的观点与对话刍议》,台北:台大出版社,2011年版,第20页。

一、生死超越的前提——向罪而死与向神而活

保罗的生死超越理论,建基于这样一个前提:人类的始祖是上帝用可以朽坏的泥土所创造的,因而人的肉体是有死的。同时每个人都遗传了从始祖亚当那里而来的罪,所以每一个人都受到死亡的节制与束缚,具有死亡意识,充满对死亡的恐惧,这就是"向罪而死"。但是人却可以通过信仰神来摆脱自己身上的罪,借助上帝圣灵的充满而实现与神同在的永生状态,从而摆脱死亡的束缚,这就在精神上超越了死亡,实现了"向神而活"。

1. 罪的代价乃是死

保罗继承了《旧约》中的死亡观,认为人离开上帝就陷入死亡的状态,若不悔改归向神,死亡会延伸至永远。死亡是人类犯罪所导致的,代表人与神的关系的隔绝。耶稣来到世间就是为了要打破死亡的权势(《弗》2:13—16)。他为人类钉在十字架上,成就了一个救赎,赦免了人的罪,重新实现了人与神的和好。

保罗在《罗马书》中详细讨论了死亡与犯罪的关系,指明人的死亡乃是犯罪的结果。亚当和夏娃在没有违背神的诫命偷吃智慧果以前,快乐地生活在伊甸园中,是没有死亡意识的。他们的死亡意识是源于他们的罪,我们人类作为亚当、夏娃的子孙,遗传了这种罪,所以,我们也就有了死亡意识。"罪是从一人进入世界,死又是从罪来的;于是死就临到众人,因为众人都犯了罪。……从亚当到摩西,死就做了王,连那些不与亚当犯一样罪过的,也在他的权下。"(《罗》5:12—14)

我们可以说,人类的始祖亚当、夏娃在伊甸园偷吃禁果之前,处于一种没有智慧、没有理性的蒙昧状态,对于死亡是未知的,当然也就没有一种清晰的死亡意识,也没有对于死亡的恐惧。而当他们违背了神的诫命,偷吃了禁果,被神赶出了伊甸园,他们就破坏了与永恒的神所具有的和好关系。而没有与永恒无限的神的沟通与交流,人的灵魂就

得不到永恒的慰藉,就不能克服人的死亡的恐惧意识。作为亚当子孙的人类都继承了死亡意识,死亡的恐惧也就临到了众人。死亡意识和对死亡的恐惧,就是因违背神的诫命所带来的审判。

2. 耶稣基督的死而复活

保罗告诉信徒,世人都犯了罪,亏缺了上帝的荣耀,所以都会死,而且死后有审判。但是主耶稣降世为人,被钉在十字架上,赦免了我们的罪,而且他借着自己的死,败坏了那掌握着死亡权力的魔鬼。"儿女既同有血肉之体,他也照样亲自成了血肉之体,特要借着死,败坏那掌死权的,就是魔鬼,并要释放那些一生因怕死而为奴仆的人。"(《来》2:14—15)所以,保罗靠着复活的主得以夸胜:"死啊! 你得胜的权势在哪里? 死啊! 你的毒钩在哪里?""感谢神,使我们借着我们的主耶稣基督得胜。"(《林前》15:55—57)

保罗在《罗马书》中提出,死亡乃是罪的结果。所以要超越死亡、战胜死亡,必须要去除罪。但是罪是人违背了神的诫命后与神隔绝所导致的,所以去掉罪,就必须通过重新与神和好。耶稣基督通过他对神的信服,通过他在十字架上的死而复活,彰显了神的公义,为我们赦免了罪,废去了死亡,使死的毒钩变得无效了。因为基督败坏了掌握死亡之权的,他就成为了永生的启示者,就能够借着福音给信徒带来永生、复活的确证和对天国的盼望。

耶稣基督何以能战胜死亡呢? 我们的肉身是泥土造成的,是可以朽坏的,是必有一死的;可是耶稣不同于众人,他是上帝道成肉身,不受肉体死亡的辖制,他的受死和复活是为了完成神救赎的计划。"他本有神的形象,不以自己与神同等为强夺的;反倒虚己,取了奴仆的形象,成为人的样式。既有人的样子,就自己卑微,存心顺服,以至于死,且死在十字架上。"(《腓》2:6—8)"基督耶稣降世,为要拯救罪人。"(《提前》1:15)"惟有基督在我们还作罪人的时候为我们死,神的爱就在此向我们显明了。"(《罗》5:8)我们可以说,所有的人都受制于死亡,但是神不受制于死亡,不会朽坏衰败,他是生命,也是赐生命者。

3. 借着主耶稣基督战胜死亡

保罗坚信通过信仰耶稣基督，就能够与基督同死同活。"我们若与基督同死，也必与他同活；我们若能忍耐，也必和他一同作王；我们若不认他，他也必不认我们。我们纵然失信，他仍是可信的，因为他不能背乎自己。"（《提后》2：11—13）既然耶稣基督已经废去死亡，我们就可以借着福音，将不能朽坏的生命彰显出来。

对耶稣真诚的信靠，可以与圣灵同在。"那在基督里坚固我们和你们，并且膏我们的，就是神。他又用印印了我们，并赐圣灵在我们心里作凭证。"（《林后》1：21—22）对于一切信靠神的人，圣灵还将在他们的生命中做更新的工作，使他越来越有耶稣基督的样式。"我们众人既然敞着脸得以看见主的荣光，好像从镜子里返照，就变成主的形状，荣上加荣，如同从主的灵变成的。"（《林后》3：18）"上帝不是预定我们受刑，乃是预定我们借着我们的主耶稣基督得救。他替我们死，叫我们无论醒着，睡着，都与他同活。"（《帖前》5：9）保罗相信，我们现在的身体会衰残死亡，但是当我们再与主见面的时候，会有永远不会衰残死亡的荣耀的身体。（《林前》15：49—58）我们可以说，通过对耶稣基督的真诚信靠，基督徒生命发生了更新转化：他们体验到上帝的临在和到场，感受到自己无论是生还是死，都不是为了自己，而是以耶稣基督为自己生命的主，自己乃是为主而活为主而死，"我们或活或死，总是主的人"（《罗》14：8）。

对耶稣基督的真诚信靠，可以实现死后复活。死人要复活是《新约》的重要观点。耶稣曾经三次预言人子死后三天会复活，并且多次论及死后复活问题。基督徒接受耶稣为救主，参加洗礼就表示与主同死、同埋、同复活。保罗说："岂不知我们这受洗归入基督耶稣的人是受洗归入他的死么？所以，我们借着洗礼归入死，和他一同埋葬，原是叫我们一举一动有新生的样式，像基督借着父的荣耀从死里复活一样。"（《罗》6：3—4）所以，耶稣就成为了掌管生命的主，凡信他的，就与他同死同生，"我们若是与基督同死，就信必与他同活"（《罗》6：8）。

对耶稣的真诚信靠，可以治死旧的生命，获得新的生命。保罗说：

"使我认识基督,晓得他复活的大能,并且晓得和他一同受苦,效法他的死,或者我也得以从死里复活。"(《腓》3:10—11)一个真正的基督徒是一个已经死过了的人,是承认同主耶稣一同钉死了的人。他将自己的肉体和一切的邪情私欲都钉在十字架上了,因而现在活着的不再是自己,而是基督在里面活着。由于基督在自己里面,所以就觉得自己是换了一个人,所有的感觉、说话和行事都酷似基督。这就是所谓的"治死旧生命,获得新生命"。耶稣说:"我实实在在的告诉你们,一粒麦子不落在地里死了,仍旧是一粒,若是死了,就结出许多子粒来。"(《约》12:24—25)所以,基督徒必须否定抛弃自己的旧生命,才能得到新生命。保罗说:"他(耶稣)死是向罪死了,只有一次;他活是向神活着。这样,你们向罪也当看自己是死的;向神在基督耶稣里,却当看自己是活的。"(《罗》6:10—11)在《以弗所书》中,保罗论述了信徒如何战胜罪恶与死亡。那就是,用真理和正义武装自己,在心志和行为上全面体现基督的无私博爱精神,穿上"上帝所赐的全副军装","在磨难的日子抵挡仇敌"。

死后复活的身体到底是什么样的?保罗说,耶稣的死而复活是"睡了之人初熟的果子",即耶稣的复活是众信徒死后必定复活的记号,耶稣复活后的身体就是基督徒死后复活身体的样子。由此可见,复活后的身体与今生的身体是连续的,如同上帝将要用"天上永存的房屋"来代替"地上的帐篷"一样(《林后》5:1)。复活前的身体是与亚当合一,可以是朽坏的、羞辱的、软弱的、属血气的;而复活后的身体乃是与基督合一,是不会朽坏的,是荣耀的、强壮的、属灵性的(《林前》15:35—49)。约翰·德雷恩教授据此提出,保罗反对哥林多教会中那些认为复活是一种个人内在属灵的经历的观点;而且他仍然相信犹太人关于人死后仍然是以有形的身体存在这一信仰,而反对希腊人认为人是有一个不死的灵魂,其能够在身体完结之后仍然存在的观点。①

---

① 〔英〕约翰·德雷恩:《新约概论》,胡青译,北京:北京大学出版社,2005 年版,第 408 页。

二、生死超越的动力——信、望、爱

在保罗看来,基督徒必须依靠神,必须具有一种超越的精神力量,才能对付生活中的各种疑难,才能超越死亡。因为我们生活的世界是一个罪恶的世界,每时每刻都在腐蚀败坏我们,如果我们没有一种精神生命来改变我们的自然生命,我们就永远是一个罪人,就永远不能摆脱罪的辖制,永远不能超越肉体生命有限性的束缚,永远不能克服对死亡的恐惧。但是,通过委身于基督,用上帝的意志来代替我们的意志,就可以彻底改变我们从亚当、夏娃那里遗传下来的自然生命,获得一种属灵的精神生命,来抗拒邪恶与死亡。其中最为关键的,就是对神的信靠、对死后复活的盼望与对神的爱。

1. 罪人因信称义

保罗首先阐明了靠遵循律法是不能称义的;其次论述了律法与福音的内在区别与联系;最后阐述了耶稣的福音就是律法的总结,只有信靠福音才能带来人与神之间合宜关系的恢复,即"因信称义"。

第一,靠律法不能称义。人称义不是因为行律法,而是因为信耶稣基督。犹太人的律法可以分为一般意义上的律法和特殊的律法。一般意义上的律法指的是具有普遍的伦理规范意义的"摩西五经"(Torah)。在这一意义上,"律法是圣洁的,诫命也是圣洁、公义、良善的",是要求人们绝对服从的。在保罗看来,这些神圣律法在基督出现之后也没有被废弃和推翻,而是得到了坚固。但是,保罗批评了靠遵行律法和事工能够在上帝面前称义的观点,"凡有血气的,没有一个因行律法能在上帝面前称义"(《加》5:1)。特殊律法集中表现在割礼、饮食法、犹太节期这三个方面。正是这些特殊律法将犹太人与其他民族分离开来,尤其是割礼。保罗指出,割礼的真正意义就是脱去我们的肉体,如果只有肉身的割礼而没有脱去肉体的情欲,反而以此肉身的标记为夸口,就并不是一个真正受了割礼的人。真正的割礼应当是行在精神上,让圣灵做工,让我们的肉体脱去情欲成为神的义器(《西》2:11)。但是邓恩认为,保罗之所以反对"行律法称义",主要的关切不是在于指明罪人不能通过遵行律法而得到拯救,使徒的主要意图在于指明如果仍然坚持"行律法称义",就等于说"神只是犹太人的神"。[1]

保罗集中阐明了律法的功用及其局限性(《罗》7:7—13)。律法可以把人的罪显明出来,是表明人需要神的拯救,"律法本是叫人知罪"(《罗》3:20)"罪的权势就是律法"(《林前》15:56)。我们的本性是邪恶的,律法能够使潜藏在我们本性中的恶发动出来。但是仅仅靠遵守律法,并不能获得属灵生命的成长,无法结出属灵的果子。因为律法只能定人的罪,却改变不了人的旧性情,也不能拯救人。但是神差遣他儿子来拯救我们,却成就了律法所不能成就的事情,使得信徒能够过上称义的生活。这完全是因为神的恩典,是依靠神的大能。

第二,福音与律法的关系。保罗在《罗马书》第六章第16节用丈夫与妻子的比喻来表明信徒与耶稣基督联合之后,就跟律法有了一种新的关系。在没有得救时是属肉体的,受着律法的约束,并因为律法被定罪。然而在信靠基督并与他联合之后,信徒就在律法上死了,如同向肉体死了一样(《罗》6:1—10)。其实,保罗所说的"向着律法死了",并不是指信徒可以过没有律法的生活,而是指他们生活的动机和动力不再是来自律法,而是源自神的恩典,这个恩典是借着与基督联合而得到的。死亡意味着摆脱律法约束,意味着得到释放。"向着律法死了"就是我们脱离了律法,已经归于基督、服侍基督。当我们致力于顺服和服侍基督时,圣灵就赋予了我们莫大的能力。

律法只是教给人应当做什么,不应当做什么,而没有交给人去做的力量。福音则将圣灵赐给人,使人能够与放纵情欲、随顺肉体的欲望做斗争,并且随从圣灵结出仁爱、喜乐、和平、忍耐、良善、温柔的果子来荣耀神。保罗说,在律法之下,神的诫命是写在石板上,而在恩典之下,神的话是则写在我们的心板上(《林后》3:1—3)。巴克莱做的比喻更是形

---

① 张晓梅:《使徒保罗和他的世界》,北京:社会科学文献出版社,2012年版,第16页。

象,"以律法为人生原则的人是出于奴隶的地位;以恩典为人生原则的人是自主的人"①。

第三,耶稣是律法的总结。犹太宗教不能被广泛传播,是因为他们所注重的律法、条例、规则竖起了一道隔离墙,把所有的外邦人都排除在外了。但是耶稣强调以爱心为基础,就摧毁了一切以律法为基础的隔阂。保罗明示我们,只要我们相信福音就可以称义,就能够保持与上帝的正当关系。耶稣受难与复活之前,人只能遵守犹太人的法规,但是耶稣受难与复活之后,那些法规就被一种信念所取代,即:上帝派耶稣降生于世,让他受难为世人指明了新的得救之路。现在得救的道路就只有一个,那就是信心。

保罗认为,我们众人都因犯罪而死。"就如罪是从一人入了世界,死又是从罪来的;于是死就临到众人,因为众人都犯了罪。"(《罗》5:12)但是却因信主可以复活,"在亚当里众人都死了;照样,在基督里众人也都要复活"(《林前》15:22)。可以说,一个人能否得救,取决于是否信靠耶稣基督,是否相信能够与基督合为一体。如果他相信,就可以分享基督的死,可以分享基督的复活,分享基督的新生,分享到一种从上帝而来的精神力量,使个人获得了重生的体悟。巴克莱认为,保罗坚决主张无论我们做什么都不能获得上帝的赦免;只有上帝为我们所做的,我们才能获得。因此与上帝发生良好关系的路途,并非借着我们所行的,做出疯狂、拼命、注定无效的尝试,以求罪得赦免;这在乎谦卑、忏悔、接受上帝在基督里所赐给我们的慈爱与恩典。② 巴克莱确实是看到了保罗这一思想的精髓所在——唯独神能够拯救人的罪。

在保罗看来,耶稣的死可以让人成为"新造的人"(《林后》5:16—17)。因为"他替我们死,叫我们无论醒着、睡着,都与他同活"(《帖前》5:10)。当基督死在十字架上时,我们一切的罪都被归咎和算

---

① 〔英〕巴克莱:《新约圣经注释》,上海:中国基督教两会,2014年版,第1702页。
② 同上,第1409页。

在他身上,神对待耶稣就好像他亲身犯了那些罪,更重要的是,神将基督的义归在了我们的账户上,"神使那无罪的,替我们成为罪,好叫我们在他里面成为神的义"(《林后》5:21)借着耶稣在十字架上的受难,信徒得以永远与主同活。基督徒可以借着这种信念形成看待生命的新方式,发展出与世界、与周围人的新关系。

2. 用永生的盼望化解苦难

保罗相信上帝道成肉身与人一起承担了苦难和死亡,并且战胜了苦难和死亡;他也相信十字架背后复活的伟大胜利与荣光,开创了一个永恒的时代;他还相信耶稣基督死而复活是初熟的果子,所有的基督徒就可以盼望一个死后永恒生命的存在。在死后永恒的生命中,人与上帝永远在一起,没有苦难和死亡,一切的罪恶都将得到正义的审判,今生逍遥法外的罪人将受到上帝的惩罚,一切的冤屈都将得到昭雪。这种对永生的盼望,化解了饱受压迫信徒的痛苦与耻辱,给予了他们生活的勇气与力量。实际上,这种得到永生的感受,早在信徒受洗时就开始了。"受洗"或者"洗礼"就表示有罪的我因为受洗而死,接受恩典的我开始了新生,标志着属灵的永生的开始。

保罗认为,耶稣基督都按照神的旨意在地上如此受苦,那么相信他的人也会经历苦难就是非常自然的了。虽然按照天性,没有人会喜欢受苦,但是受苦是忠心的基督徒生命的一部分。保罗说自己愿意为了传福音而遭受苦难,并且不以为耻(《提后》1:12);自己愿意与基督一同受苦,效法他的死(《腓》3:10);自己为了教会工作而受苦倒觉得欢乐,并且在为教会的工作中,可以在自己肉身上补满基督患难的欠缺(《西》1:24)。由此可见,基督徒为主作见证和传福音而受苦,就是和基督一同受苦。耶稣基督的名,对于受苦难的基督徒来说,是巨大的鼓舞。耶稣基督受死并且从死里复活,证明苦难会带来荣耀,最终会走向得胜。所以保罗劝勉提摩太和众信徒"不要以给我们的主作见证为耻,也不要以我这为主被囚的为耻。总要按神的能力,与我为福音同受苦难"(《提后》1:8)。

在此观念指引下的基督徒,认为人生完全不是为了自己,一切都是为了荣耀主,一切都是为终有一天去面对神。这样,在天堂里被神呼召和见证的荣耀,超越了现实的苦难与遭受的耻辱。正是这种虔敬的信仰激励着保罗,将福音带到了罗马各地,让他虽然面临死亡而无所畏惧,虽然身陷囹圄仍然传播福音不止。他在写作《腓立比书》时正在坐监牢,但是他丝毫不在乎自己的病,而是挂念和感谢腓立比信徒对他的关怀与馈赠。他勉励他们在通向荣耀生命的道路上,要像基督一样不怕受苦,像赛跑运动员一样向着目标冲刺,力争得到最终的奖赏。整篇书信充分表达出保罗面临死亡无所畏惧的乐观精神,对于未来充满了信心和盼望。在《提摩太后书》中,保罗表述了同样的思想:"我现在被浇奠,我离世的时候到了。那美好的仗我已经打过了,当跑的路我已经跑尽了,所信的道我已经守住了。从此以后,有公义的冠冕为我存留。"(《提后》4:6—8)

3. 唯有爱心能造就人

保罗认为,在信、望、爱这三种应当具有的神圣品德中,最伟大最重要最有价值的就是爱。在《哥林多前书》中,保罗对爱进行了详细的论述:"爱是恒久忍耐,又有恩慈……爱是永无止息。"(《林前》13:4—8)基督徒应该活在充满爱的人生中,因为"知识教人自高自大,唯有爱心能造就人"。基督徒应当把爱作为"最妙的道理法则",应当"用爱心说诚实话"。这种爱是人对神的无私博爱的一种回应,基督徒只有用这种无私圣洁的爱才能处理好一切关系。

第一,只有用爱心才能处理好我们与神的关系。基督徒应当效法神,凭爱心行事,远离污秽贪婪淫乱,以耶稣一般牺牲的爱去爱人、去饶恕人,做神的光明的子女,这是我们对神爱的一种回应。基督徒用爱结成教会,教会是基督建造的居所,是神的国度,是神的家,是圣灵启示的奥秘。基督徒在教会中互相侍奉、互相服侍就是荣耀神,信徒之间的爱就是对神的爱。所以,基督徒的服侍和受苦,不是为自己建立名声,而是希望荣耀基督,"使他可以在凡事上居首位"(《西》1:18)借着神的能力侍奉,按照神的计划侍奉(《罗》15:17—24)。充满爱心地把身体、心意和意志献给神,这是人对神的最大的爱。

第二,只有用爱心才能处理好我们与配偶和子女的关系。保罗在《以弗所书》中将夫妻间的尊重上升到了爱的高度,"你们做丈夫的要爱你们的妻子,正如基督爱教会,为教会舍己"(《弗》5:25)。他还指出,婚姻中男女应当遵守神的盟约,互敬互爱,妻子顺服丈夫,如同顺服主(《弗》5:21—24),丈夫当爱妻子,如同基督爱教会(《弗》5:25—30)。

第三,只有用爱心才能处理好我们与其他信徒的关系。基督徒之间的关系是弟兄姊妹的关系,应当遵循爱的原则。当基督徒意见发生分歧时,要彼此接纳,彼此建立德行,叫彼此喜悦。正如同神接纳了我们,我们也应当互相接纳。保罗把信徒之间的关系形容为身子的众肢体(《弗》4:7—16)。每个信徒都是基督身体的一部分,各人发挥着不同的属灵的功用。每个信徒都有一种或多种恩赐,要用来建立基督的身体,使各肢体变得更完美。在《以弗所书》中,保罗劝勉信徒应当"用和平彼此联络,竭力保守圣灵所赐合而为一的心"(《弗》4:3)。基督徒应当"以恩相待,存怜悯的心,彼此饶恕,正如上帝在基督里饶恕了你们一样"(《弗》4:32)。

第四,只有用爱心才能处理好与政府、外邦人和仇敌的关系。政府统治者的权柄是源自神的,他们有权施行惩罚。所以,基督徒必须遵守国法,除非政府所做的事情有违良心(《徒》5:29)。如果律法是公正的,基督徒就必须遵从(《提前》1:5、19;3:9;4:2)。外邦人和仇敌也是上帝所创造和拯救的子民,对于他们同样应当具有爱心。基督徒绝对不能以恶报恶,而应当以善报恶。

概言之,律法是神所颁布的道德准则,它的根基在于对神的信仰。但是律法显然是一种外在的约束,不能确保对人的内心形成约束,不能给予人一种内在的精神力量,也不能促进属灵的生命的成长。因而基督徒要得到拯救,实现与神保持合宜的关系,信是第一位的。所以保罗用"爱就完全了律法"作为对基督徒责任的总结。"像那不可奸淫,不可杀人,不可偷盗,不可贪婪,或有别的诫命,都包在'爱人如己'这句话之内了。"(《罗》13:8—10)因为基督徒的道德不是依靠外部强加的规则来维持的,而是通过圣灵在信徒内心做工而得来的。圣灵做工的结果必然使得上帝的律法得以遵守,而律法的关键内容就是爱。

三、生死超越的境界——天国永生

保罗之超越生死的境界,就是获得生活在天国中的永恒生命。通过对耶稣基督的信靠,死后可以进入上帝掌权的永恒国度,即上帝的国或天国。通过这种对死后天国的盼望,基督徒超越了此生的有限性,超越了生活的苦难,坚定了生活的信心,从而活在一种与神同在的永恒的生命体验中。

1. 与神同在的永恒生命

"上帝的恩赐乃是永生"(《罗》6:23),而且是"此世此生无可比拟的永恒荣耀、尊贵"(《罗》2:7;《林后》4:17)。何为永生呢? 是不是指人死后还有一个新的来世的生命呢? 在保罗的书信中,以及在早期的基督徒心中,确实是相信和盼望有这样一个生命的。那时"地上的帐篷拆毁了",在天上有不是人手所造的,而是神所造的"永存的房屋"。保罗深信"我们在这帐篷里叹息,深想得那从天上来的房屋,好像穿上衣服"(《林后》5:1—2)。此生的身体好比是帐幕,是旅程中的暂时居所,而永生乃是进入另一身体,对神做永久侍奉。保罗用新的身体、灵性的身体、新造的人和神的光明子女等不同称呼来描述这种永恒生命。

永恒的生命到底何时开始呢? 耶稣说:"我实实在在告诉你们,那听见我的话又信那差我来的,就有永生;不被定罪,而是已经出死入生了。我实实在在告诉你们,时候将到,现在就是了,死人要听见上帝儿子的声音,听见的人就要活了。"(《约》5:24—25)保罗说:"身上常带着耶稣的死,使耶稣的生也显明在我们身上。因为我们这活着的人,是常为耶稣被交于死地,使耶稣的生在我们这必死的身上显明出来。……自己知道那叫主耶稣复活的,也必叫我们与耶稣一同复活,并且叫我们与你们一同站在他面前。"(《林后》4：10—14)结合耶稣和保罗的描述，我们可以看出，永生并不是等到人死以后才开始，而是在相信耶稣、将自己的心灵托付给他的当下，永生就开始了。

在现代社会，不仅无神论不相信，即便是神学家也越来越多地不相信死后的永生，而是相信永生乃是指涉现在，是当下的一种生命体验。拉什说："永恒生命就是此世的生命，对它的体验不是前后相继的，而是同时进行的。"卡尔·巴特宣称："永恒生命不是另一个生命，不是我们现存生命之外的第二个生命，在上帝看来，它是此世生命的相反的一面。"保罗·蒂利希也认为："参与永恒不是来世的生命，永恒生命并不意指此世生命在此后的继续。"[1]这些观点都是在强调，永恒生命就是指涉现在，而且是可以亲身体会到的。正如《约翰福音》所说："认识你独一的真神，并且认识你所差来的耶稣基督，这就是永生。"(《约》17：3)

我们可以说，永生就是现在的生命，是意识到了自己与上帝同在的生命感受。伴随着这一感受，基督徒意识到自己进入了新的关系中：一是进入了与上帝的新关系中，审判者变成了父亲，距离变短了，陌生变成亲密，恐惧变成爱。二是进入与他人的新关系中，憎恨变成爱，自私变成服务，苦恨变成宽恕。三是进入了与自己的新关系中，软弱变成力量，挫折变成成功，紧张变成平安。[2]

如何获得和拥有这种永生的体验呢？既然上帝是创造万物的主，天地万物都是他所造的，所以他是在时间之外的永恒存在。这位永恒的上帝，道成肉身来到人间，经历了受死和复活，通过圣灵能够入住到每一个具有真诚信仰的基督徒内心。这样，基督徒就与这位永恒的上帝保持了一种关系，而且是死亡所不能毁灭的永恒的关系。在这种永恒的关系下，基督徒的精神生命就超越了肉体之死亡。我们也可以说，

---

① 转引自〔英〕保罗·巴德汉、琳达·巴德汉：《不朽还是消亡》，高师宁、林义全译，成都：四川人民出版社，1998年版，第53页。
② 〔英〕巴克莱：《新约圣经注释》，上海：中国基督教两会，2007年版，第1038页。

此时基督徒参与到了基督的永恒生命中。因为对于具有超越时空特性的上帝来说，一切都是永恒的，一切都不会成为过去。所以，基督徒的生命就可以在上帝的意识中永远存在。这样的人就是新造的人，就是属灵的人，就是具有永恒生命的人。

2. 天国的预表

保罗亲临过天国，所以他坚信天国是真实的。在《格林多后书》第十二章中，保罗称自己被提到三层天上，那时候他"听见隐秘的言语，是人不可说的"（《林后》12:4）。对天国的确信激励他忍受一切艰难，使他坚信今生不是一切，那最好的尚未临到，"我们这至暂至轻的苦楚，要为我们成就极重无比永远的荣耀"（《林后》4:17）。

何为天国呢？天国，也叫天堂，或者上帝的国。美国弗吉尼亚神学院教授叶约翰指出，近代神学家常把"上帝国"（the kingdom of God）改译为"上帝的统治"（the reign of God）。"上帝国"意指上帝在世界为王，并在人的生命中掌权。像强盛的国王能够保护百姓不受残酷的敌人之杀害欺侮，上帝有超凡的能力，能给人充分的保护、安全与福乐，不让他们受到邪恶与灾害的侵袭。但同时，上帝也有绝对的权力，可以要求在他治下得到祝福的百姓，效忠于他，服从他的旨意。叶约翰还考察了希伯来文和亚兰文文献，指出亚兰文"上帝国"（malkuta daloha）所从出的希伯来圣经之文本与文脉（例如《赛》24:43;31:4;40:9），这些亚兰文译词所要表达的主要含义是，上帝在终末特定的日子要施行恩典，以可畏的奇事向世人启示自己的慈爱，并显出大能来拯救他的百姓，脱离各种灾祸，得享平安福乐。[①] 詹姆士·里德（James Reid）则认为，上帝之国就是指上帝的统治，是指上帝通过对人们心灵与意志的统治从而对人们的生活具有最高控制权。[②]

---

① 叶约翰:《新约圣经的人文精神》，载林鸿信编《跨文化视野中的人文精神——儒、佛、耶、犹的观点与对话刍议》，台北：台大出版社，2011年版，第101页。
② 〔英〕詹姆士·里德:《基督的人生观》，蒋庆译，北京：生活·读书·新知三联书店，1989年版，第36页。

综合上面的分析,我们可以说,当基督徒放弃了他们对于人生与社会的旧看法,放弃了从前的生活方式,努力去合乎上帝的要求,做上帝要求做的事情,让上帝的目的支配个人的意志,他们就理解并找到了人生的永恒意义。这种意义的来源是上帝,目的也是上帝。此时,他们就与神融合成为一体了,他们就获得了神的拯救,成为了新造的人,从而生活在上帝的国度中。所以,上帝的国或者天国,根本不是一个空间概念,而是一种生命的感受。① 正如耶稣所说:上帝的国的来到不是眼睛所能看到的,因为"上帝的国在你们心里"(《路》17:21)。

同时,天国还表达了一种社会的理想。近代基督教牧师吴雷川在《基督教与中国文化》中指出:"天国并不是在这世界之外另有一个世界,更不是像教会所常讲的死后升入天堂,乃是将这世界所有不合仁爱和公义的全都除去,叫世界充满上帝的仁爱公义,这就是天国降临。用现在的话来说,就是改造旧社会,成为新社会。"② 吴雷川的话确实是指出了天国所具有的现实意义。上帝实现自己统治的天国,不是要等到遥远的未来才能实现,而是在神的教会当中就已经部分地实现了。天国不仅属于遥远的未来,也属于现在。天国虽然还没有在地上完成,但是已经开始了。教会的出现宣告了天国的降临,宣告了上帝的统治已经临到了人间。当基督徒通过加入教会而委身于上帝,接受上帝的统治,借着恩典摆脱各种罪恶,致力于上帝的公平公义,就是在地上落实天国的行

① 基督教关于天国或者上帝的国度的这种思想,与佛教的西方极乐世界一样,都不是存在于一个时间和空间上的,而是源于一种信仰而存在于人的心理和感觉上。《阿弥陀经》说:"从是西方,过十万亿佛土,有世界名曰'极乐',其土有佛,号阿弥陀,今现在说法。"十万亿佛土和东方西方都并非实指。还是六祖慧能说得好:"菩提只向心觅,何劳向外求玄? 听说依此修行,天堂只在目前。""东方人造罪,念佛求西方;西方人造罪,念佛求生何国?"(《六祖坛经·决疑品》)佛教还有"佛在灵山莫远求,灵山只在汝心头。人人有个灵山塔,好向灵山塔下修""心净一切净,心染一切染"等说法,这与基督教上帝的国在人心中,有异曲同工之妙。其实,我们把各种宗教的外在语言除去,它们所达到的生死超越境界是相通的。

② 转引自郭清香:《耶儒伦理比较研究——民国时期基督教与儒教伦理思想的冲突与融合》,北京:中国社会科学出版社,2006 年版,第 193 页。

动。所以,教会就是上帝国度的预表,在教会中天国的蓝图已经开始。

3. 主耶稣基督的再来

关于主耶稣基督再来和死后审判的观点,后世称为末日论,这是保罗生死超越理论的一个重要组成部分。耶稣基督的再来寓意当下社会历史的终结,神再度介入人世间,进行善恶的审判,并建立一个公平正义的新天新地新世界。保罗对这一世界历史"终末论"的表达,经历了一个不断变化发展而逐渐成熟的过程。

在《帖撒罗尼迦前书》中,保罗认为耶稣基督的再来是不久将要发生的事,那日子必然像夜间的贼一样突然而至,届时死了的人必先复活,活着的信徒将被提到云里与主相遇,和他一同进入新的境界并永远同在(《帖前》4:14—17)。只是现在还没有到来,信徒要安心等待,不要过度考虑来世的事情,而要振奋精神,做好平常应当做好的事情,特别要坚持信仰,彼此相爱(《帖前》5:2—9)。只要做到这些,众人的盼望就一定能实现。信徒接到保罗的书信后产生了思想混乱,有的人因为基督再来的日子临近了而惊恐惶惑,还有人觉得既然末日快要到了,于是就游手好闲消极度日。保罗针对这一问题,又写成《帖撒罗尼迦后书》,告诉他们不必惊慌,也不要误以为主的日子很快就要来。他反复劝告信徒"要站立得稳",远离不守规矩的人,"要安静做工,吃自己的饭","若有人不肯做工,就不可吃饭"(《帖后》3:1—15)。更重要是,保罗指出,所有的人都将站在基督的审判台前接受审判,"因为我们众人必要在基督台前显露出来,叫各人按照本身所行的,或善或恶受报"(《林后》5:10)。

简言之,此时保罗不仅认为末日很快就要到来了,基督随时有可能再次降临,而且认为,只有末日到来才能战胜死亡,承受不朽的生命。①

---

① 保罗关于主耶稣基督的再来和审判的思想集中体现在《帖撒罗尼迦前、后书》中。但是这两封书信的侧重点则略有不同。在《前书》中提到主降临时有一位天使长在呼唤,而《后书》中则说有许多的天使一齐出现;在《前书》中,基督降临的时候只有被提的信徒能够看见,在《后书》中,则说众目都要看见他;在《前书》中,主的再来重点是为了提取信徒,而在《后书》中,则侧重于对世人进行审判。

所以,在最后的审判到来之前,人类尚有短暂而充足的机会顺从上帝。正是在这一信念之下,他和使徒们四处奔波传道,就是为了让众人清醒地把握历史趋向,不失时机地归向上帝,以求在末日的号角声中进入永生。

然而在写作《腓立比书》时,则是另一番景象。此时保罗已经身陷囹圄,但是基督的再临还没有到来。他感到自己可能等不到基督来临就要离开人世,所以对末世的期待发生了一些转变。此时他有可能认为,人进入永生是个体生命终结后的必然结果,而无需等到基督再来。因此,生与死都是无所谓的,活着是基督徒,死了可以与基督在一起,最重要的是要始终保持与基督合为一体的终极期待。"照着我所切慕、所盼望的,没有一事叫我惭愧;只要凡事放胆,总叫基督在我身上照常显大。因我活着就是基督,我死了就有益处。……我正在两难之间,情愿离世与基督同在,因为这是好得无比的;然而,我在肉身活着,为你们更是要紧的。"(《腓》1:20—24)

与世界末日基督的再来相对应,就是死人复活和罪恶的审判。保罗认为,届时神会接纳信徒到天国享福,而且"要按着那能叫万有归服自己的大能,将我们这卑贱的身体改变形状,和他自己荣耀的身体相似"(《腓》3:21)。也就是在主来临的天国中,所有死了的人都会复活,成为一个被圣灵充满的"新造的人"。而未悔改者、背道者、不法的人和大罪人将被显露出来,并且受到审判。简言之,主再来时,必然伸张正义、赏善罚恶。

4. 死后复活与新造的人

复活(resurrection)这个英语词是从拉丁语"重新站起来"(rising again)翻译过来的,它与希腊语 anastasis(站立)意思一致。复活一词在《圣经》中有两种完全不同的用法。在《四福音书》和《使徒行传》中,暗指耶稣死去的肉体从坟墓中复活,并且被他的门徒用肉体感觉到。而在保罗书信和《彼得前书》中则是指,耶稣在死时离开了他的身体,升华为一种新的灵性的存在,随后通过天上来的异象显现在门徒心中,并且使他们相信他已经战胜了死亡。[①] 在《罗马书》《哥林多前、后书》和《腓立比书》等书信中，保罗从不同侧面表达了这样一个观点：死后复活的人，有别于世俗的人。世俗人的是属肉体的人；复活的人是属灵的，是经神的手新造的人，是超越了肉体死亡的人，是永远与神在天国里享福的人。

保罗的这种复活观念，不是抛弃肉体的灵魂复活，而是身体和灵魂完全得到救赎，是死去之人的灵魂重新获得有生命的肉体。但是这种复活也不是像耶稣基督那样死后很快的复生，而是指所有信仰耶稣的人，不论贫富贵贱，死后都能在天国里复活。保罗在《罗马书》第六章中指出，信徒要与基督同死，同葬，同复活。也就是说，信徒由于认同基督，就已经治死了属于肉体的旧生命，而享有了属灵的新生命。在基督里，我们向罪死了，旧的身体和旧的堕落本性就被钉死了，旧生命被辖制住了。之所以如此，是因为基督不但承担了罪的刑罚，而且还摧毁了罪的权势，让罪无法再操纵我们的生命。

在基督掌权的永恒天国中，上帝不是要摧毁一切而重建一个世界，而是将旧有的世界改变成一个完美化的新世界。人的身体的复活也是这样，耶稣曾说："当复活的时候，人也不娶，也不嫁，乃像天上的使者一样。"（《太》22：30）保罗也说："我们既有属土的形状，将来也必有属天的形状。"（《林前》15：49）温伟耀认为，我们现世的身体是属于会朽坏的物质世界，而复活的身体将不再属于有限的物质世界，不再被有限的时间与空间所限制，虽然仍具有物质具体性，但是已经具有了超越时间空间的完美和不朽的性质。[②]

到底复活后的身体与现在的身体区别何在？基督教神学家的诠释或许有助于我们的理解。布尔特曼认为，复活而得到一种新形式的生

---

① 〔英〕保罗·巴德汉、琳达·巴德汉：《不朽还是消亡》，高师宁、林义全译，成都：四川人民出版社，1998年版，第42页。
② 温伟耀：《今生来世》，香港：明风出版社，2016年版，第188页。

命意味着"把情感与肉欲钉在十字架上","摆脱了种种黑暗的结果",享受到了"一种从罪恶中挣扎出来的自由",它还包括"我们对苦难之恐惧的克服以及超脱世俗的圆满"。摩尔特曼则认为,从"死亡中复活"意味着"全心全意地、毫无限制地、毫无保留地赞同生命,赞同肉体,赞同世界"①。与上述观点截然不同,尼古拉斯·拉什认为,复活的生命是观看我们此生的一种方式,仿佛是从上帝的永恒立场来观看一样。正如理查兹所说,复活的生命就是我们从上帝的立场来体验的现时的生命。②我们从无神论的角度来看,所谓的复活,其实就是基督徒因为对耶稣的信靠而获得了一种神秘的宗教体验——摆脱了罪恶,得到了救赎,超越了时间与空间的限制,获得了自由自在的新生活。

综上所述,保罗认为,基督徒因为对死而复活的耶稣基督的信靠,他们死后也将复活,被上帝重新创造为一种不同于血肉之躯的,属灵的,新的生命形式。基督教的这一复活信仰具有的意义,正如温伟耀所指出的:第一,肯定了上帝的拯救是整全的、完整的,上帝对将来世界终极的更新,不单是精神上和灵界上的,而是物质世界的万事万物的整体更新;第二,显示出上帝对人的美意和爱的结局,正如同在耶稣基督身上所见到的历程,不是以痛苦死亡和毁灭的十字架作为结局,而是以复活标志着上帝得胜和荣耀的事件作为结局,这一完美永恒的结局也要最终在人身上体现;第三,我们将来肉身的复活,显示出我们的今生与永恒的来世是具有延续性的,将来的新天新地并不是取消旧世界的一切,而是旧世界朝向完美状态的一种转化与延续。③

---

① 〔英〕保罗·巴德汉、琳达·巴德汉:《不朽还是消亡》,高师宁、林义全译,成都:四川人民出版社,1998年版,第37—38页。
② 同上,第38页。
③ 温伟耀:《今生来世》,香港:明风出版社,2016年版,第184—185页。

第三节　孟子与保罗生死超越论之异同

孟子与保罗的生死超越理论,有着截然不同的前提与基础、动力与目标,在生死超越的生命体验上也大相径庭。但是,在这些显性差别的深层,则存在着诸多的相通之处。这些相异之处是儒家文明与基督教文明之间差异的具体体现,而它们的相通之处则反映了人类不同文化与文明的相通之处。

一、孟子与保罗生死超越论之分野

孟子与保罗生死超越理论的不同之处是显而易见的,集中表现在超越的前提与基础不同,超越的方式与途径不同,超越的目标与极限不同,超越的境界与体验不同。之所以有这些不同,是因为孟子与保罗有着不同的人性论,有着不同的生命价值观和死亡观。

1. 超越的前提与基础不同——天人合德与神人相像

孟子与保罗的生死超越理论,都有一个形而上的前提或基础。在孟子那里是天与人的关系——人的道德来源于天,人通过自身的修养,能够与天在道德上相契合。在保罗那里就是神与人的关系——人是神的造物,但是人不同于其他的被造物,人具有神的"形象",通过神的拯救,有罪的人可以恢复与神的重新和好。

孟子从天人关系中来界定人。人纵然在生理上与禽兽无异,但是禽兽生活在本能状态中,人却具有天赋的善性之端芽,具有天赋的恻隐、辞让、羞恶、是非之心,通过反身而诚求其放心和不断地存养充扩,可以达到天人合德的境界。也就是孟子所说的,通过尽心知性和存心养性可以"知天事天"。这是人可以摆脱动物的本能,克服肉体生命的有限性,在精神上达至永恒而超越生死的一个前提。

与孟子相比,保罗则是从神人关系来界定人。人首先是神的创造物,是神按照自己的形象创造出来的。但是人类的始祖违背神的诫命犯了原罪,破坏了原本和好的神人关系,并且由于遗传的作用,所有的人都是不完善的,都是有缺陷的罪人。保罗的依据在于:一方面,神是造物主,具有永恒的无限性,人是神用泥土所创造的,造人的材料——泥土是可以朽坏的,这就决定了人的肉体是可以朽坏的,人是必定有死的。另一方面,由于人犯了罪,远离了神,不再以具有无限永恒性的神作为终极关怀的对象,死亡意识与死亡恐惧就临到了人的头上。因而超越死亡不仅仅是指在肉体上,而且是指在精神和灵性上面,能够与永生的神保持一种和好的关系,这种关系并不因为死亡而改变。

对比孟子的天与保罗的神,两者有着诸多相异之处。首先,孟子的天不具有人格,它是一种义理性质的天。通过人类的行动,尤其是通过民众百姓来显现自己的力量,"天视自我民视,天听自我民听"。与此相对,保罗的上帝则是人格神,具有强烈的道德观念与情感,能够通过他的独生子耶稣基督来到世间,对人类实施拯救,在世界末日还会再次显现并进行终极审判。其次,孟子的天人关系远不如保罗的神人之间存在明显的隔阂。诚如学者蒋庆所指出的,基督教把人间的每一件事情都联系着超越世界,用上帝来解释一切社会自然现象,这样就使世间的一切现象都具有了超越的性质,因而容易使人感到超越世界的存在。儒教则不然,儒教的超越过程是逐渐由里向外扩展,从近处向远处延伸,从形下向形上推进,在现实世界的伦常日用中实现超越,而不是像基督教直接把一个超越的世界放到人的面前,要求人们打破自己的理性,用信仰的飞跃去接受。因此儒教往往不容易使人产生强烈的超越感,不容易觉察到超越世界的存在。①

2. 超越的途径与方式不同——自我振拔与神人同工

牟宗三、唐君毅等现代新儒家在对比儒家与基督教时,认为儒家是

---

① 〔英〕詹姆士·里德:《基督的人生观》,蒋庆译,北京:生活·读书·新知三联书店,1989年版,第25页译者注。作者还同时将儒、耶两家的超越界与佛教的超越界进行了比较。

205

内在超越的宗教,而基督教是外在超越的宗教,并且认为前者优越于后者。因为前者天人圆融,后者神人分隔;前者的天亲切,后者的上帝高高在上;前者天人贯通,后者神人对峙,前者天人统一或不即不离,后者神人之间有不可逾越的鸿沟,泾渭分明。① 许志伟批评了新儒家这种观点的缺陷,他指出,当代新儒家对基督教的上帝有相当大的误会,认为西方的上帝是外在超越的上帝,没有看到西方在救赎历史中出现的,且自我揭露为三位一体的基督教的上帝观,在解释人性时相对具有的理论内部自洽性的事实。②

显然,现代新儒家这种截然二分的判教态度,把儒家与基督教超越方式的区别绝对化了,忽视了其中的共性。所以,我们用挺立道德主体和自我振拔来表述孟子的超越方式与途径,以强调其超越的力量是来自内在,而无需像保罗那样,借助一个外在的"全然他者"——上帝作为精神媒介;我们用神人同工来表述保罗的超越方式与途径,以表明保罗之超越所依靠的力量既有内在自我的信靠力量,更重要的是必须借助神这一外在力量,来实现自身精神的转化。

孟子生命境界发生转变与超越的途径,就是以心为主宰,大体统帅小体,身心气性统一于心,确立自我道德主体性,从而实现自我振拔。其中关键是发现自我内在的良知良能,通过不断修养心性,实现"学达

---

① 罗秉祥:《上帝的超越与临终——神人之际与天人关系》,载何光沪、许志伟主编《对话二:儒释道与基督教》,社会科学文献出版社,2001年版,第243—244页。作为基督徒的罗秉祥并不同意现代新儒家的这种看法,他认为,基督教复杂的神人差序与儒家天人同序的分别,是外在与内在这一空间比喻所无法表达的;儒家天这一终极实在是与人的心性同体,天的超越性已经大大削弱,仍把天与上帝相提并论为超越者是不恰当的;再者,上帝的超越是与人的定限一体两面的,基督教在强调上帝超越于人时,同时强调人的定限。但是当地新儒家在肯定天内存于人及否定天超越于人时,也同时否定了人的定限。参考上书第276页。

② 许志伟、赵敦华主编:《冲突与互补:基督教哲学在中国》,北京:社会科学文献出版社,2000年版,第79页。许志伟进一步指出,新儒家所讨论的"内在超越"有助于中国人理解基督教"三位一体"的含义,两个概念相对照可以成为中国哲学与基督教思想对话的切入点。

性天",成就圣贤境界。这种生命的内在转化与超越,就发生在人伦日用之间,没有世俗界与超越界的截然二分。在家庭中,通过婚姻的形式来繁衍后代,实现家族生命的传承,超越个体的有死性;在社会国家层面"君子创业垂统",通过做出社会功业来实现历史的不朽。无论是生命传承还是建立社会功业,都必须通过自我修养、自我提升来实现,不依赖于任何外在的精神力量。所以,孟子的生命超越过程是自我内在生命潜能得以发挥、道德自我得以挺立振拔的过程。正如牟宗三先生所说,孔孟的性是从了解仁那个意思而说的,人的最为独特之处即是人以此"创造性本身"为性,"尽性"就是充分实现此创造性之意。这创造性本身落在人处,为人之性。若从宇宙大化流行那里看,就是天道。性是主观地讲,天道是客观地讲,此由仁那个观念而确定。此两面皆为仁所涵,贯通起来是一个概念。① 概言之,孟子是在"深造自得"的过程中,不断加深对于生命的领悟,在不断建功立业中体悟历史使命,在不断反省自身中提升自己。是为孟子的生死超越路径。

保罗从上帝的普世性出发,认为所有人在神面前都是平等的,都是神的儿女,都是主里面的兄弟姊妹。他没有关于家族血缘传承方面的论述,而是始终围绕着神与人的关系展开。关于人的生命安顿与提升,他既强调依靠神的拯救,同时又强调要个体的积极事工,要以耶稣基督的心为心,让圣灵为我们做主,将自己献身给神,作为神的活祭。所以,在保罗看来,实现生死超越是一个"人神同工"密切合作的过程。以前的儒家学者过分强调了神的拯救,而没有看到人这一方面做出的努力和事工,没有看到信徒必须要"以耶稣基督的心为心",要努力"做神的义器",要努力通过自身的事工,来彰显神的大能。所以他们认为基督教只是外在超越。而基督教神学家在强调上帝拯救的同时,从来没有忽视信徒对神的积极信靠,反倒是积极倡导信徒必须效法基督,必须付出与神同工的努力。所以,保罗的生死超越乃是借着上帝的恩典,借着

---

① 牟宗三:《中国哲学的特质》,上海:上海古籍出版社,1997 年版,第 99 页。

对神的信靠,通过自身的努力事工,不断彰显神的大能,通过服务于神的教会来实现的。

就生死超越的方式而言,无论是孟子还是保罗,都认为爱能够使人超越个体的局限而走出家庭,进入社会,达到与无限精神——天地或上帝融为一体。不过,孟子基于血缘家庭亲情提出的仁爱,是有亲疏远近的有差等之爱,要通过"老吾老以及人之老,幼吾幼以及人之幼"(《梁惠王上》7)"亲亲而仁民,仁民而爱物"(《尽心上》45)不断向外推扩。保罗的爱,则是一种普世之爱,是对"神爱世人"的一种回应,是在主里面的兄弟姊妹之间的爱。保罗始终秉承这样一个观念:为了耶稣基督而活,为了耶稣基督而受苦受难,为了拯救全天下的人而四处传福音建立教会。由此我们可以看出,孟子与保罗的爱都有一种利他的情怀。保罗主张通过关心帮助他人来荣耀神,完全没有考虑自己,也没有民族性的局限。而在孟子学说中,首先重要的是修身,是成就自己的品德,成就历史的功业,才能拯救他人。在这一点,恰如学者卓新平所说,基督教伦理"爱邻人、爱敌人"的境界可以克服中国传统伦理认知上的民族相对性和狭隘民族性,从而使中国伦理的重建获得更广远的视野、更崇高的境界。①

3. 超越的目标与极限不同——内圣外王与神人和好

孟子生死超越的终极目标,是实现内圣外王的完美人格。从内在讲,就是达到"夭寿不贰,修身以俟之"(《尽心上》1)的境界,成就尧舜一样的圣贤人格;从外在讲,就是实现"创业垂统"(《梁惠王下》14),为世人做出典范与楷模,建立尧舜一样的历史功业。在孟子那里,因为天道性命相贯通,所以人可以通过不断努力——"尽心知性存心养性"来体悟天道,乃至实现与天地参的境界。保罗生死超越的目标则是重新恢复人与神的和好,使罪人得到拯救成为义人,实现死后永生。这个和好

---

① 许志伟、赵敦华主编:《冲突与互补:基督教哲学在中国》,北京:社会科学文献出版社,2000年版,第170页。

必须通过耶稣作为中介,所以有一个极限——人只能仿效基督成为"基督第二",但是永远不能成为耶稣基督,更不可能成为上帝。

成就内圣外王是通过体现和实践天道来实现的,但是天道对于人而言具有一种神秘性。如学者郑家栋所指出,儒家的天、天命、天道是一个深远无际、生生不息的创造力和推动力,而此创造力和推动力即遍在人与天地万物之中。人与天的关系可以转化为"性与天道"的关系,天道性命相贯通体现了儒家对于天人之际的独特认识,它同时也代表了一种不同于西方宗教的超越形式与路径。[①] 无论是孟子还是后世的程朱理学与陆王心学,都主张体现天道就是个体不断"存养充扩"善心善性、成就德性的过程,都认为人生的终极的目的就在于成就圣贤,其学说也都是围绕如何体现天道以成就德性而展开的。在这种生命的不断转化和超越中,个体生命可以和他人的生命相感通,以自然生命成就价值生命。基督徒学者温伟耀也承认:成就自己,又成就他人、他物,甚至整个世界,这种内外一致而互动的人格理想、宏愿,可以说是儒家思想最终极的追寻和境界,就是达到了儒家"圣人"的最理想、至高的境界。[②]

保罗之生死超越的目标是人与神的和好,确切地说,就是要信徒实现与复活的耶稣基督合一,以此来荣耀基督。所以,每个基督徒都应当效法耶稣基督道成肉身拯救人类的义举。但是一个人要成为真正的基督徒,必须承认自己的软弱,放弃自己的意志,放弃自己决定命运的权力,虚空自己让圣灵入住,让神来做自己的主。只有这样,才可能摆脱与生俱来的原罪束缚,才谈得上真正地获得拯救。在信靠基督之前,我们以身体来满足自己的邪情私欲。信靠神后将整个人献给基督,获得了上帝恩赐的能力,最终一定实现自我生命与复活的耶稣合一。

① 郑家栋:《神性论——儒教观点》,载何光沪、许志伟主编《对话:儒释道与基督教》,北京:社会科学文献出版社,1998年版,第228页。
② 温伟耀:《成圣、成仙、成佛、成人》,香港:明风出版社,2015年版,第56页。

保罗认为，自己因为信靠神而摆脱罪的惩罚，得以能够从罪的钳制下解脱出来，得以过上属灵的新生活，即：蒙召称为使徒，并以传福音为职事。但是他认为这只是新生命的开始，"成圣"（sanctification）才是自己努力的方向。"我们既有这等应许，就当洁净自己，除去身体、灵魂一切的污秽，敬畏神，得以成圣。"（《林后》7：1）何谓"成圣"呢？叶约翰认为，"成圣"就是要将容易犯罪的思想、个性与生活习惯彻底改变，将性格重新塑造，直到成熟完美，如同上帝的神圣性格一般。① 这一境界正如耶稣所说的："你们要完全，像天父完全一样。"（《太》5：48）也如同保罗所说："将身体献上，当作活祭，是圣洁的，是上帝所喜悦的；你们如此侍奉乃是理所当然的。不要效法这个世界，只要心意更新而变化，叫你们查验何为上帝的善良、纯全、可喜悦的旨意。"②（《罗》12：1—2）

4. 生死超越的境界与体验不同——历史不朽与来世永生

孟子生死超越的最终境界，是要达到像尧、舜、禹的圣贤品格——内圣，成就像尧、舜、禹那样的伟大功业——外王，实现"创业垂统为法于后世"。这样的境界要通过不断的尽心知性和存心养性的功夫来实现；而保罗的生死超越境界，则是死后进入永恒的天国，得到永生。如果我们能够用自己的身体，来做神的殿，让神的灵入住里面，把身体献给基督，用身体荣耀基督，借着我们的身体完成神的工作，我们就可以实现这一境界。

孟子毕生追求"为法于后世"和"创业垂统"，他忧患的是不能像尧、

① 叶约翰：《新约圣经的人文精神》，载林鸿信编《跨文化视野中的人文精神——儒、佛、耶、犹的观点与对话刍议》，台北：台大出版社，2011 年版，第 112 页。
② 《圣经》中提到了两个活祭。第一个是以撒，在《创世纪》22 章，另一个是主耶稣基督。以撒甘愿把自己献在祭坛上，至死顺服神的旨意，但是耶和华却差遣一只公羊来代替他。然而，以撒是死了，他已经向自己死了，甘心降服于神的旨意。以撒走下祭坛的那一刻，就成了荣耀神的一个"活祭"。主耶稣基督也是活祭的完美例证。他顺服父神的旨意而死，后来复活了。基督教的"活祭"观念表明，神并不是要求我们献出金银财宝作为祭物来敬拜他，而是要求我们把自己的身体献给神，通过传福音、帮助穷人、服务有需要的人来敬拜他，把神对人的爱传递出去，这才是对神的最好的敬拜。

舜那样建立可以名扬后世的历史功业,"舜,人也,我亦人也,舜为法于天下,可传于后世,我由未免为乡人也,是则可忧也。忧之如何? 如舜而已矣"(《离娄下》28)。这与《左传》"三不朽"的精神是一致的。与此相反,保罗追求的是建立在超越血缘、历史、世俗之上的神圣不朽,是来世的永生和天国的不朽,如耶稣所说:"凡为我的名撇下房屋或是弟兄、姐妹、父亲、母亲、妻子、儿女、田地的,必要得着百倍,并且承受永生。"(《太》19:29)保罗追求的这种天国和永生不仅具有终极安慰作用,其现实意义也是显而易见的。近代基督教牧师吴雷川在《基督教与中国文化》中说:"所谓得救,绝不是从前所谓的死后永生,乃是生前脱离自私的罪恶,然后献身于社会。个人得救与社会改造是一件事。""所谓重生,所谓从圣灵而生,无非是说明人要生活在新的社会中,必须洗去就染之污,在心灵上有新的觉悟,才能先见到天国的原理,而后不能自己地参加建立天国的工作了。"①吴雷川的话确实是看到了拯救与天国所具有的现实意义。

追求在生命境界不断提升与超越中,孟子与保罗的生命体验是完全不同的。孟子所体验到的是"天下国家",是"仁者与天地万物为一体",是一种德配天地的感受,是个体能够深切体悟自我内在精神生命的终极体验。而保罗则是一种不断与神进行交流的"对话性"体验。如温伟耀所指出:基督教信仰有上帝作为无限的他者在场,它是一种"与他者生命相遇"的超越体验,是一种"对话性"的体验,是一直处于一种与上帝对话、爱的交流的体验状态之中。② 所以,在保罗的书信中,我们经常看到"靠主站立得稳,靠主知足常乐"的一种情感表达。保罗认为,是耶稣复活的生命给了自己一种崭新的生命动力,使他能够"认识基督,晓得他复活的大能,并且晓得和他一同受苦,效法他的死"(《腓》

---

① 转引自郭清香:《耶儒伦理比较研究——民国时期基督教与儒教伦理思想的冲突与融合》,北京:中国社会科学出版社,2006 年版,第 138 页。
② 温伟耀:《成圣、成仙、成佛、成人》,香港:明风出版社,2015 年版,第 161—164 页。

3:10)。

在孟子看来,人人皆可以为尧舜。但是在保罗那里,人人都可以成为基督徒,但是却不能成为基督。① 在孟子看来,超越生死的过程就是以生命弘扬道义,完成人生使命的过程。要承担起这个使命,必须与个人的私欲作斗争,与外界的自然与社会阻力作斗争,才能成就历史的功名,最终实现生死超越的终极目标。但是在保罗那里,必须依靠对神的信靠和委身,让我们身体成为供神使用的"义器",成为基督的"活祭",才能最终成就神人合一的超越生死境界。

在追求这样的境界中,孟子注重道德主体的不断提升与强化,而保罗则主张自我虚空、自我否定,把自己的生命交给神。在孟子的生命提升与境界追求中,人作为道德的主体,根源在于人性的善可以"存养充扩",超越是一个自我不断提升、心志不断坚强的永无止境的修养过程。在保罗那里,"身体是上帝所居的殿",生命是为了荣耀神,生命是被圣灵所使用的器皿。所以人不是处于主体地位,而是神用来实现目的之手段与工具。在孟子那里,生命可以与天道齐一;在保罗那里,人的生命却不能与上帝或耶稣并肩齐立。这源于神是造物主,而人只是神的被造物,人只有通过被神所改造更新,才能实现生命由属于肉体到属于圣灵的转变。

二、孟子与保罗生死超越论之会通

无论是孟子通过存心养性事天来实现天道性命相贯通,还是保罗通过让圣灵入住和与神同工来达到神人合一,都使人的生命得到了安

① 牟宗三、傅佩荣和蔡仁厚等都提出过这个质疑,儒家可以讲"人皆可以为尧舜",佛教可以讲"人皆可以为佛",但是基督教可以讲"人皆可以为基督"么? 参看蔡仁厚:《新儒家的精神方向》,台北:台湾学生书局,1984 年版,第 75—76 页。从教义上来看,儒家的尧舜,佛教中的佛都是由人而成就的,但是在基督教的教义中,基督具有神人二性,是上帝道成肉身,是神取了人的模样,显然与儒家和佛教的超越路径和极限截然不同。

顿和提升,都在有限的身躯上实现了与无限精神相结合,从而用精神的不朽与永恒超越了肉体的有限和死亡。即便是"天道"与"上帝"这一对我们看似具有巨大差异的概念,在终极存在上也是有相通性的。诚如牟宗三先生所说,儒家所讲的天道就是创造性本身,而上帝也是创造性本身。如果把天道位格化,就是人格神的上帝。①

1. 安顿与提升生命

孟子和保罗的生死超越理论,首先为人提供了安身立命的思想资源,使人的生命可以得到安顿提升与不断更新。安身就是安心,使心灵有所寄托而得到安顿,立命就是在命运面前挺然站立,不向命运低头,不被命运所摧垮。每一种哲学与宗教都具有安身立命的功能,都能够带给信仰它的人以心灵的安顿,以至于能够在变幻莫测的人生际遇和命运面前挺立,而不至于沉沦沮丧。

孟子所说的"尽心知性知天",就是要透过道德的修养以体悟天道,来安顿自己的心灵,运用内在的精神力量去面对各种人生际遇;而保罗则是关注人如何认识宇宙的主宰上帝,与他建立一种和好的关系。通过这样一种关系,人可以从上帝那里获得圣灵的帮助与指引,从而超越苦难,活出平安和喜乐。其中内在的机制,正如温伟耀所说,基督教因为相信上帝对人生际遇的看护与掌握,信徒因此就有终极的安全感——平安;基督徒又因为认识并且经验到耶稣基督对他无条件的牺牲的爱,就可以体会至深的满足感——喜乐。这就是信仰基督教的人可以拥有的安身立命的情操。②

孟子与保罗安顿和提升生命的路径却是不同的。孟子并没有因为注重人而隔绝天,而是关注人如何觉悟而体现天道,也就是如何尽心知性知天。这知性知天的过程,就是毕生向那超越之天道的无限趋近,也就是不断反省自己成就圣贤品德的过程。所以体现天道的过程是无穷

---

① 牟宗三:《中国哲学的特质》,上海:上海古籍出版社,1997年版,第100页。
② 温伟耀:《今生来世》,香港:明风出版社,2016年版,第210页。

的,成圣成贤也是一个永无止境的过程。如牟宗三先生所说,儒家重视体现天道,所以重点不落在上帝加恩与个人呼求之情上,而是重视工夫,在工夫中一步步克服罪恶,一步步消除罪恶。但是生命大海中罪恶无穷,而工夫亦无穷,成圣成贤的过程亦无穷。在基督教中,凡是上帝所担负的,在儒教中,即归于无限过程中无限理性之呈现。[1] 保罗就截然不同了,他始终用神的福音振奋人萎靡的精神,给人以奋斗的勇气,用神的教导培养人属灵的精神生活,战胜现实生活中的艰难困苦,引领人形成一种新生命。这种新生命是神与人合为一体的生命,虽是属于人的生命,但是其中充满了神性的高贵与光辉。保罗认为,当基督徒行事为人与蒙神恩宠相适应,不再像外邦人那样存虚妄的心行事,不再与神所赐的生命隔绝,而脱去"从前行为上的旧人",将自己的"心志改换一新",就能够成为"照着神的形象造的,有真理的仁义和圣洁"的新人(《弗》3:17—24)。

2. 超越生死达到不朽

孟子与保罗都承认,人可以借由一种永恒的精神来超越肉体的有限性,从而淡然地面对生死。孟子在承认生死必然的前提下提出:通过家族内部血缘的延续与精神传承可以超越个体生命的有死,通过积极的人生实践创造出为世人永恒记忆的功业,为时间所不可磨灭的价值,来实现死而不朽,是为生死超越。当一个人把成为尧舜那样的人作为自己追求的理想人格时,当他整天忧虑如何能够"创业垂统为法于后世",如何完成天赋使命建立历史功业时,自我之肉体生命的存亡已经退居二位了。保罗借由对神的信靠,对死而复活和死后天国的相信,对世界末日和上帝最终审判的相信,用无限的空间和永恒的时间化解了生死矛盾。

孟子说"尽其道而死者,正命也","尽其道"就是要以"为法于天下"和"传于后世"为毕生追求,做到了这一点才能使自己获得一个"正命",

---

[1] 牟宗三:《中国哲学的特质》,上海:上海古籍出版社,1997 年版,第 102 页。

才会无论何时大限临到，都感到死得其时、死得其所，都能坦然接受。在这种境界下，当生命与仁义发生矛盾而不可兼得的时候，人才能做出"舍生取义"的抉择。钱穆先生指出这就是儒家的宗教精神，"儒家虽非宗教，而实带有一种宗教的精神。而且这是宗教中一种最高的精神。我们也可以说，儒家是一种人文宗教，人性善是他们最高的宗教信仰，杀身成仁与舍生取义，是他们最高的宗教精神"①。

保罗的一生是贫穷和痛苦的，在传教过程中经常被人误解、责难、凌辱乃至鞭打。但是对于种种威胁，他毫无畏惧，从未灰心丧气，而是感到"痛苦生忍耐，忍耐生信心"——更加坚定了委身于神的信心。在罗马被囚禁时，他明明知道自己命在旦夕，但是他考虑的不是自己的生死，而是担忧他的教会，忠告提摩太铭记神圣的事业。我们可以说，保罗在生死关头，确实达到了这一种境界：让基督永恒的生命注入自己的生命，使自己生命中的神性复活，用基督的意志代替了自己的意志，使自己的肉体成为圣灵的殿堂，从而使自己的生命时时获得更新。正是因为有这样一种心态，保罗对即将到来的死亡，能够始终秉持淡定态度，对主耶稣基督的再来和死后审判，始终充满盼望。"我现在被浇奠，我离世的时候到了。那美好的仗我已经打过了，当跑的路我已经跑尽了，所信的道我已经守住了。从此以后，有公义的冠冕为我存留，就是按着公义审判的主到了那日要赐给我的，不但赐给我，也赐给凡爱慕他显现的人。"（《提后》4:6—8）

3. 超越生死智慧的互通性

无论是孟子还是保罗，都承认超越性的天道或上帝，兼具客观性与主观性双重内涵。人对于这一超越性的追求是一个主客观相统一的过程。天道存在于天地之间，具有客观性，但是它又是处于潜在的存在状态，其内容意义必须经由人的道德实践才能显露与恢宏——"人能弘道，非道弘人"，因而天道又具有主观性。因此，孟子的超越思想，如牟

---

① 钱穆：《中国思想史》，台北：台湾学生书局，1985年版，第36页。

宗三先生所说,具有高度的宗教性,而且是极圆成的宗教精神,它是全部以道德意识、道德实践贯注于其中的宗教意识宗教精神。它的重点是落在如何体现天道上。[1] 与之相应,上帝也兼具客观性与主观性。上帝是超越时间与空间的造物主,在这一点上,上帝是客观的。但是要通过耶稣基督来启示和彰显,人类才能领会和实践上帝的道。耶稣的生命是人认识上帝的中介,而且是唯一的中介。耶稣"就是道路、真理、生命",若不借由着耶稣基督,"没有人能够到父那里去"(《约》14:6)。可见上帝又具有主观性。同时,人必须是虚空了自己,才能让神做自己的主;人只有相信神的拯救,才能够以耶稣基督为中介,借着恩,因着信,和上帝进行对话,乃至获得拯救。

无论是孟子还是保罗,都承认超越性的天道或上帝是神秘莫测不可尽知的,只可以遥遥契合,恰如《尚书·大禹谟》所言"道心惟微"。孟子坚信,在尽心知性、践履仁德的过程中,可以"知天事天",可以遥契天道、体现天道。保罗则笃信,借着恩,因着信,以耶稣基督作为中介,信徒可以随时与神对话,让神的灵入住自己,在与神同工的侍奉中达到人与神的默契。同时,无论是对天道的体认与实践,还是与上帝的沟通交流,都是一个充满艰辛的永无止境的过程,人类永远也不能全面洞察天道与上帝的奥秘。

关于天道的神秘,牟宗三先生曾说,"体现天道也只是把天道当中可以透露于性中、仁中,即道德性中者而体现之,并不是说能够把天道的全幅意义或无限的神秘全部体现出来"[2]。所以《中庸》说:"及其至也,虽圣人亦有所不知……有所不能。"孟子也说:"圣人之于天道也,命也,有性焉。君子不谓命也。"(《尽心下》24)不仅如此,通过自觉自律自主去体现天道的人生正途,是充满艰辛困苦的。正如曾子所说:"士不可以不弘毅,任重道远。仁以为己任,不亦重乎!死而后已,不亦远

---

① 牟宗三:《中国哲学的特质》,上海:上海古籍出版社,1997年版,第103页。
② 同上。

乎!"(《论语·泰伯》)曾子尚且如此,一般人必定更是难以企及。这也就限定了儒家超凡入圣的道路只是适用于读书人的士大夫阶层,而且自古至今,企及者寥寥无几。在既没有恒产也没有恒心的百姓阶层,这种真理绝对不可能被认识,这种超越的路径绝对不可能被接受。

第六章　孟子与保罗生死伦理比较研究的当代价值

　　孟子与保罗的思想,分别成为儒家和基督教的核心理论,奠定了两大文明体系的基础,对于当代中国产生了深远的影响,具有重大的价值。我们应当充分吸收和借鉴孟子与保罗的生死思想,以期相互补充,相互镜鉴,为当今的和谐社会建设服务,为社会主义的文化建设服务,为个体生命的安顿与提升提供思想资源,为社会终极关怀体系的建构提供借鉴。

第一节　个体生命的安顿与提升

　　在当今社会,人们普遍追求物质利益的同时,也明显地暴露出对于生命的困惑与迷茫、生命的无意义感。在物质财富越来越丰盈的情况下,如何安顿人的精神,为人类建构一个精神的家园,这是当代社会必须要面对和解决的问题。诚如杨慧林说的,有形的文明越是发展,人们就越能感受到丧失信仰的危险。有限的理性越是成熟,人类对终极的意义就越是关切。这使"拯救"成为东西方人的共同眷注。[①]

　　所以,我们要充分利用宗教的与非宗教的,传统的与现代的思想资源,来解决现代人的生命意义问题。牟宗三先生在详尽考察了传统儒释道思想的基础上,主张在"不丧失中国传统的大本"的前提下,"根据传统儒释道三教的文化生命与耶教相摩荡,重新复活'生命的学问',同

---

① 杨慧林:《罪恶与救赎》,北京:东方出版社,1995 年版,第 203 页。

时吸收西方科学、哲学与民主政治,展开智性的领域",以此来提高与安顿精神和心灵。[①] 这种提法确实是高瞻远瞩。

一、博爱怜悯之心与独立人格

任何时代的人都是生活在社会中的人,对他人充满博爱怜悯,对他人的苦乐有感同身受的关切,是一个人必备的道德品质。同时,一个人得以区别于他人的关键所在,就是独立的个性与人格,是能够大胆运用理性、使用支配自己行动的自由意志。这种独立自主的精神是一个现代人的必备素质。

在过去的一个多世纪中,我们的国家先是处于内忧外患的战争年代,建国后又长期处于以斗争哲学为指导的意识形态之中,无论是对于传统儒家的仁爱还是基督教的博爱都进行过猛烈的批判。"没有无缘无故的爱,也没有无缘无故的恨"的观念在社会中还存在着广泛的影响,造成人们普遍缺乏超越阶级、超越民族种族的博爱怜悯之心。另一方面,由于主流意识形态对于集体主义观念的强调,造成整个社会缺少一种具有独立之精神和自由之思想的人格,这尤其表现在知识分子上。当代知识分子普遍缺乏一种自我理解、自我定义、自我期许,缺乏孟子所说的"士君子"和"大丈夫"的风骨,缺少一种"以德抗位"的批判精神。

1. 要有博爱怜悯的情怀

孟子和保罗的生死伦理思想启发我们,无论任何时代,不管是否具有宗教信仰,都需要有博爱怜悯的情怀。孟子猛烈批判战争,体恤民之憔悴于虐政的苦楚,高扬"仁者无敌""不嗜杀人者能一之"的理念,希望通过推行仁政来实现"让天下人举安"的理想。他劝勉统治者体恤关怀百姓,以"不忍人之心行不忍人之政"。无论是他的经济学说、仁政学说、人性论、道德修养论,都体现出一颗悲天悯人的心,一种拔除人类苦难的忧患意识与普世情怀。这一思想对后世影响深远,王阳明说仁者

---

① 牟宗三:《中国哲学的特质》,上海:上海古籍出版社,1997年版,第91页。

应当"与天地万物为一体",张载主张"民吾同胞,物吾与也",范仲淹说"先天下之忧而忧,后天下之乐而乐",表述的都是这种普世情怀。《弟子规》更是通俗地表达为:"凡是人,皆须爱。天同覆,地同载。"

保罗提出了所有人在神的面前一律平等的观念。他时刻关心最穷苦的人,号召信徒为穷苦人奉献,他挂念一个普通的奴隶阿尼西姆。他广传福音,弘扬耶稣在十字架上的宽容与博爱消除了民族与种族的界限与隔阂,传扬耶稣为人类的罪所做出的牺牲实现了神的普世拯救,成就了神与人订立的新约。保罗提出,只有爱能消除人与人之间的分裂。爱要走出家庭,要爱邻人如同爱自己,要爱仇敌,只有这样,才能实现所有人在主里合而为一。保罗这一对爱的论述,深刻影响了后世的神学家、传道士和普通信徒,形塑了他们要把十字架传到世界各地,拯救全球苦难众生的心理。

孟子与保罗的博爱怜悯思想,超越了血缘民族和种族的界限,不分地域与文化,面对普天下的所有人,尤其是关怀社会上处于弱势群体的生活。人类文明的历史发展证明,每一个时代每一个民族每一种文化,都不可以缺少这种普世的博爱情怀,都必须大力提倡这种普世情怀。这种情怀,在儒家就是仁慈恻隐,在基督教就是没有差别的上帝之爱,在佛教就是大慈大悲的佛菩萨心肠。[①] 在当今社会,我们亟须用这种普世博爱的思想,来肃清 20 世纪用阶级划分爱恨情仇的遗毒,来解决物欲横流、金钱至上的道德失范现象。

2. 独立谦卑的人格和对永恒事业的执着追求

孟子和保罗的生死伦理思想启发我们,无论任何时代,不管是否具有宗教信仰,必须具有不为外在权势所左右的独立的人格,具有不骄傲

---

① 佛,从寓意上讲,最简单的解释就是觉悟了的人,是自度度他的人。菩萨,是地位仅次于佛的人,也是修行到了极高的程度,是有情的大力士,他们心肠慈悲,以救助苦难众生为职事。佛教说的慈悲,就是能够给他人带来快乐,能够拔除别人的痛苦。比如地藏王菩萨,发誓"地狱不空,誓不成佛"。这种慈悲心,这种愿力,与上帝的无差别的爱,可以会通。

自夸的谦卑人格,具有对事业的执着追求,不畏任何艰难险阻。

孟子批判苏秦、张仪之流汲汲于功利,奔走于权贵之门,以三寸不烂之舌挑拨诸侯谋求衣食富贵,"一怒而诸侯惧,安居而天下息"(《滕文公下》2),看起来威武神气,却听命于君王的旨意,完全丧失了独立人格的风骨,丧失了知识分子的气节。孟子认为,一个人纵然不能成为圣贤,也应当有所进取,有所不为,绝不能做没有任何立场的乡原。孟子之特立独行的人格,集中表现在成就大丈夫品格。士君子必须要有伟大志向和执着追求,出仕做官应当以平治天下为使命,援天下以道,解救黎民于水深火热之中。绝对不可以违背正道,绝不可以违背自己的做人原则,更不能迎合君王,而应当以"格君心之非"为己任,以拯救天下苍生为宗旨。简言之,既要有"平治天下,舍我其谁"的责任和使命感,又要有"得志,与民由之;不得志,独行其道"的操守,做一个"富贵不能淫,贫贱不能移,威武不能屈"的大丈夫。这一思想,深刻地影响了后世的范仲淹、文天祥等人。

保罗的谦卑人格表现在,他始终认为自己是神的仆人,没有任何可以夸口的,唯一可以夸耀的是神。人是由可以朽坏的材料所造,因此什么时候也不能骄傲。人不能依靠自身摆脱罪恶,而必须通过信靠神,让神的灵入住自己的身体,来更新生命,才能活在"与主同在"的新生命中。保罗的执着追求,表现为他不畏艰险传播福音的事工。他立志把神的福音传遍世界各地,叫福音惠及万民的坚定信念,不畏任何艰难险阻,不畏死亡的威胁,全然不考虑自己的安危,心中唯一挂念的是神的教会和主里的兄弟姊妹。

在当今时代,孟子和保罗所秉持的独立谦卑人格与执着追求,仍然是最为不可或缺的。孟子把拯救天下百姓作为执着追求,保罗始终秉承神的仆人的谦逊态度,把毕生都献给了拯救天下苍生的事业,鼓舞和激励了一代又一代的人,成为后世信徒所效法的典范。这启示我们,任何时代的知识分子,最不能缺少的就是独立和谦卑的人格,是对永恒事业的执着追求。人们把知识分子称为社会的良心,就是因为知识分子有独立的精神、自由的思想,肩负着批判社会、匡扶正义的使命。这些思想启发我们每一个人做出思考:应当具有什么样的人格?应当追求什么样的事业?

二、生命的安顿与提升

在当今社会,个体生命的安顿与提升是亟待解决的问题。但是我们靠什么来安顿人的精神生命?如何赋予人的生命以意义?显然,仅仅依靠物质的丰盈是不能安顿人生命的,物质的保障不能消除精神的焦虑。正如耶稣所说:"不要为自己积攒财宝在地上,地上有虫子咬,能锈坏,也有贼挖窟窿来偷;只要积攒财宝在天上,天上没有虫子咬,不能锈坏,也没有贼挖窟窿来偷。因为你的财宝在哪里,你的心也在那里。"(《太》6:19—21)

现实生活中,许多人并没有随着他们财富的增多而产生更大的安全感和幸福感。恰恰相反,他们比贫穷时有了更为膨胀的欲望和更多的苦恼,也产生了带来更大灾难的可能性。人们对于物质财富的无限追求,社会贫富差距的不断扩大,引发了更为激烈的社会冲突与矛盾,产生了更多的社会不和谐因素。孟子和保罗告诉我们,人唯有在他的信仰中才能获得精神力量,找到生命存在的意义,并不断地提升自己。

1. 精神信仰可以超拔苦难

孟子和保罗的生死思想启示我们,信仰是永恒的精神寄托,是生活的方向,是克服苦难的内在精神力量,是幸福感的真正来源。

孟子坚信"生于忧患,死于安乐",忧患的环境能促进生存与发展,安乐的环境会导致沉沦和灭亡。人在忧患中,心志得到磨炼,生命的内涵与深度得以增加,内在的潜能得到发挥。这是因为外在的折磨会使人内心受到震撼,促使毅力和性格更加坚韧。更为重要的是,我们所遭受的苦难是"天将降大任"的一种考验和历练。天命,作为冥冥中的主宰,是人能够克服苦难的精神寄托与力量来源。因而,这种历练能够唤起主体内心的觉悟,内心的觉悟则带来克服困难的精神力量,从而带来能力的提升。

保罗的信仰就是上帝存在、永恒的灵魂和正义的审判。正如同邓晓芒所说，崇尚个体独立意识的西方人不能没有上帝，他引用伏尔泰的话说："即使没有上帝，人们也要造一个出来。"因为上帝是每个人精神生活的寄托。[1] 一个人，如果相信上帝作为世界的造物主，作为自己的精神和灵魂的主，与他共同承担人生的苦难，他就会对生活充满信心和勇气；如果他相信有永恒的灵魂，相信他今生所做的事情，有一个终极的永恒的审判。那么，他就会更加尊重生命，对自己的操守言行就会更加谨慎。基督教学者温伟耀认为，相信有永恒的灵魂比相信没有，始终会带来人生更高贵更尊重生命，并且向往永恒和完美的方向和动力。[2]在常人看来，如果只有今生而没有来世，没有死后的审判，今生的恶人逍遥法外，好人反而受折磨，正义得不到彰显，确实是不公不义。基督教相信将来永恒里还有审判，不公义和冤屈能得到昭雪，这恰如佛教中的六道轮回与三世因果善恶报应一样[3]，确实能够为饱受现实苦难的

---

[1] 邓晓芒：《中西文化心理比较讲演录》，北京：人民出版社，2013 年版，第 136 页。

[2] 温伟耀：《今生来世》，香港：明风出版社，2016 年版，第 116 页。

[3] 佛教不相信存在生命的创造神，认为生命是本来就存在的，是"不生不灭"的。生命是一种动态的流转，在六道中轮回。死是今生的结束，同时又是来生的开始，所以死亡就是往生。所谓"道"就是人死亡后所走之路和所去之处。一共有六个：天、人、阿修罗、鬼、畜生、地狱。前三道为善业之果，人们往生其中，感到乐多苦少甚至全然快乐而没有痛苦，称为"三善道"，后三道为恶业之果，称为"三恶道"。《心地观经》有偈云："有情轮回生六道，犹如车轮无始终。"死后是上升到三善道还是下降到三恶道，则是取决于人们的业力，取决于人们是善还是恶的起心动念。佛教认为因果报应是一种自然法则，犹如种瓜得瓜，种豆得豆。众生所造的业，必定遵循这一法则，同类因必定生出同类果报。也就是善因得善果，恶因得恶果。佛教根据业因和果报的成熟时间，报因果应分为三种：现报、生报和后报。佛经上说："欲知前世因，今生受者是。欲知后世果，今生作者是。"业力的果报可以当时发生，也可以在未来发生；可以在空间距离较近处发生，也可以在远处发生。但所有的业力都必然受报，"湛湛青天不可欺，未曾动念已先知。善恶到头终有报，只争来早与来迟""善有善报，恶有恶报。不是不报，时候未到"，就是这个意思。六道轮回、三世因果不仅化解了生命的短暂性与一维不可逆性，在相当程度上解除了不同层次的人们对死亡的内心恐惧。还在促进人们行善修德、平衡社会心理、稳定社会秩序方面，起到了不可估量的作用。

人提供一种永恒的慰藉与期盼。

有了一种信仰,就有了永恒的幸福感。孟子关于天爵与人爵的论述启发我们,要有正确的快乐与幸福观。人爵——富贵和荣耀,是"求之在我,得之在人",是"求之有道,得之有命",并非个人努力追求就能够得到的。在现实生活中,即便努力付出去奋斗、去追求,最终大多不能如愿以偿,还常常困扰得人心灵难以安宁。而天爵——仁义忠信,乃是上天禀赋予人的,只要我们反身而诚、修身实践,就可以成为实有诸己的内在道德品质,从而获得内在精神上的无限富足和愉悦。

保罗虽然在传教中饱受苦楚,但是因为对神的信靠,心中时刻充满着幸福快乐。他心中挂念的始终是神的教会和信徒,并以他们作为自己的喜乐和冠冕(《腓》4:1)。保罗也看到了,痴迷于发财不仅不能带来快乐,而且还会带来痛苦。"那些想要发财的人,就陷在迷惑、落在罗网和许多无知有害的私欲里,叫人沉在败坏和灭亡中。贪财是万恶之源。有人贪恋钱财,就被引诱离了真道,用许多愁苦把自己刺透了。"(《提前》6:9—10)所以他告诫使徒,敬虔和知足的心是最重要的,只要有衣有食,就应当知足(《提前》6:6—18)。

反思当今物欲横流、人心浮躁的时代,物质财富越来越富有,而人们却感觉越来越不快乐,越来越不幸福,其根本原因在于:没有精神的信仰,没有内心的精神富足。人生的快乐与幸福感,是来自于人的内心,而不是完全取决于外在物。

2. 精神信仰可以防止生命的堕落

孟子坚信每个人都有上天赐予的向善端芽——恻隐、羞恶、恭敬和是非之心,并且人人都可以通过"存养充扩"这内在的善性,来提升自己的生命达到圣贤境界。饱读圣贤之书的士君子,可以自我期许、自我振拔。一般人通过外在的道德教化,也可以知晓礼仪、通达荣辱。与此相反,如果饱食暖衣,逸居而无教,则近于禽兽,生命就会堕落沉沦,就会落入依靠本能和欲望来生活的境界。只要坚定这样的信仰,并且落实存心养性的工夫,"人皆可以为尧舜"。因为圣贤与凡夫是同类,他们之所以能够达到出乎其类、拔乎其萃的境界,也完全是靠坚定的信仰和持之以恒的修养工夫。

保罗认为,罪的实质就是人类自高自大,滥用了上帝给予人的自由意志,违逆了上帝的旨意,也破坏了自己善的本性。人的认识能力是有限的,可是人又有能力超越自己的局限。当人拒绝上帝,无论是放纵肉体的私欲任意妄行,还是过分相信自己的理性,都会造成生命的堕落与沉沦。保罗指出,"基督十字架的仇敌"认为"他们的神就是自己的肚腹",并且以羞辱为荣耀,专以地上的事为念,"他们的结局就是沉沦"(《腓》3:18—19)。要摆脱罪的辖制,避免这种生命的堕落与沉沦,只有委身于神,让圣灵通过自己的生命做工,才能获得拯救和属灵的精神生活。也就是"以耶稣基督的心为心",不断克服肉体欲望的诱惑,不断提升自己,朝着"神的生命与人的生命合为一体"的境界不断攀升,使自己充满神性的高贵与光辉。

孟子坚信人人内在本有向善的端芽,并且通过不断的修养工夫,不仅可以防止生命堕落,还可以提升至圣贤境界。保罗坚信只有通过信靠神,才能克服肉体的邪恶,让圣灵充满。在当前物欲横流的社会,人们正是由于缺少这样一种精神信仰,整日沉迷于物质利益与肉体感官欲望的满足,才导致生命的堕落与沉沦,导致生命的无意义感。孟子和保罗的理论启示我们,必须要有崇高的信仰,以此来净化自己的心灵,才能防止生命的堕落与沉沦。

3. 精神信仰赋予人生以使命感

一个没有精神信仰的人,会把个人欲望当作自己追求的最高目标。而一个具有精神信仰的人,则会让自己的个人欲望服从于自己的信仰,在追求自己信仰的过程中,实现自我价值,使自己的人生具有一种使命感。

孟子始终标榜禹、稷那种人溺己溺、人饥己饥的情怀,把自己所从事的事业看成是天命的召唤,是时代赋予自己的责任,坚定"平治天下,当今之世,舍我其谁"的理想(《公孙丑下》13)。正是这种以天下为己任的终极目标,使他不畏艰辛,到处奔走呼号,推行仁政。也正是因为这种使命感,他不为金钱名利所诱惑,断然拒绝豪宅和高官俸禄。

保罗一直秉承这样一个信念,自己四处传福音是从主耶稣所领受的职事。自从信主那一天起,他就把自己的生命交给了神,处处照着神的旨意行事,完全不考虑自己的安危生死,在传道中面对重重苦难,仍然是时时处处充满信心、希望和喜乐。究其原因,正如保罗所表述的,自己是一个"普通的瓦器",只不过是上帝临时用来存放其能力的容器,他的信心的秘诀就是"属灵的宝贝"放在"平常的瓦器"中,可以感受到"这莫大的能力,是出于上帝,而不是出于我们"(《林后》4:7)。上帝的事业与神的圣灵,成为了保罗的精神支柱。

反思现代社会,实在是缺少对一种永恒的精神支柱,一种超越历史与时代的终极目标的追求。正如邓晓芒指出的,我们可以不信仰上帝,但是我们需要一种宗教感,一种宗教情怀,能够对理想性、精神性的东西有一种追求。我们需要一种永恒的信仰,不因为外界物质的诱惑、社会风气的影响、世俗政权的影响而改变。[1] 蒋庆也认为,人生如果缺乏一个总的终极目的,人心就没有一个稳固的、宁静的安顿处。如果人生在为无数分散的目的奋斗,人心就无所依托。只有时空因果之外的存在才具有永恒的性质,才能使人安身立命、依托心灵。[2] 这种处于时空因果范围之外的永恒存在,在基督教那里就是上帝,在佛教那里就是佛,在儒家那里就是天理道心。在任何一个时代,这种超越性的人生目标都是不可缺少的。

历史证明,只有具有一种超出社会政治背景和经济条件限制的出世精神、一种追求超越世俗理想的终极情怀、一种值得为之毕生追求的信念,现实的人生才有坚定而明确的目标,才有无穷的内在力量,才能

---

① 邓晓芒:《中西文化心理比较讲演录》,北京:人民出版社,2013年版,第103页。
② 詹姆士·里德:《基督的人生观》,蒋庆译,北京:生活·读书·新知三联书店,1989年版,第7—8页注。

以出世的精神做好入世的事业。

第二节　社会终极关怀体系的构建

在孟子看来,一切政治、经济、文化和教育活动,都应当围绕着生命的关怀、人性的解放,或者说,国家和社会应当构建一个包括生老病死的全方位和全过程的终极关怀体系,确保民众养生送死无憾。在保罗的书信中,我们看到他始终用福音拯救万民作为终极目标,以安顿处在水深火热中的犹太人和外邦人为己任。这一思想为我们当下构建社会终极关怀体系具有诸多的启发。

孟子生活的时代,老百姓的生命饱受战争和暴政的威胁、苛捐杂税的盘剥,生命朝不保夕。保罗生活的时代,犹太人失去了民族和国家的独立,被罗马人所统治,民族的传统信仰受到冲击。当今社会,我们虽然赢得了国家的独立,远离了战争的杀戮,但是现代社会的死亡问题依然存在,而且呈现出许多新的特点。比如自然和社会灾害的频繁发生、瘟疫的泛滥、社会的高龄化、医疗场所对于现代医疗科技的过度依赖、处理死亡的机械化与非人性化、自杀与安乐死、安宁疗护与缓和医疗等,都使得生死问题更加凸显。

一、生死关怀的现实保障

建构生死关怀体系,必须首先从现实层面保障民众的生命不受侵害、基本生活得到保障,尤其是弱势群体的基本生存需求。同时,不仅要保障人民活得有尊严,还有保障死亡的权利,实现善生优逝。因为生命的尊严是包含着死亡的尊严。[1]　因而,对于民众的生死关怀就应当

---

[1] 华人现代生死学家付伟勋所指出,现代人天天讲求所谓的"生活品质",却常忘记"生活品质"必须包含"死亡(的尊严)品质"在内,"生活品质"与"死亡品质"是一体两面、不可分离的。参见付伟勋:《死亡的尊严与生命的尊严》,北京:北京大学出版社,2006年版,第7页。

既关注生命的尊严与品质,关注生存与生活的保障,也要关注民众的死亡的品质与尊严。

1. 生命的关怀

对民众的生命关怀,要落实在生存和生活权利的保障上,这是国家和社会的首要责任。孟子非常了解普通老百姓的生活状况,所以能够提出人民的福祉高于一切的思想,能够看到战争和暴政对百姓生存权利构成的威胁。进而提出要真正保障百姓的生命权,必须实行养民、富民和教民一系列政治经济措施,才能实现"仰足以事父母,俯足以畜妻子,乐岁终身饱,凶年免于死亡"(《梁惠王上》7)这样一种理想状态。

保罗认为,每个人都是上帝创造的,所有人的生命都同等宝贵,耶稣基督在十字架上的死而复活救赎了所有人的罪,因而所有信徒不再有"犹太人、希腊人、自主的、为奴的、或男或女"的区分,而是"在基督耶稣里都成为一了"(《加》3:28)。也就是说,所有信徒都是神的儿女,是亚伯拉罕属灵的后裔,在神的面前一律平等。因而所有人的生存权利都应当得到保障。所以,在享用主的圣餐时不能有的醉饱有的饥饿,基督徒一定要奉献,用自己的富余弥补他人的不足,对贫困信徒生命的救济,既是荣耀神的事工,也使主里的兄弟得到恩惠。

对民众的生命关怀,必须对弱势群体生活给予特殊照顾,保障他们的衣食无忧。孟子以"哿矣富人,哀此茕独"的悲悯之情怀,体恤鳏寡孤独弱势群体,反对统治阶级与民争利,主张社会资源与民共享,实现整个人类都生活在一种安详、平和的环境之中。保罗除了多处号召信徒要"施舍钱财,周济贫穷"(《林后》9:9),多多捐钱把荣誉归于神以外,特别强调要关心老年妇女和寡妇的生活,强调教会一定要救济那些无依无靠的寡妇,"就如养育儿女,接待远人,洗圣徒的脚,救济遭难的人竭力行各样善事"(《提前》5:10)。

比起孟子和保罗的时代,现在社会财富极大丰富,但是贫富差距亘古未变,最底层群众的生老病死依然得不到有效保障。由于生活贫困导致生存意义的匮乏,乃至对于生活的绝望的个案,在社会上还存在①。这种情况着实令人充满忧虑。当今中国,在出生、上学、结婚、养老、医疗、死葬乃至住房保障等诸多方面还存在相当大的问题,导致最底层的群众滋生抱怨,亟须从国家层面完善有效的保障。在操作层面,无论是对房屋的强拆,还是暴力执法,都构成了对民众最基本的生存权利的侵害。

2. 死亡的关怀

有生必有死,有始必有终,这是自然规律。能够了无遗憾地优雅死去(好好地死、善终、优逝),从来都不仅仅是个人的追求,还是一个社会应当追求的目标,也是衡量一个社会文明与否的重要尺度。中国人自古以来就把"好好地死"——考终命当作人生幸福之一②,也把"让人不得好死"当作最恶毒的诅咒。傅伟勋对死亡的尊严(品质)做出了界定:就理想条件而言,我们都希望面临死亡之时不但能够感动此生值得,问心无愧,且有安身立命之感,同时也都希望能够避免恐惧、悲叹、绝望等负面精神状态,能够死得自然,没有痛苦。如果可能,还有亲属或好友在旁照顾,给予临终的本人精神安慰与人间温暖,则更好不过。就起码条件而言,就算没有宗教信仰或没有找到高度精神性的生死意义,至少能够依照本人的意愿,死得像个样子,无苦无乐,心平气和。③ 在中国传统文化中,对普通民众的生死关怀主要是通过殡葬来实现的。孔子强调丧葬祭祀所具有的道德教化功能,"慎终追远,民德归厚矣"。孟子

---

① 这样的事例最近屡有发生,实在不是个别现象。比如甘肃一家六口自杀事件。2016年8月24日下午,甘肃康乐县景古镇阿姑村山老爷弯社发生一起人伦惨案。该村里一位28岁的年轻母亲杨改兰杀死4个孩子后,服毒自杀后不治身亡。不日,该女子丈夫李克英也服毒身亡,四世同堂的8口之家,6口人身亡。记者调查发现,事件的原因最终定格在贫穷、无低保,甚至孩子上学都没件新衣服,无法忍受极端的贫困,无法忍受生活没有改善迹象的绝望,最终导致了悲剧的发生。这起惨案,留给我们很多启示。

② 参见《尚书·洪范》篇,人生五福是"富、寿、康宁、攸好德、考终命"。详细解释参见第一章的注。

③ 傅伟勋:《死亡的尊严与生命的尊严》,北京:北京大学出版社,2006年版,第23页。

不仅提出"养生不足以当大事,唯送死可以当大事",还从国家政治高度看待普通百姓的生死殡葬问题,"养生送死无憾,王道之始也"。

这些都启迪我们在大力提倡殡葬改革、宣传生态环保绿色节地葬法、追求人与自然和谐的同时,时刻都要处理好生死之间的断裂,充分发挥殡葬所具有的明伦教孝、敦亲睦族、抚慰悲伤等价值,服从和服务于和谐社会建设的大局,绝对避免发生强制弃尸火化、强制平坟和劈棺火化这类粗暴野蛮、侵犯群众死亡与丧葬权利,公然违背公序良俗的行为。同时从国家和社会层面,积极创造条件,充分利用国家公祭日、黄帝陵公祭日和祭祀孔子大典等活动,培育和坚振民族信仰。

同样是对于民众的生死关怀,孟子从人与家庭、社会和国家的关系着眼,保罗则从人与神的关系出发。孟子关注的是现实的生活如何保障,保罗关怀之侧重点是来世的拯救。孟子和保罗的这些不同侧重,启示我们既要从社会层面建构现实的生死关怀体系,确保人民的衣食住行。又要加强生死教育,关注人精神上的终极归宿。

二、大力普及生死教育

死亡虽然无法抗拒,但是人可以通过接受某种宗教或哲学理念,而具有一种生死智慧,活出一种积极有为、奋发进取的人生。另一方面,要形成对于生命的整体理解,绝对不能回避死亡。因为,死亡为生命划定了界线,我们所有的努力与取得的成就,都是在"人是有死的"这一范围内进行的。在当代社会,一方面人们对于科学技术和医疗过度依赖,不能正视死亡的不可抗拒性。另一方面死亡越来越具有突发性和不可预测性。这迫切要求我们从哲学与宗教中汲取超越死亡的智慧,来化解悲伤坚定生存信念。毫无疑问,这也是近年来宗教得以迅速恢复和长足发展的一个重要原因,尤其是基督教在中国大陆得以迅猛发展的一个原因。

大力普及生死教育,首先要发掘和弘扬传统文化中的生死智慧,尤其是孔孟所奠定的儒家生死观。它在人伦日用之间安顿生命,在生活实践中提升生命。"未知生,焉知死",不论生前死后,不讲地狱天堂,不讲轮回报应。这种生死超越理念,用充实的人生冲淡死亡,用高尚的道德人格与历史功业实现不朽。这种死后不朽,是通过被后世所铭记而存在于历史中,而不是像宗教那样存在于彼岸的永恒的天国中,它将死亡的恐惧转化为对生命与生活的重视,涵养了中国人的社会使命感与历史意识,引领人关注社会现实生活,激励人们在有限的生命中创建更多功业服务社会。这是现代社会安顿精神生命、提升生命意义与价值不可或缺的思想资源。

但是这种生死观也有负面影响。它首先表现在,对于生前死后世界避而不谈,把人们的注意力从死后世界引向现实世界。这种对于死亡的回避并没有消除人们对死亡的关心,而是更加增添了死亡的神秘性和恐怖感,导致社会上充满了对死亡的避讳与禁忌。① 其次表现在,通过修身立德建功立业实现"三不朽"作为人生目标追求,是一种精英文化,需要很高的主体自觉精神,很难大众化和普遍化,对于没有受过文化教育的普通民众缺乏号召力,而且导致了士大夫的官本位和沽名钓誉意识。② 也恰是儒家生死观对中国文化精神有着这些消极影响,所以,在历史上,它始终以佛教、道教和民间信仰中的生死智慧作为补充。

大力普及生死教育,还要积极宣传和普及宗教中包含的生死智慧,引领民众形成对于宗教的正确认识。宗教存在的意义与价值,首先表现在它化解了人们对于死亡的未知与恐惧,它对生前死后问题所给出的答案,是对人类的一种终极关怀。所以,保罗·蒂利希说,只要有死亡,就会存在宗教。③ 在过去的几十年中,我们在唯物论和无神论的指

---

① 袁阳:《生死事大》,北京:东方出版社,1996 年版,第 92 页。

② 同上,第 83—91 页。

③ 比如佛教,就直言自己是一个帮助人觉悟生死的真相、帮助人了生脱死的宗教。憨山大师《梦游集》里有一段名言,说明了生死是佛教最为关心的事情。"从上古人出家,本为生死大事,佛祖出世,亦特为开示此事而已。""非于生死外别有佛 （转下页）

导下,对宗教进行了错误的批判,完全忽略了宗教在这一方面所具有的积极意义。广大民众由于缺少一种宗教情怀,所以不能为人生找到超越世俗的意义与价值。要建构当代中国的生死观,在继承和发扬传统儒释道生死观的基础上,还必须积极吸收和借鉴基督宗教中具有的生死智慧。

生死教育应当发展成为面向全民的终身教育。生死是所有人都必须面对的问题,所以生死教育不能只是局限在学校面对学生,还应当充分发挥医院、养老院和殡葬场所的作用,让这些地方成为生命教育的基地。生死教育应当与道德教育相结合,尤其是殡葬场所的生死教育,应当与敬畏生命的教育、感恩父母亲人的教育、人生责任教育和人生规划教育结合起来。这就要求我们必须建构一个跨学科、跨领域的生死教育体系。生命教育界要将死亡和殡葬纳入到自己的研究领域,积极探索生死教育的新途径和新方法;殡葬研究学者和殡葬业界要大力发掘殡葬中的人文因素,开拓生命教育的新领域,填补生命教育中死亡教育的空白。只有多方通力合作,才能形成面向全体国民的生死教育体系。

(接上页)法;非于佛法外,别有生死。"佛法的根本要义,就是要解决生死问题。就是要教人看破生死这一最高层次的问题。从现实的角度来讲,佛教用极乐世界化解了人生的苦难,用六道轮回、三世因果和涅槃永生化解了生命的短暂性与一维不可逆性,用诸法空相和因缘和合彻底消解了生死。

参考文献

（一）儒家与孟子研究类

朱熹著.四书章句集注[M].北京:中华书局,2012.

焦循撰.沈文卓点校.孟子正义[M].北京:中华书局,1987.

杨伯峻.论语译注[M].北京:中华书局,2009.

杨伯峻.孟子译注[M].北京:中华书局,2014.

杨伯峻.春秋左传注[M].北京:中华书局,2009.

杨天宇.礼记译注[M].上海:上海古籍出版社,2004.

钱穆著.人生十论[M].北京:生活·读书·新知三联书店,2012.

钱穆著.孟子研究[M].上海:开明书店,1948.

钱穆著.中国思想史[M].台北:学生书局,1985.

牟宗三著.圆善论[M].台北:学生书局,1985.

牟宗三著.中国哲学的特质[M].上海:上海古籍出版社,1997.

牟宗三著.中国哲学十九讲[M].上海:上海世纪出版集团,2005.

徐复观著.中国人性史论:先秦篇[M].上海:上海三联书店,2001.

唐君毅著.中国哲学原论:原道篇(上下册)[M].北京:中国社会科学出版社,2006.

冯友兰著.中国哲学简史[M].赵复三译,北京:世界图书出版公司,2011.

陈来著.古代宗教与伦理——儒家思想的根源[M].北京:生活·读书·新知三联书店,1996.

杨国荣著.善的历程:儒家价值体系研究[M].北京:中国人民大学出版社,2012.

深圳大学国学院编.中国文化与中国哲学[M].北京:东方出版社,1986.

李泽厚著.新版中国古代思想史论[M].天津:天津社会科学出版社,2008.

杨大膺著.孟子学说研究[M].上海:中华书局,1937.

台大哲学系主编.中国人性论[C].台北:东大图书公司,1980.

袁保新著.孟子三辨之学的历史省察与现代诠释[M].台北:文津出版社,1992.

李明辉主编.孟子思想的哲学探讨[C].台北:"中研院"文哲所,1995.

李明辉著.康德伦理学与孟子道德思考之重建[C].台北:"中研院"文哲所,1994.

蔡仁厚.新儒家的精神方向[M].台北:台湾学生书局,1984.

黄俊杰著.孟学思想史论(卷一)[M].台北:东大图书公司,1991.

黄俊杰著.孟学思想史论(卷二)[M].台北:"中研院"文哲所筹备处,1997.

黄俊杰主编.孟子思想的历史发展[C].台北:"中研院"文哲所筹备处,1995.

黄俊杰著.中国孟学诠释史论[M].北京:社会科学文献出版社,2004.

黄俊杰著.东亚儒学:经典与诠释的辩证[M].上海:华东师范大学出版社,2012.

黄俊杰著.孟子[M].北京:生活·读书·新知三联书店,2013.

罗联络著.孔孟学说之启示[M].台北:台湾商务印书馆,1972.

陈大齐著.《孟子性善说与荀子性恶说的比较研究》[M].台北:"中央"文物供应处,
    1953.

陈大齐著.孟子待解录[M].上海:华东师大出版社,2012.

陈大齐著.孟子名理思想及其辩说实况[M].台北:台湾商务印书馆,1968.

张明凯著.孟子思想与中国文化[M].台北:台湾商务印书馆,1970.

傅佩荣著.孟子的智慧[M].北京:中华书局,2009.

傅佩荣著.解读孟子[M].上海:上海三联书店,2007.

傅佩荣著.傅佩荣细说孟子[M].上海:上海三联书店,2009.

刘锦贤著.修身——孟子的生命哲学[M].海口:海南出版社,2008.

何晓明著.亚圣思辨录——〈孟子〉与中国文化[M].开封:河南大学出版社,1995.

翟廷晋著.孟子思想评析与探源[M].上海:上海社会科学院出版社,1992.

贺荣一著.孟子之王道主义[M].北京:北京大学出版社,1993.

杨国荣著.孟子评传——走向内圣之境[M].南宁:广西教育出版社,1994.

杨国荣著.孟子的哲学思想[M].上海:华东师范大学出版社,2009.

〔美〕江文思、安乐哲编.《孟子心性之学》[C].梁溪译.北京:社会科学文献出版社,
    2005.

〔法〕弗朗索瓦·于连著.道德奠基——孟子与启蒙哲人的对话[M].宋刚译.北京:
    北京大学出版社,2002.

王兴业编.孟子研究论文集[C].济南:山东大学出版社,1984.

王耀辉.孟子的人生哲学——慷慨人生[M].台北:扬智文化,1994.

王耀辉编著.孟子:慷慨人生[M].武汉:长江文艺出版社,1993.

万光军著.孟子仁义思想研究[M].济南:山东大学出版社,2009.

董洪利著.孟子研究[M].南京:江苏古籍出版社,1997.

陈昇著.〈孟子〉讲义[M].北京:人民出版社,2012.

杨泽波著.孟子性善论研究[M].北京:中国社会科学出版社,1995.

杨泽波著.孟子评传[M].南京:南京大学出版社,1998.

杨泽波著.孟子与中国文化[M].贵阳:贵州人民出版社,2000.

南怀瑾著.孟子旁通[M].北京:国际文化出版公司,1994.

南怀瑾.孟子与公孙丑[M].北京:东方出版社,2011.

傅佩荣著.儒家与现代人生[M].上海:上海三联书店,2007.

（二）基督教与保罗研究类

圣经(中英对照,和合本修订版·新国际版)[C].香港:香港圣经公会,2012.

圣经(中英对照,和合本·新修订版)[C].上海:中国基督教两会,2000.

圣经(附赞美诗)[C].上海:中国基督教两会,2009.

〔德〕巴克莱著.新约圣经注释[M].上海:中国基督教两会,2007.

〔英〕莱特著.基督教旧约伦理学[M].黄龙光译.北京:中央编译出版社,2014.

〔美〕海斯著.基督教新约伦理学[M].白陈毓华译.北京:中央编译出版社,2014.

〔德〕卡尔·白舍客著.基督宗教伦理学(上、下册)[M].静也、常宏等译.上海:上海
  三联书店,2002.

〔美〕查尔斯·L·坎默.基督教伦理学[M].王苏平译.北京:中国社会科学出版社,
  1994.

〔英〕阿利斯特·E.麦格拉斯著.基督教概论[M].孙毅、马树林等译.北京:北京大
  学出版社,2003.

〔英〕约翰·德雷恩著.旧约概论[M].许一新译.北京:北京大学出版社,2004.

〔英〕约翰·德雷恩著.新约概论[M].胡青译.北京:北京大学出版社,2005.

〔美〕施密特著.基督教对文明的影响[M].江晓丹、赵巍译.北京:北京大学出版社,
  2004.

〔美〕马文·威尔森著.亚伯拉罕基督教的犹太根源[M].北京:中西书局,2013.

詹姆士·里德.基督的人生观[M].蒋庆译.北京:生活·读书·新知三联书店,1989.

〔德〕汉斯·昆著.基督教大思想家[M].包利民译.北京:社会科学文献出版社,
  2001.

〔德〕汉斯·昆著.世界伦理构想[M].周艺译.北京:生活·读书·新知三联书店,
  2002.

〔德〕马丁·开姆尼茨著.基督的神人二性[M].段琦译.南京:译林出版社,1996.

杨慧林.罪恶与救赎[M].北京:东方出版社,1995.

赵敦华著.圣经历史哲学(上、下册)[M].南京:江苏人民出版社,2011.

赵敦华著.基督教哲学1500年[M].北京:人民出版社,2007.

〔美〕祁斯特拉姆·恩格尔哈特著.基督教生命伦理学基础[M].孙慕义主译.北京:
  中国社会科学出版社,2014.

〔德〕于尔根·莫尔特曼.来临中的上帝——基督教的终末论[M].曾念粤译.上海:
  上海三联书店,2006.

〔德〕于尔根·莫尔特曼.创造中的上帝——生态的创造论[M].隗仁莲译.上海:上
  海三联书店,2002.

〔英〕约翰·斯托得著.罗马书[M].李永明译.上海:中国基督教两会,2010.

〔美〕威尔斯比著.智勇兼备:哥林多前后书[M].杨基、韩小慧等译.上海:中国基督
  教两会,2013.

〔美〕威尔斯比著.回归义路:罗马书[M].古志薇译.上海:中国基督教两会,2013.

235

〔美〕威尔斯比著.忠心侍主:提摩太前后书、提多书、腓利门书[M].席桂欣译.上海:中国基督教两会,2013.

〔美〕威尔斯比著.成长盼望:雅各书、彼得前后书[M].张靓译.上海:中国基督教两会,2013.

〔美〕威尔斯比著.自由丰盛:加拉太书、以弗所[M].邓一恒、陶秋月译.上海:中国基督教两会,2013.

〔美〕威尔斯比著.喜乐完全:腓利比书、歌罗西书[M].隐名、张宇红译.上海:中国基督教两会,2012.

〔德〕巴特著.罗马书释义[M].魏育青译.上海:华东师范大学出版社,2005.

〔美〕科纳著.哥林多前后书释义[M].邬元宝译.上海:华东师范大学出版社,2010.

董俊兰著.加拉太书的见证[M].台南:台湾教育公报社,2015.

〔美〕汤姆·赖特著.再思保罗神学争议[M].白陈毓华译.台北:校园书房出版社,2000.

〔英〕保罗·巴德汉、琳达·巴德汉著.不朽还是消亡[M].高师宁、林义全译.成都:四川人民出版社,1998.

温伟耀著.今生来世[M].香港:明风出版社,2016.

温伟耀著.成圣、成仙、成佛、成人[M].香港:明风出版社,2015.

温伟耀著.为什么我要信耶稣[M].香港:明风出版社,2014.

温伟耀著.上帝与人间的苦难[M].香港:明风出版社,2013.

温伟耀著.是否真有神的存在[M].香港:明风出版社,2012.

梁工著.圣经指南[M].哈尔滨:北方文艺出版社,2013.

张晓梅著.使徒保罗和他的世界[M].北京:社会科学文献出版社,2012.

卢龙光著.使徒行传和使徒书信解读[M].北京:宗教文化出版社,2011.

吴涤申著.使徒保罗传[M].北京:世界知识出版社,2010.

（三）儒家与基督教比较研究类

梁漱溟著.东西文化及其哲学[M].北京:商务印书馆,2012.

徐行言主编.中西文化比较[M].北京:北京大学出版社,2004.

〔美〕杨克勤著.孔子与保罗:天道与圣言的相遇[M].上海:华东师范大学出版社,2010.

林滨著.儒家与基督教利他主义比较研究[M].北京:人民出版社,2011.

张岱年、方克立主编.中国文化概论[M].北京:北京师范大学出版社,2004.

邓晓芒著.中西文化心理比较讲演录[M].北京:人民出版社,2013.

刘小枫著.拯救与逍遥[M].上海:华东师范大学出版社,2011.

秦家懿、孔汉斯著.中国宗教与基督教[M].吴华译.北京:生活·读书·新知三联书店,1990.

何光沪、许志伟主编.对话:儒释道与基督教[C].北京:社会科学文献出版社,

1998.

何光沪、许志伟主编.对话二:儒释道与基督教[C].北京:社会科学文献出版社,
　　2001.

许志伟、赵敦华主编.冲突与互补:基督教哲学在中国[C].北京:社会科学文献出
　　版社,2000.

林鸿信.跨文化视野中的人文精神——儒、佛、耶、犹的观点与对话刍议[C].台
　　北:台大出版中心,2011.

尚九玉.宗教人生哲学思想研究[M].北京:北京师范大学出版社,2000.

郭清香著.耶儒伦理比较研究:民国时期基督教与儒教伦理思想的冲突与融
　　合[M].北京:中国社会科学出版社,2006.

姚新中著.儒教与基督教:仁与爱的比较研究[M].赵艳霞译.北京:中国社会科学
　　出版社,2002.

〔德〕马克斯·韦伯著.儒教与道教[M].洪天富译.南京:江苏人民出版社,1993.

颜炳罡著.心归何处:儒家与基督教在近代中国[M].济南:山东人民出版社,2005.

谢桂山著.圣经犹太伦理与先秦儒家伦理[M].济南:山东大学出版社,2009.

陈泰和著.当孔子遇到上帝[M].桂林:广西师范大学出版社,2012.

罗秉祥、谢文郁主编.耶儒对谈:问题在哪里?(上、下册)[C].桂林:广西师范大学
　　出版社,2010.

黄保罗著.儒家、基督宗教与救赎[M].周永译.北京:宗教文化出版社,2009.

杜维明著.儒家传统与文明对话[M].彭国翔编译.北京:人民出版社,2010.

（四）中西生死哲学及其比较研究类

靳凤林著.窥视生死线——中国死亡文化研究[M].北京:中央民族大学出版社,
　　1999.

靳凤林著.死,而后生——死亡现象学视阈中的生存伦理[M].北京:人民出版社,
　　2005.

郑晓江著.生命与死亡——中国生死智慧[M].北京:北京大学出版社,2011.

郑晓江著.中国生死智慧[M].南昌:江西人民出版社,2013.

王邦雄著.生命的学问十讲[M].北京:中国人民大学出版社,2009.

辜琮瑜著.最后一堂生死课[M].北京:世界图书出版公司北京公司,2011.

段德智著.死亡哲学[M].湖北人民出版社,1996.

段德智著.西方死亡哲学[M].北京:北京大学出版社,2006.

毕治国著.死亡哲学[M].哈尔滨:黑龙江人民出版社,1989.

付伟勋著.死亡的尊严与生命的尊严[M].北京:北京大学出版社,2006.

冯沪祥著.中西生死哲学[M].北京:北京大学出版社,2002.

付伟勋著.生命的学问[M].杭州:浙江人民出版社,1996.

牟宗三著.生命的学问[M].桂林:广西师范大学出版社,2005.

刘明著.周秦时代的生死观研究[M].北京:人民出版社,2013.

袁阳著.生死事大[M].北京:东方出版社,1996.

吴兴勇.《论死生》[M].武汉:湖北人民出版社,2006.

〔德〕艾玛纽埃尔·勒维纳斯著.上帝·死亡和时间[M].余中先译.北京:生活·读书·
  新知三联书店,1997.

〔德〕舍勒著.死·永生·上帝[M].孙周兴译,北京:中国人民大学出版社,2003.

〔德〕E·云格尔著.死论[M].林克译.上海:上海三联书店,1995.

(五)相关研究的硕博论文与期刊论文类

赵杰.两种生命的学问:孟子与保罗人生观比较研究[D].山东大学博士论文,
  2006.

黄祥勇.孟子中道思想研究[D].华东师范大学博士论文,2009.

戴兆国.孟子德性伦理思想研究[D].华东师范大学博士论文,2002.

任丽新.儒学与基督教:天人关系、神人关系及其比较研究[D].山东大学博士论
  文,2006.

朱清华.孔子与耶稣生死伦理比较研究[D].中共中央党校博士论文,2013.

靳浩辉.孔子与耶稣政治伦理比较研究[D].中共中央党校博士论文,2016.

靳凤林.死亡与儒家文化[J].河北大学学报,1991(2).

靳凤林.死亡与道家文化[J].北方论丛,1992(4).

靳凤林.先秦儒道死亡思想之比较[J].孔子研究,2002(5).

靳凤林.耶稣经济伦理思想的生死学诠释[J].江西师范大学学报,2006(3).

孙丽娟.儒家与基督教关于天人关系与神人关系的异同[J].渤海大学学报,2010
  (1).

周可真.儒教之"天"与基督教之"上帝"——由儒教是否宗教引起的文化反思[J].
  哲学研究,2003(12).

闫玉华.儒教与基督教对中西方社会伦理道德之影响研究[J].青海社会科
学,2009(5).

陈建明.基督教普世主义及其矛盾[J].世界宗教研究,2004(2).

赵林玲.孔子的死亡思想研究[J].西华师范大学学报(哲社版),2004(6).

段德智.试论孔子死亡思想的哲学品格及其当代意义[J].中州学刊,1997(6).

段德智.上与造物主游而下与外死生无终始者为友——对庄子生死观的一个考
  察[J].三峡大学学报(哲社版),2001(4).

段德智.生命之旅的加油站——读付伟勋先生的〈死亡的尊严与生命的尊严〉[J].
  大学时代,2006(10).

李景林:儒家的丧祭理论与终极关怀[J].中国社会科学,2004(2)

陈川雄:论先秦儒家的生命价值观[J].孔子研究,2001(5).

毕治国:孔子死亡观刍议[J].黑龙江社会科学,2001(2).

郭齐勇:儒学的生死关怀及其当代价值[J].社会科学战线 1996(4).

韩德民:前期儒家的生命哲学[J].社会科学战线 1995(4).

张华娟:论孔孟儒学显示的生命真谛[J].岱宗学刊 2001(1).

陈朝晖:儒道生死观论略[J].齐鲁学刊 1994(3).

朱哲:儒墨道死亡观比较[J].宗教学研究 1999(1).

郑晓江:论死亡的超越[J].江西财经大学学报 2001(1).

宁新昌:论儒家对死亡的超越[J].学术论坛 1996(4).

(六) 外文研究著作类

[1] Jüngel, Eberhard (1974), Death: the riddle and the mystery, Philadelphia: The Westminster Press.

[2] Léon-Dufour, Xavier (1986), Life and Death in the New Testament, San Francisco: Harper & Row, Publishers.

[3] Miller-McLemore, Bonnie J (1988), Death, Sin and the Moral Life, Atlanta, Georgia: Scholars Press.

[4] Moltmann, Jürgen (1967), Theology of Hope, London: SCM Press Ltd.

[5] Moltmann, Jürgen (1996), The Coming of God, London: SCM Press Ltd.

[6] Moltmann, Jürgen (1997), The Sourse of Life, London: SCM Press Ltd.

[7] Tillich, Paul (1954), Love, Power, and Justice, Oxford: Oxford University Press.

[8] Thielicke, Helmut (1970), Death And Life, Philadelphia: Fortress Press.

[9] Stanley E. Porter (2006), Paul and His Theology, Boston: Leiden.

[10] Christopher Mount (2002), Pauline Christianity: Luke-Acts and the Legacy of Paul, Boston: Brill Leiden. koln

[11] Lauri thuren-Tubingen (2000), Derhetorizing Paul: A Dynamic Perspective on Paulin Theology and the Law, Tubingen: Mohr siebeck.

[12] James W. Thompson (2011), Moral Formation According to Paul: The Context and Coherence of Pauline Ethics, Michigan: Baker Academic.

[13] N. T. Wright (1997), What Saint Paul Really Said: Was Paul of Tarsus the Real Founder of Christianity? Michigan: Willian B. Eerdmans Publishing Company.

[14] Peter Richardon with David Granskon (1986). Anti-Judaism in Early Christianity Volum 1. Paul and the Gospel, Ontario: Wilfrid University Press.

[15] Alain Badiou (2003). Saint Paul: the Foundation of Universalism. Translated by Ray Brassier. Stanford University Press, Standford Califernia.

[16] Abrahan J. Malherbe (1983). Social Aspects of Early Christianity. Fortress

Press, Philadelphia.

[17] Wayne A. Meeks (1983). The First Urban Christians: the Social World of the Apostle Paul. Second Edition. Yale University Press.

[18] Anthony C. Thiselton. (2009). The Living Paul: An Introduction to the Apostle and His Thought. Society for Promoting Christian Knowledge, London.

[19] Robert C. Tannehill (1967). Dying and Rising with Christ: A Study in Pauline Theology. Wipf and Stock Publishers, Eugene Oregon.

[20] Neil Richardson (2008). Paul for Today: New Perspectives on a Controversial Apostle. Epworth Methodist Church House, London.

[21] David G. Horrell (2006). An Introduction to the Study of Paul. T&T Clark, London.

[22] Joseph Plevnik, SJ (2009). What are they saying about Paul and the End Time? Paulist Press, New York.

后记

　　我首先要感谢中共中央党校靳凤林教授和中国社科院赵法生研究员为本书所作的序言。尤其是靳教授文中多奖掖之词，让我感到惭愧与惶恐。我深知，在儒、耶比较这博大精深的学问中，自己才刚刚入门。

　　本书的书稿是我的博士论文略作修改而成的。2017 年我从中央党校博士毕业后，曾结合着论文中的部分内容，先后整理出几篇文章在刊物上发表，但是一直没有来得及对论文做一个全面的修改与完善。2019 年底，我离开原来的工作单位——民政部培训中心（北京社会管理职业学院），来到了我的母校——廊坊师范学院，在马克思主义学院思想政治教育系，从事政治学原理和中西政治思想史的教学。马克思主义学院的王瑜卿院长和各位领导，在工作上给予我多方的关怀，上课之余有了更多的闲暇时间，可以自由阅读，可以有心境回顾曾经的思考。尤其是王院长的多次鼓舞和激励，促使我产生了勇气和信心，重新校对和完善了论文初稿，形成了现在呈现给各位读者的这本小书。

　　1993 年我从廊坊师专（廊坊师范学院的前身）毕业后，就回到了老家河北香河县的基层农村中学成为了一名初中政治教师，一干就是 13 年。2003 年，我的一个同事是师范学校毕业的，是没有经过高中的那种中等师范，他考取了北京师范大学的硕士研究生。彼时，我的心也开始荡漾了，开始不宁静了。我也想通过求学改变自己的生存处境，也想到外面去看看广阔的天地，去获得更多的人生阅历。在北京师范大学廖申白教授的指导下，2016 年我考取了南昌大学硕士研究生，在程党根、詹士友、徐福来、苏树华、孙增霖等导师的引领下学习伦理学。我的导师程党根教授，有从事中学教育的经历，所以对我特别关照，无论在学业上还是在生活中,既是我的良师,又是我的益友。程老师研究专长是后现代西方哲学,所以指导我以法国后现代哲学家米歇尔·福柯的生存美学作为硕士论文的研究方向。是福柯的批判哲学,真正引领我进入了哲学之门。

硕士毕业后,先是在廊坊大学城的一个私立学校暂时工作了两年,2011 年进入北京社会管理职业学院(民政部培训中心)工作,在新成立的殡仪系从事生死与殡葬文化教学。在教学中,我深深地感到进行生死教育的重要性与迫切性,感到传统殡葬文化的博大精深,感到在信仰迷失、物欲横流、金钱至上的当代社会,融通中西方生死智慧安顿国人身心的重要性和迫切性。当我拜读了靳老师的《死,而后生——死亡现象学视阈中的生存伦理》一书之后,我就下定决心报考靳老师的博士生,在生死哲学领域进一步深造。经过几个月的努力,承蒙上天垂怜,有幸进入复试,承蒙靳老师不弃,我得以忝列靳老师门下。

虽然现在距离我博士毕业的 2017 年已经 6 年,距离博士入学的 2014 年已经 9 年了,但是靳老师复试时提问的场景依然历历在目,老师与我的第一次谈话仍然言犹在耳,恍如昨日。基于我在硕士阶段的知识背景和教学需求,尤其是考虑到我未来的学术发展前景,靳老师当时就建议我做儒家与基督教的生死观比较,期望我朝着打通中西方生死哲学、融汇儒释道与基督教的方向努力。基于朱清华师姐做了孔子与耶稣的生死伦理比较,并且已经毕业,所以,我就确定了比较孟子与保罗的生死伦理思想作为论文题目方向。

读博三年中,在学业上,老师除了对我研究方向的引领和疑难的解惑,更多的是给我鼓励。每次和老师的促膝畅谈之后,我都倍感关怀与鼓舞,深恐自己的愚钝和懒惰,不能很好地完成学业,而辜负了老师的殷切期望。在生活上,老师给予我无微不至的关心。让我尤其记忆深刻的是,与靳老师的第一次见面长谈,老师询问我家庭情况、自己和爱人双方的兄弟姊妹几人、父母及岳父母的身体健康状况,鼓励我充分利用业余时间,要"宽为限,紧用功",教诲我要处理好学习和教学工作的关系,要淡泊名利与同事同学处理好关系,这样才能保证一心用在攻读学位上,保证按时毕业。至今仍能清晰地回忆起,老师对我研究方向的建议,对论文资料搜集方法的指导,对博士研究要有宽广的学术视野的谆谆教诲。每一次谈话,老师给予我的都是满满的鼓励,从来没有批评,尤使我感到老师殷切的期望,所以三年之中不敢有一丝的懈怠。

感谢中央党校哲学教研部伦理学教研室的刘余莉教授、任俊华教授、梁晓杰教授和王乐副教授等各位老师,在论文开题时给我提出的极具建设性的意见,感谢中国哲学教研室的王杰教授、王峰教授在儒家生命哲学方面给我的诸多启发,使得我的论文写作得以顺利进行。在读博期间,同门朱清华、秦洁、裴胜军、靳浩辉、秦芳、杜君璞、苏蓓蓓、安亦农、左金磊等师兄师弟师姐师妹给予我诸多鼓励与帮助。马哲博士梁惟和叶胜红两位兄弟,我们朝夕相处三年,互相切磋砥砺。在读博期间,当时我的工作单位——北京社会管理职业学院教务处和生命文化学院的领导与同事们为我尽可能地提供了方便,使我得以把更多的时间投入到论文的写作中。

在靳老师的鼎力推荐下,我得以在 2016 年暑期到香港中文大学崇基学院神学院,做为期一个月的访问学者。感谢崇基神学院提供的优越的访学条件,为所有学员提供的到香港大学、香港浸会大学、道风山汉语基督教文化研究所和香港圣经公会等机构参访机会及图书借阅资格。在学术交流课程期间,我就论文的想法向温伟耀教授、卢龙光牧师、邢福增院长以及黄保罗、余德林、谢品然、龚立人和复旦大学刘平教授等前辈请教,得到了无私的指点与帮助,让我受益良多。博士毕业后,我充分利用各种机会,向专门研究基督教的学者和教内师友请教。我先后两次参加了赵建敏神父在北京主办的天主教的青年学者论坛,与参会的学者交流儒家与基督教生命哲学比较的观点,并得到了无私的指点。我还有机缘向社科院石衡潭研究员、上海大学肖清和教授、陕西神哲学院宋怀思教授请教,与山东神学院贺爱霞牧师交流,向南京大学成祖明教授请教中西文化交流的若干问题。诸位前辈学者慷慨无私地提携与教诲,让我对基督教神学教义,对基督教信仰所带来的生命改变,有了更为深刻的认识。

自从 2011 年以来,我一直致力于研究传统殡葬文化与儒释道生命哲学,在此期间,多次向社科院的赵法生研究员和中国人民大学国学院的韩星教授请教,多次聆听两位老师的演讲和网上课程,使我对于传统儒家信仰的核心价值,对于传统儒家生命哲学和殡葬文化,有了更为深刻的理解。多年来,生命教育和殡葬教育前辈和同仁给予了我诸多提携与关怀。尤其是台湾钮则诚教授、尉迟淦教授和浙江传媒学院何仁富教授、广州大学的胡宜安教授等,多次鼓励我并对论文提出建设性的意见。已故的生命教育前辈郑晓江教授,是他最早鼓励我报考靳老师的博士生,建议我以生死哲学作为今后的研究方向。近年来,我也与华人生死学与生死教育学会同仁多多交流。北京大学人文医学部的王一方教授、山东大学王云岭教授、清华大学长庚医院的路桂军教授、上海师范大学张永超教授、北京物资学院的雷爱民博士等,从医学与生死这个独特视域,尤其是在缓和医疗与安宁照护中,如何实现人文与科技的有机结合,如何实现传统智慧的现代转化等诸多方面,对我多有启迪,让我受益良多。

我的爱人王俊荣女士鼎力支持我的人生追求,无怨无悔地为家庭付出,为我在外求学营造了一个稳固的家庭环境,使我无后顾之忧。自 2006 年我考研走出农村中学 17 年了,在家中的时间很短,总是来去匆匆,她一直默默地担负着照顾老人和培养一双儿女的重任。没有她对家庭的无私奉献,没有她对我的支持与鼓励,我不可能在农村基层中学工作 13 之后以 37 岁的年龄考取硕士,也不可能在硕士毕业 5 年之后,在繁忙的工作之余,以 45 岁的年龄一次顺利考入中共中央党校博士并按时毕业。

感谢 2023 年度河北省哲学社会科学学术著作出版资助项目提供的资助,感谢河北省中国特色社会主义理论体系廊坊师范学院研究基地提供的资金支持,感谢廊坊师范学院马克思主义学院和科研处各位老师提供诸多便利。我尤其要感谢出版单位,上海三联书店的编辑殷亚平老师、陈马东方月老师,为了书籍的出版多方协调,反复校对文稿。没有她们的辛勤付出,本书的出版不会这么顺利。

　　书不尽言,言不尽意。这本小书,既是对我离开中学教学走上求学之路 17 年来学习成果的总结,也是我向这十多年来诸多前辈师友交上的一份作业,以此表达我对于前辈们无私教诲、提携奖掖的诚挚感谢。

2024 年 3 月 8 日

图书在版编目（CIP）数据

孟子与保罗生死伦理比较研究/王治军著.—上海:上海三联书店,2024.6
ISBN 978－7－5426－8488－2

Ⅰ.①孟… Ⅱ.①王… Ⅲ.①孟轲(约前372—前289)－生命哲学－伦理思想－研究②圣保罗(Saint Paul 约3—67)－生命哲学－伦理思想－研究 Ⅳ.①B222.5②B972.7

中国国家版本馆 CIP 数据核字(2024)第 083244 号

孟子与保罗生死伦理比较研究

著　者 / 王治军

责任编辑 / 陈马东方月
装帧设计 / 徐　徐
监　制 / 姚　军
责任校对 / 王凌霄

出版发行 / 上海三联书店
　　　　　(200041)中国上海市静安区威海路 755 号 30 楼
邮　箱 / sdxsanlian@sina.com
联系电话 / 编辑部:021－22895517
　　　　　发行部:021－22895559
印　刷 / 上海惠敦印务科技有限公司

版　次 / 2024 年 6 月第 1 版
印　次 / 2024 年 6 月第 1 次印刷
开　本 / 640mm×960mm　1/16
字　数 / 200 千字
印　张 / 16.5
书　号 / ISBN 978－7－5426－8488－2/B・897
定　价 / 78.00 元

敬启读者,如发现本书有印装质量问题,请与印刷厂联系 021－63779028